AF346884

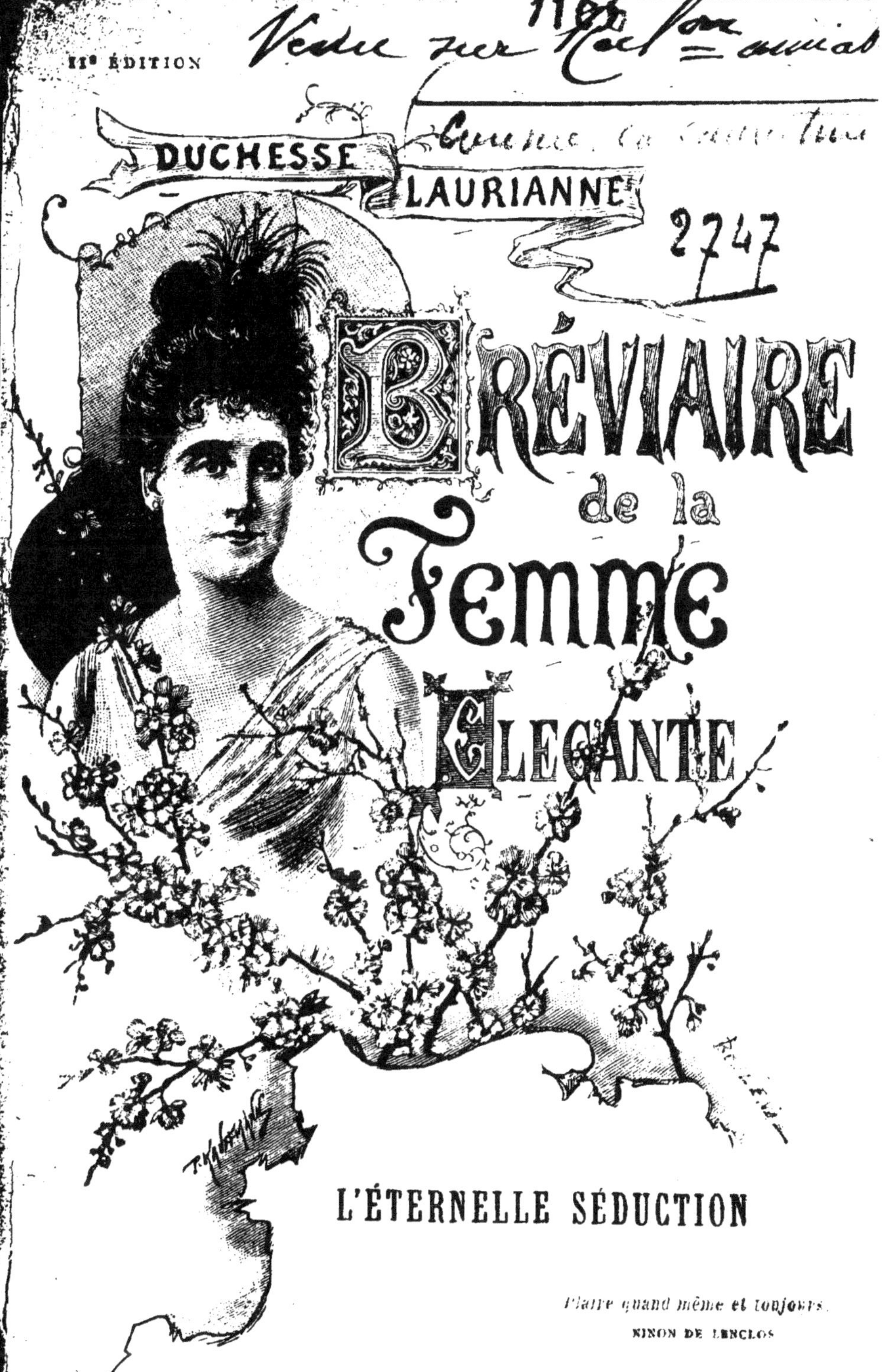

IIᵉ ÉDITION
DUCHESSE LAURIANNE
BRÉVIAIRE de la Femme ÉLÉGANTE
L'ÉTERNELLE SÉDUCTION
Plaire quand même et toujours.
NINON DE LENCLOS
E. DENTU, ÉDITEUR

BRÉVIAIRE

DE

LA FEMME ÉLÉGANTE

DUCHESSE LAURIANNE

BRÉVIAIRE

DE

LA FEMME ÉLÉGANTE

L'ÉTERNELLE SÉDUCTION

PARIS

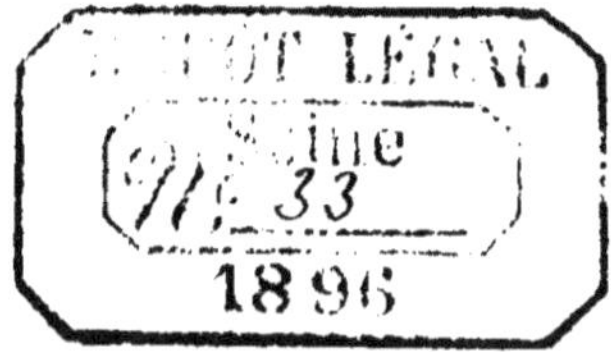

E. DENTU, ÉDITEUR

LIBRAIRE DE LA SOCIÉTÉ DES GENS DE LETTRES

3, PLACE DE VALOIS PALAIS-ROYAL

1893

A NOS LECTRICES

———

*« La Française ne naît pas belle : elle le devient »,
a écrit Michelet. Elle le devient par son désir de
plaire, par sa coquetterie, par les artifices de la
toilette. Toutes cependant n'ont point le goût affiné,
le sentiment des harmonies de la forme et de la
couleur, le génie de l'élégance en un mot. Or, cette
élégance doit s'étendre, non seulement à votre
parure, Madame, mais à tout ce qui vous touche,
vous encadre, jette une ombre ou un reflet sur
votre gracieuse personne : c'est-à-dire à tous les
mille détails du mobilier et de l'arrangement de
votre demeure.*

C'est un art. L'art dans la vie, l'art vivant, si je puis m'exprimer ainsi, tel est l'objet de ce livre.

La peinture et la statuaire nous ont légué d'immortels chefs-d'œuvre; mais ces chefs-d'œuvre de grâce, de coloris, de composition, qui les voit, qui en jouit? Un nombre relativement restreint de privilégiés. Les grands artistes d'ailleurs sont peu nombreux. Ils doivent être servis, non seulement par des aptitudes exceptionnelles, mais encore par des circonstances favorables à l'éclosion de leur génie. Tandis que l'art que je viens vous enseigner, je prétends le mettre à la portée de toutes. Vous aussi, vous composerez des chefs-d'œuvre, chefs-d'œuvre éphémères sans doute, mais qui vous charmeront, vous et ceux qui vous entourent, à tous les moments de votre vie; et vous en pourrez varier à votre gré le caractère, selon l'expression que vous imprimerez à votre physionomie, à l'aide de votre coiffure, de votre toilette, de la disposition, de la décoration de votre appartement. Vous serez tour à tour la charmeuse suggestive ou sentimentale, capiteuse ou mélancolique, étourdissante ou poétique, capricieuse, femme-enfant, ou la vraie charmeuse qui captive autant par les qualités de son cœur et de son esprit que par sa beauté.

Déjà, dans mon premier volume, Pour être aimée, *vous ayant démontré qu'il n'y a pas de femmes laides — les monstres* mis *hors de cause—je vous ai donné les multiples procédés par lesquels toute femme peut réformer les méfaits de la nature, modifier son teint, l'expression de son visage et jusqu'à ses traits. Futile en apparence, c'était là cependant une œuvre de vraie morale et de haute philosophie : enseigner à la femme l'art d'acquérir et de conserver la beauté, d'éloigner la hideuse vieillesse, de retenir les cœurs volages, d'être admirée et adorée toujours, n'est-ce pas lui enseigner l'art même du bonheur, non seulement de son bonheur à elle, mais de tous ceux qui s'épanouissent aux doux rayons de sa grâce, de son humeur heureuse ? N'est-ce pas lui montrer sa véritable destinée, bien plus, son rôle civilisateur ?*

Quoique le succès de ce livre ait été considérable, il avait le défaut de s'adresser exclusivement aux femmes dont le budget est illimité, qui peuvent dépenser sans compter ; et la haute élégance que j'y décrivais, assurément fort coûteuse, est inabordable pour le grand nombre. Aussi que de maris ont protesté ! Que de femmes désireuses de concilier leur légitime coquetterie avec des ressources modi-

ques, m'ont envoyé leurs doléances, implorant ce second volume, où je promettais de les initier à une élégance, même plus « select », sans frais ruineux, et mieux encore, en restant dans les bornes d'une économie stricte, simplement par l'étude de la forme, la magie de la couleur, par la distinction surtout, cette fine distinction française, charme souverain, grâce noble et divine, qu'il nous faut sauver du modernisme à outrance de cette fin de siècle.

Si j'ai tardé autant à tenir ma promesse, c'est que cette tâche demandait une consciencieuse étude et présentait bien des aridités par ses petits côtés : l'économie avec ses mesquineries nécessaires répugne à la nature de mon esprit qui se plaît aux larges envolées. Mais j'ai vu en quelques années tant de naufrages, d'effondrements, de cataclysmes, un entre autres que je vous conterai tout à l'heure et qui me touchait de près, que je veux faire profiter mon public féminin des recherches auxquelles j'ai dû m'appliquer, du sens pratique qu'il m'a fallu acquérir.

Loin de moi, cependant, la pensée de faire amende honorable et de me ranger sous la bannière des austères esprits qui voudraient nous transformer en quakeresses et bannir le luxe comme dangereux et corrupteur. Je le répète ici : le luxe est nécessaire à la dignité des sociétés, à la démonstration de leur intelligence et de leur noblesse ; il indique, par son affinement et sa diffusion, le degré de leur civilisation. C'est le niveleur par excellence, l'effacement des castes et des classes. Il faut empêcher seulement, qu'en se vulgarisant, il ne tombe dans la vulgarité C'est à la femme, avec son goût délicat et sa coquetterie, d'épurer, d'affiner le luxe, d'en faire un art...

Frivolité ! s'écrieront les moralistes superficiels et moroses. N'est-ce pas encourager le défaut dominant de la femme et du peuple français ?

Frivolité, soit ! Mais saluons-la, cette frivolité française, notre sauvegarde contre mille prétentions ridicules et dangereuses : exempte de malignité, effleurant tout avec grâce, jugeant en badinant, n'est-elle pas l'agrément de la vie, le délassement du travail et des affaires ? N'est-elle pas le plus grand charme de la Française, de la Parisienne surtout et de notre nation ? Le jour où les Français cesseraient d'être ce peuple aimable, artiste et frivole, Paris cesserait d'être la capitale du monde.

Paris, nom magique, suggestif entre tous. Paris, la ville de tous les arts, de tous les plaisirs, de toutes les élégances Et parmi toutes ses merveilles, la plus merveilleuse, la plus attractive, n'est-ce pas la Parisienne? Non que sa beauté soit régulière, sculpturale ; mais par son piquant, sa joliesse, le brio étincelant de son esprit, son goût affiné, sa grâce si coquette, son génie de la toilette, elle est bien, en réalité, l'art vivant. Un bout de ruban, un morceau d'étoffe en ses doigts agiles et menus deviennent aussitôt la plus exquise, la plus seyante des parures. Et voilà pourquoi toutes les modes viennent de Paris, de la Parisienne, la charmeuse multiple et incomparable, l'ensorcelante, l'éternelle séductrice, dont je vais essayer de vous révéler les grands et les petits secrets.

Duchesse LAURIANNE.

HISTOIRE DE TOUS LES JOURS

UN KRACH PARISIEN

Je revenais d'un voyage en Orient où m'avaient conduite mes études sur la beauté féminine en ce pays des *Mille et une Nuits*, lorsque, dès mon arrivée, je reçus ce petit billet qui me causa une émotion douce et joyeuse :

« Ma belle marraine,

« J'apprends à l'instant votre retour. Enfin !.. Si je n'écoutais que mon cœur, je courrais vous embrasser ; mais je n'ose, vous ayant souvent entendu dire qu'il fallait toujours craindre, en se faisant plaisir à soi-même, d'ennuyer autrui.

« C'est demain mon dernier *five o' clock*. Quelle joie, pour vos admirateurs et admiratrices, ce serait de vous revoir ! Car depuis votre départ, il nous semble, à tous, que Paris soit dans la marasme.

« Et puis vous nous resterez à dîner, n'est-ce pas ?

« J'aurais vraiment beaucoup de chagrin, petite marraine chérie, si tu ne venais pas.

« Mon Georges baise les pieds de l'idole, et moi, je lui saute au cou.

MARIE-LAURE.

Je ne résiste jamais aux désirs de ma charmante filleule. Un peu isolée dans la vie, je ne puis me défendre d'un penchant pour la maternité adoptive, et Marie-Laure est une si exquise créature que personne n'échappe au charme de sa beauté, de sa grâce, de sa bonté surtout qui rayonne dans ses yeux profonds et doux, dans son sourire attendri, dans les intonations chaudes et mélodieuses de sa voix. De tout son être se dégage comme une attirance qui retient et captive le regard et le cœur.

Donc, j'adore ma filleule, qui me le rend bien.

Mais comment n'eût-elle pas été bonne ? Dès sa naissance, tout lui avait souri dans la vie. Belle, riche, titrée, son existence n'avait été qu'une fête. Cet épanouissement de toutes les heures avait complété sa beauté, que rehaussaient toutes les élégances, tous les luxes. Aussi m'appelait-elle toujours : Bonne fée

marraine. Ajoutant de sa voix câline, si douce :
« Et de toutes les félicités que tu as appelées
sur mon berceau, la plus grande, c'est ce mari
parfait, mon Georges. Notre amour, voilà le
vrai bonheur, auprès duquel tous les autres ne
comptent guère.

En effet, elle l'avait rencontré ce merle
blanc : un mari parfait, presque aussi beau et
aussi bon qu'elle.

Ils s'adoraient.

Après trois ans de mariage passés dans le
tourbillon de la vie parisienne, ne l'appelait-
elle pas encore : mon Georges ?

A mes yeux, cependant, Georges de Coursols
avait un défaut : il était financier, et, quoique
jeune, financier jusqu'au bout des ongles. Il
avait la démence de la spéculation, la folie du
jeu ; mais s'il voulait gagner beaucoup, c'était
pour dépenser largement. Il avait l'ostentation
éclatante, jetait l'or à pleines mains, et loin de
chercher à restreindre le luxe de sa femme,
il la poussait aux dépenses exagérées. Quelque
peu paradoxal, il prétendait que ce grand luxe
était un devoir social en même temps qu'un
bon calcul, contribuant à la circulation de la
richesse et achevant d'asseoir son crédit.

Son hôtel était donc l'un des plus en renom
pour la somptuosité de ses fêtes ; et Marie-
Laure, par sa beauté et sa suprême élégance,
une des reines du *high-life*.

Quand j'entrai dans le salon de Mme de

Coursols, le jour pâle de cinq heures, en cette saison demi-hivernale, y pénétrait en une lumière mourante à travers l'amoncellement des tentures relevées à l'italienne. Et dans la clarté vague, flottait un délicieux parfum de femmes, mêlé d'un parfum de fleurs et d'un arome de thé russe, dont les fumées s'échappaient d'un rutilant et superbe samovar.

On apportait la lumière, et ce fut soudain un flamboiement, un ruissellement, un chatoiement qui m'éblouit.

Le somptueux salon était tout encombré de bibelots nouveaux pour moi : les uns, rares et précieux ; les autres, curieux ; le plus grand nombre, baroques. Il y en avait partout : sur la marqueterie des tables, sur l'ébène du long piano inscrusté de cuivres magnifiques ; de grosses potiches chinoises offraient leurs splendeurs ventrues et criardes à côté des coupes frêles, des fins cloisonnés japonais, aux nuances éteintes. Des éventails d'ivoire ajourés, aux feuilles peintes de tons vifs, s'ouvraient à demi comme des ailes d'oiseaux exotiques. Des tableaux à profusion sur les murs et sur des chevalets. Des statuettes de bronze érigeaient fièrement leurs nudités artistiques au milieu de tout ce luxe un peu trop tapageur et touffu.

Partout des fleurs, en gerbes, en bouquets, en touffes, en corbeilles : œillets verts et rouges, orchidées rares, primevères de Chine, odorantes violettes et neige d'or des mimosas ; et sur des piédestaux de bois de fer finement ouvragés, des vases monstres d'où s'élevaient des palmiers, des orangers, des daphnés fleuris. Aux angles du salon, de hauts lampadaires coiffés de majestueux abat-jour de soie claire, franfreluchés et empanachés. Puis, sur les canapés et les fauteuils, des coussins amoncelés, de soie brodée d'or, de satin, de peluche, de toutes formes, de toutes couleurs, pour appuyer les pieds mignons ou soutenir les tailles nonchalantes.

Et au milieu de toutes ces richesses, de ce luxe aveuglant, un essaim de jeunes femmes, jolies à ravir, délicieusement habillées : un tableau magique.

Mais parmi toutes ces merveilles entrevues d'un coup d'œil, j'en cherchais une, ma filleule qui vint à moi avec un cri de triomphe, les bras tendus.

— Ah ! marraine !

Je la trouvai encore embellie. C'était vraiment le sourire fait femme, une grâce vivante, une fleur épanouie ayant gardé toutes les fraîcheurs du bouton. Son visage était illuminé par l'étincellement joyeux de son regard et la blancheur de ses dents, sur lesquelles ses lèvres tremblaient, émues, comme une rose qu'un souffle effleure. Son teint si pur, d'un blanc transparent d'azalée, s'était soudain rosi par le bonheur de me revoir : on l'eût dit traversé d'une flamme. Svelte et souple, elle était féeriquement jolie dans sa toilette *Haydée* : jupe de soie or vierge, pampillée d'or, veste en velours dahlia royal à broderies anciennes, ouvrant sur une chemisette de tulle-dentelle également pampillée.

— Mais c'est un rêve d'Orient! m'écriai-je.

— J'ai voulu te prouver que je pensais à toi.

— Je jure que je n'ai rien vu là-bas de pareillement beau. Je doute que les houris enfermées dans les impénétrables sérails soient plus belles que toi, que vous toutes, mesdames. Ah! les femmes d'Orient, j'en suis revenue : de jolis animaux à l'engrais!

Si l'on m'entoura! Si l'on me fêta! Il eût fallu raconter tout ce que j'avais vu, tous les documents que je rapportais.

— Êtes-vous heureuse, marraine, d'avoir vu ce pays d'enchantements!

— Ma chérie, lui répondis-je, pour une invétérée Parisienne comme moi, comme toi, comme vous toutes, le plus grand plaisir des voyages sera toujours de revenir dans ce Paris, qui résume la civilisation à son plus haut degré de raffinement. On est heureux surtout de revoir des Parisiennes. Soyez fières, mesdames : en aucun pays, les femmes, quelle que soit leur beauté, ne peuvent vous être comparées pour l'élégance, la coquetterie savante, pour toutes les séductions qui émanent si naturellement de vos exquises et gracieuses personnes.

Quand le dernier visiteur fut parti,

— Quel bonheur ! s'écria Marie-Laure en me serrant dans ses bras, d'être seules un peu ! J'ai tant de choses à te montrer, sur lesquelles je tiens à avoir ton jugement, le seul en qui j'aie confiance, le seul qui compte pour moi !

— En effet, j'ai vu déjà dans ton salon beaucoup de choses nouvelles.

— Ces tableaux, comment les trouves-tu?

— Il y en a un peu trop, ma mie. Un ou deux me semblent avoir une grande valeur; quant aux autres, ils ont de beaux cadres, certes, mais ce n'est peut-être pas suffisant. Tu sais que je n'aime pas le fouillis, ni les trop gros effets. Ainsi, trouvé-je également abondance excessive de bronzes, de statuettes.

— Cependant toutes sont signées de noms de maîtres, protesta ma filleule d'un air navré.

—Oh! pour moi, peu importent les signatures! je suis une indépendante en fait d'art et absolument personnelle dans mes jugements. Ainsi cette bacchante....

— Comment! un Rodin!

— J'abhorre l'école naturaliste, en sculpture surtout. Il est des formes et des couleurs, comme des tableaux de mœurs et de caractères qu'on ne doit ni sculpter, ni peindre, ni décrire. C'est avilir l'art, fourvoyer le goût, souiller les esprits, abaisser les âmes.

— Hélas! Georges n'est point de cet avis, et c'est lui....

— Qui a fait ces jolies acquisitions.... Je le convertirai, je m'en charge; car, au fond, c'est un délicat; mais avant tout financier et mondain outrancier, il pense qu'il faut être dans le train, et comme on dit aujourd'hui, en style naturaliste, faire de l'épate ; tout au plus, peut-on dire de ces productions bizarrement laides : c'est drôle.

—Alors, reprit ma mignonne filleule, tout attristée, je n'ose plus te conduire dans ma chambre.

— Le financier y aurait-il aussi imprimé sa marque : de l'or, de l'or, encore de l'or ?

— Non, mais nous l'avons entièrement renouvelée; et j'ai une peur atroce qu'elle ne te déplaise.

— Si elle plaît à Georges ?

— Il la trouve délicieuse.

— Alors il ferait beau voir que, pour cette pièce intime, j'eusse un goût différent de celui du bien-aimé.

Elle m'entraîna dans sa chambre; puis, voyant l'heure, parut inquiète et sonna le valet de chambre.

— Monsieur n'est pas rentré ?

— Non, Madame.

— C'est étrange ! Je lui avais tant recommandé, aujourd'hui surtout, d'arriver avant la fin de ma réception ! Et pas de télégramme ?

— Non, Madame.

— Je t'admire et te trouve adorable,

mignonne. Après trois ans de mariage, montrer cette inquiétude pour un retard d'une heure !

— Nous nous aimons comme le premier jour.

Nous étions dans le sanctuaire ; mais sanctuaire n'est point le mot. Il y manquait absolument de cette élégance douce et tranquille que j'aime à trouver dans cette pièce intime, où la femme se délasse des fatigues et des plaisirs mondains, où il faut aussi qu'elle se recueille quelquefois ; car elle ne doit point laisser s'éparpiller, dans une agitation vaine ou des affections banales, son esprit et surtout son cœur. Ce repos est nécessaire à ceux qu'entraîne le tourbillon mondain, véritable fournaise qui dévore et desagrège les corps comme les âmes.

Le baldaquin du lit était trop touffu ; les rideaux des croisés, trop abondants ; les étoffes orientales jetées çà et là, trop chargées de broderies. Les meubles aussi, qui sortaient cependant du meilleur faiseur, étaient confortables sans doute et fort élégants, mais d'une élégance lourde, autant par leur forme écrasée que par le foisonnement et la richesse des satins et des peluches. Je crus cependant devoir faire ici une concession et admirer d'abord, pour ne pas chagriner ma jolie filleule, et ne pas me mettre en désaccord avec le charmant mari.

— Tout ici est fort beau, parfait, m'écriai-je.

Surprit-elle un effort dans l'intonation de ma voix, ou trouva-t-elle cette louange excessive, venant de moi, qui ménage d'ordinaire mes approbations?

— Sois sincère, marraine, je sens, je devine qu'elle ne te plaît pas tout à fait. Qu'est-ce qui te choque? Que manque-t-il?

— J'enlèverais plutôt.

J'aperçus, en ce moment, sur la chaise longue, une admirable robe.

— Mais, par exemple, m'écriai-je, voilà qui est exquis! Voyons ce chef-d'œuvre.

C'était, en effet, une œuvre d'art véritable. Une robe de satin fleur-de-pêcher, avec devants brodés de diamants et de perles fines, longue traîne de couleur anémone, corsage Raphaël tout brodé et criblé de perles.

—C'est une toilette de reine, que tu es digne de porter, ma chérie.

Ravie d'avoir enfin conquis mon admiration, elle me montra aussi des bijoux nouveaux, superbes. Je ne lui ménageai point les compliments, autant sur le bon goût des montures que sur le choix des pierreries.

Elle était si naïvement joyeuse de mon admiration, que sa joie me causait un vrai bonheur. Son teint un peu pâle d'ordinaire, s'était animé, et ses petites dents nacrées étincelaient dans son sourire heureux.

Tout à coup, la porte s'ouvrit violemment, Georges entra, le visage bouleversé, et se précipitant dans la chambre, vint s'abattre dans un fauteuil, la tête dans ses mains. D'une voix basse, haletante, décomposée, il répétait :

— Ma pauvre enfant ! ma pauvre enfant !

— Qu'y a-t-il? Qu'y a-t-il donc? s'écria Marie-Laure s'élançant vers lui.

Il serrait ses tempes entre ses poings crispés, sans répondre.

— Je t'en supplie, Georges, parle, explique-toi, suppliait-elle, toute tremblante.

J'étais moi-même fort émue, prévoyant une catastrophe.

Soudain, il se dressa debout, et d'un air égaré :

— Je n'ai plus, dit-il, qu'à me brûler la cervelle.

Il marchait à travers la pièce, n'entendant rien, ne voyant rien; car jusque-là, il ne m'avait pas même aperçue. Il était livide, et de temps à autre il passait la main sur son front, où perlait comme une sueur d'agonie.

Sa femme éplorée s'attachait à lui.

— Georges... Georges... une perte à la bourse, n'est-ce pas ?

— La ruine, la ruine complète !

Et en quelques phrases hachées, nerveuses, il expliqua le terrible désastre : un krach financier, où son honneur même pouvait se trouver compromis.

— Mais enfin, hasardai-je, votre femme est riche.

— Sa signature est engagée déjà.

Je demeurai atterrée. Quoi ! Il était possible ! Passer ainsi en quelques heures de la grande opulence à la pauvreté complète ! Je ne pouvais le croire encore.

— Voyons, mon ami, calmez-vous, repris-je. Demain, la situation vous semblera, sans doute, moins désespérée : tous comptes faits, il vous restera quelque chose.

— Non, rien, fit-il, d'une voix brève, serrant les dents.

Marie-Laure éprouvait comme des spasmes qui l'étouffaient.

— Mes enfants, mes chers enfants, essayai-je encore, accablée moi-même de ce désastre si soudain. Remettez-vous. Plaie d'argent, dit-on, n'est pas mortelle. Vous trouverez quelques moyens de vous tirer d'affaire. Vos nombreux amis vous viendront en aide.

— Les amis, ricana Georges. Ah ! duchesse, vous connaissez les amis !

— Madame est servie ! cria sur le seuil de la porte un grand laquais galonné.

Personne ne songeait à dîner.

— Eh bien ! et moi ? Me comptez-vous parmi ces amis, amis, jusqu'à la bourse ? Marie-Laure est presque ma fille ; et si vous voulez me donner quelques détails sur votre situation, détails que j'exige rigoureusement exacts, je verrai ce que je puis faire pour vous sauver. J'ai peu de capitaux ; mais je possède, vous le savez, un domaine important dans l'Isère; et ces terres ne sont grevées d'aucune hypothèque.

— Quoi! marraine, pour nous!...

— Je demande, d'abord, à être éclairée sur la situation ; et comme il faut une forte dose de vitalité nerveuse pour résister à de pareils chocs, j'exige que vous dîniez : nous nous expliquerons en mangeant. Voyons, Georges, mon ami, il faut savoir se résigner aux faits accomplis.

Le dîner ne fut pas précisément gai; et dire que l'on mangea de bon appétit serait exagéré.

Georges nous expliqua de quelle manière était arrivée cette catastrophe, qui n'entraînait pas seulement sa ruine, mais celle d'un grand nombre de financiers.

Il s'agissait du krach des cuivres, succédant à celui du Comptoir d'Escompte, et dans lesquels il se trouvait pris pour des sommes considérables.

— Mon passif est énorme, ajouta-t-il, et si, dans huit jours, je n'ai pas liquidé ma situation, je suis un homme à la mer.

— Quelle somme vous faudrait-il? demandai-je avec une émotion que je ne pus entièrement dissimuler.

Marie-Laure palpitante attendait aussi sa réponse avec une indicible anxiété. De très pâle, elle était devenue très rouge.

— Environ huit cent mille francs tout de suite, répondit Georges.

Ce chiffre m'atterra.

Je restai un instant silencieuse, perplexe.

— Et si je ne trouve pas cette somme dans l'espace de huit à dix jours, ajouta-t-il, je serai, ce qu'on appelle, exécuté à la Bourse.

— En vendant tout, tout, s'écria Marie-Laure, mes propriétés, cet hôtel, mes bijoux, nos tableaux, ce mobilier...

— Hélas ! quand on est forcé de vendre, tout se vend si mal ! soupira Georges.

— Cependant calculons, repris-je, à quelles sommes peuvent s'élever approximativement toutes vos ressources réunies.

Le calcul fut bientôt fait : en portant tout au plus bas, on atteignait au chiffre de cinq cent mille francs.

— Eh bien ! vous le voyez, repris-je, pour un homme dans votre position, trois cent mille francs, cela se trouve ; et je vous promets de vous y aider. Laissez-moi essayer de mon crédit.

— Oh ! bonne fée marraine, s'écria ma jolie filleule dont le regard s'illumina d'espoir, tu trouveras, c'est certain !

Georges, lui, restait sombre.

— Mais après. dit-il, comment recommencer ?

— Ah ! répliquai-je, il faudra changer de vie, renoncer à ce grand luxe !

— Voilà ce qui est impossible.

— Comment impossible ?

— Assurément : quand, à la place de ce luxueux hôtel, nous habiterons un appartement de dix huit cents francs, quand Marie-Laure, au lieu de porter des robes de quatre mille francs, se montrera avec des costumes de soixante-quinze francs, quand, au lieu de sortir d'un coupé attelé des plus beaux chevaux de Paris, on la verra descendre d'un tramway, mon crédit ne sera-t-il pas à jamais perdu ? Pourrai-je entreprendre de nouvelles affaires, de grandes affaires ? Car je ne me vois pas végétant dans les bas-fonds de la finance, après en avoir occupé les sommets. Donc, avant tout, il faut pouvoir conserver mon crédit, ce qui est impossible, je le répète, si nous vendons cet hôtel et changeons notre train de vie. Pour moi, la médiocrité est aussi affreuse que la misère, et je préfère cent fois la mort à une pareille déchéance.

— Allons donc, mon cher, vous déraisonnez. Parons d'abord aux difficultés du présent ; quant à l'avenir, voulez-vous vous en reposer sur moi ?

— Oh ! oui ! s'écria ma filleule, en joignant les mains, avec un regard extatique.

Georges secouait la tête d'un air de doute.

— D'abord, repris-je, promettez-moi tous deux d'accepter en philosophes cette catastrophe. Georges, cette nuit, établira sa situation en chiffres absolument nets. Quant à toi, mignonne, va te coucher ; car tu parais avoir la fièvre : tes joues sont en feu, et tes yeux brillent d'un éclat insolite. Ne m'as tu pas appelée fée-marraine ? Laisse moi donc jouer ce rôle de fée pour lequel je me passionne ; et je t'ordonne de dormir sur les deux oreilles.

Je câlinai tendrement la chérie, dont la charmante tête s'abandonna sur mon épaule, comme celle d'un enfant qui cherche l'appui maternel.

— Comment, tu pleures ! m'écriai-je, en apercevant des larmes rouler sur ses joues.

— O marraine ! ce sont des larmes de reconnaissance, une reconnaissance que toutes les paroles seraient impuissantes à exprimer ! Tu sauves la vie de Georges, la mienne aussi ; car je n'aurais pu lui survivre.

— Plus que la vie, duchesse, l'honneur, ajouta Georges, si vous réussissez.

Pour toute réponse, je souris, j'embrassai Marie-Laure, et je sortis.

Dès que je ne me trouvai plus en face de ce désastre et de cette douleur, je ne fus pas sans me demander si je n'avais pas agi inconsidérément en m'avançant autant que je l'avais fait. Je m'étais laissé entraîner par mon affection pour cette jolie et tendre enfant que j'avais un peu adoptée ; mais comment tiendrais-je ma promesse ? Il était pressant d'aviser cependant, et d'empêcher, à tout prix, un coup de désespoir. En tous cas, il fallait gagner du temps, afin que Georges pût réfléchir et s'habituer à cet événement qui bouleversait sa vie.

Je dormis peu, je l'avoue. Aliéner mes propriétés, c'était une grosse affaire. Et le tirer aussi facilement d'embarras, ne serait-ce pas l'encourager à recommencer, à tenter, pour se relever, des spéculations hasardeuses, au moment même où il venait de prouver qu'il n'avait pas précisément le flair financier? Ne serait-ce pas m'exposer moi-même à la ruine, à la misère?

Je possédais bien quelques valeurs dont je ferais à la rigueur le sacrifice.

Dès que je rentrai chez moi, je courus à mon secrétaire. Cinquante mille francs étaient tout mon avoir liquide. Je songeai alors à un de mes vieux, très vieux adorateurs, gentilhomme jusqu'au bout des ongles, fort riche, et qui, simplement pour m'être agréable, était capable de faire une folie. J'irais le trouver.

Le lendemain, à neuf heures, dans une toilette du matin un peu sévère, quoique suffisamment suggestive, je me faisais annoncer chez mon vieil ami, le marquis de B...

Quel aimable homme, malgré ses soixante-quinze ans!

Dès les premiers mots.

— Je comprends, dit-il, et je tiens à vous épargner l'ennui d'une demande d'argent. Autrefois, il n'y a pas dix ans encore, ne vous ai-je pas offert ma vie? Qu'en eussiez-vous fait, de ma pauvre vie? J'étais fou. Mais qui ne serait ensorcelé par ces yeux-là? En avez-vous fait tourner des têtes!

Je voulus, modestement, protester.

— Toujours plus belle, duchesse, et toujours plus jeune! interrompit le galant vieillard. Quel secret de Jouvence possédez-vous donc?

— Il en est un, marquis, que je viens précisément vous enseigner : faire des heureux, rien ne conserve comme ça.

— S'agit-il d'une charité? Je mets ma fortune à vos pieds pour vos pauvres.

— Votre fortune, c'est trop; mais cependant une partie assez appréciable. Vraiment je n'ose...

— Justement, hier, je pensais à faire mon testament.

— Quelle idée lugubre!

— Il est, au contraire, très salutaire de régler toutes ses petites affaires, comme si l'on devait partir, le lendemain, pour le grand voyage. Mais voyons donc tout de suite ce qui me vaut le bonheur de vous voir.

Je le lui exposai.

— Votre filleule est charmante. Je la connais : une enfant devenue tout à coup grande dame, grâce à vos conseils. Dites-lui donc de puiser dans mon portefeuille. Le mari m'intéresse moins, naturellement. Comment, lui, un financier, s'est-il laissé prendre à la hausse factice des cuivres? Comment ne connaît-il pas tous ces trucs de boursicotiers?

— Il m'a promis d'être à l'avenir plus circonspect.

— Oh! oh! le démon du jeu ne lâche pas si facilement sa proie!

Néanmoins, il se leva assez péniblement, car il était cloué dans son fauteuil par une sciatique. Il se dirigea vers un meuble fort élégant, qui dissimulait un coffre-fort, dont il fit jouer les ressorts secrets, prit un portefeuille, l'ouvrit, et me le tendant :

— Puisez, me dit-il.

— Je pris cent mille francs, en valeurs au porteur.

Je voulus lui donner un reçu.

— Allons donc, duchesse, me prenez-vous pour un usurier?

— Oh! non, marquis, je vous prends pour ce que vous êtes : un vrai et parfait grand seigneur! Comment vous remercier?

— Votre sourire heureux me paie au centuple.

— En effet, vous me rendez bien heureuse. Voyez plutôt : Je ne souris pas seulement, je pleure aussi.

Mon cœur, serré depuis la veille par la triste situation de ces chers enfants, en se dilatant tout à coup, avait fait jaillir des larmes, larmes bien douces.

Je courus à l'hôtel du boulevard Malesherbes.

Une nouvelle anxiété m'y attendait.

Je trouvai Marie-Laure au lit, en proie à une fièvre ardente, le visage congestionné, le front couvert d'un bandeau de glace. Son mari était auprès d'elle, fort agité et inquiet.

— Le médecin sort d'ici, me dit-il, il redoute une fièvre cérébrale. La catastrophe d'hier l'a tellement bouleversée, la pauvre enfant,... un mauvais état de santé... la circulation du sang interrompue...

Je m'approchai.

— Voyons, chérie, voyons, je t'apporte la joie, le salut. Je l'espère du moins.

Je tendis à Georges la liasse de cent cinquante mille francs.

Il essaya de m'exprimer sa reconnaissance; mais toute à Marie-Laure, je ne l'écoutais pas.

Je tâtai le pouls de la malade : cent quarante pulsations au moins.

Je lui fis quelques questions sur son état de la veille, il fallait, au plus tôt, ramener à son cours naturel cette circulation dévoyée.

— Vous avez tous deux confiance en moi, n'est-ce pas?

— Oh! absolument! s'écrièrent-ils à la fois.

— Même en médecine?

— Même en médecine.

Marie-Laure me tenait les mains, qu'elle baisait ardemment.

Je les dégageai, et m'approchant d'une table, j'écrivis mon ordonnance.

— Courez chez le pharmacien le plus proche. Demain, chérie, tu seras sur pied, aussi bien portante, et, surtout, aussi gaie qu'hier, je l'espère.

Je m'installai à son chevet, et défendis qu'on parlât d'affaires devant elle. Au reste, Georges sortit aussitôt; car il avait fort à faire.

Le remède demandé arriva.

Je lui fis prendre, toutes les deux heures, une forte cuillerée de ce merveilleux spécifique ; et, à chaque dose, un soulagement appréciable se produisait : la tête se décongestionnait, la fièvre se calmait, la circulation normale se rétablissait.

A cinq heures, Georges revint. Il avait pu, avec ces cent cinquante mille francs faire face aux payements les plus urgents; et ses ennemis, rivaux en finance, qui, déjà, avaient annoncé la débâcle de sa maison, avaient été stupéfaits de le voir surnager après un tel naufrage.

— Je crois, dit-il, joyeux, que nous pourrons conserver notre installation.

— Vous n'y songez pas, m'écriai-je, conserver cet hôtel, c'est conserver un train de vie de deux cent mille francs de rentes, c'est vous forcer à recourir encore aux spéculations hasardeuses, c'est vous exposer de nouveau, et cette fois, à d'irrémédiables désastres ! Qu'il

soit bien entendu, mon cher Georges, que je
ne me mêle de vos affaires qu'à la condition
expresse, que vous nous jurerez, à Marie-Laure
et à moi, que vous ne jouerez plus.

Il fit quelques tours dans la chambre, **d'un**
pas saccadé, l'œil perplexe, le front lourd.

Marie-Laure attachait sur lui des yeux sup-
pliants. Les miens étaient inexorables.

On voyait qu'il se faisait en lui un violent
combat. Enfin, tout à coup, le joueur vaincu,
s'approcha de nous en nous tendant les mains.

— Eh bien! oui, dit-il, je le jure.

— Alors, voici ce que je vous propose : hier,
en arrivant, j'ai trouvé, parmi les lettres qui
m'attendaient, un petit mot de la baronne de
V... Quittant Paris pour réaliser des économies,
elle désire sous-louer son bel appartement de
l'avenue de Messine, et sachant que je voulais
abandonner mon vieux faubourg pour un
quartier plus moderne et plus élégant, elle me
propose de reprendre son bail avec une dimi-
nution de trois mille francs. L'escalier est
princier ; les salons, superbes. Jugez quelle
économie ! Vous réduisez votre personnel de
moitié : un valet de pied, une femme de chambre qui sache coudre, une cuisinière entendue,
cela n'est-il pas plus que suffisant pour vous
deux?

— Oh! oui! s'écria Marie-Laure, et que de
tracas, que de gaspillages supprimés ! A la
rigueur, ajouta-t-elle, le valet de pied n'est pas

indispensable. Les jours de réception, nous louerons des maîtres-d'hôtel de grand style.

J'embrassai ma filleule qui entrait si bien dans mes visées réformatrices.

— Cet après-midi, repris-je, tout en soignant la chère malade, j'ai dressé une liste des objets à conserver : ils sont rares.

— Comment, duchesse, vous admettez toujours que nous vendions notre mobilier, nos tableaux, nos bibelots?

— Non pas tout, mais la plus grande partie, qui, d'ailleurs, ne serait plus en harmonie avec le nouveau genre de vie que vous allez mener.

— Cependant, reprit-il, avec quelque rudesse dans la voix, je ne puis mener un genre de vie trop au-dessous de ma condition première.

— Oubliez-vous, Georges, qu'hier au soir, désespéré, vous étiez prêt à vous faire sauter la cervelle ?

— Je l'ai dit, je le répète : je préfère la mort à une humiliante déchéance.

— Ce sont là, mon ami, des paroles égoïstes et coupables. Que signifie cet excès de vanité? Songez à votre femme, songez que cette folle et ruineuse existence a failli vous perdre, vous conduire au suicide, coûter la vie de cette chère enfant, vous coûter l'honneur.

Il baissa la tête avec confusion, et, faisant un effort pour refréner ses penchants vaniteux :

— Vous avez raison, répondit-il. Je suis disposé, comme Marie-Laure, à tous les sacrifices que vous demanderez. Permettez-moi seulement de vous répéter une dernière fois qu'il faut éviter que mon crédit en reçoive une atteinte. Tout à l'heure, à la bourse, derrière moi, je surpris ces mots : « Il a payé ses différences; il a les reins plus solides que je ne pensais. » Or, en affaires, tout est là. Sans crédit, sans confiance, il n'est plus de transactions possibles.

— Je le comprends parfaitement. Je suis même de votre avis : il ne faut pas que personne se doute que votre maison a failli sombrer; aussi, n'est-ce pas la médiocrité que je viens vous proposer, cette médiocrité qui vous effraie tant, mais une vie autre, plus élégante même, plus *select*, si je puis m'exprimer ainsi.

— Nous continuerons à recevoir?

— Oui, mais un autre monde.

— Comment, vous exilez nos amis?

— Ces amis jusqu'à la bourse, dont vous parliez hier? Pas tous. Nous ferons un choix. Puis, au lieu de ces bals à grand orchestre, avec de ruineux cotillons, ces soupers au champagne, dans lesquels vous hébergez un tas d'indifférents, de gens vulgaires, de parasites, de femmes qui étalent des toilettes d'un goût douteux, de beautés problématiques, aux élégances clinquantes, vous donnerez des soirées musicales et artistiques.....

— Et vous croyez que des artistes en renom coûteraient moins cher qu'un cotillon?

Je ne vous parle point d'artistes de l'Opéra ou des Français ; mais, à côté de ceux-là, que de grands artistes, que de virtuoses, auxquels les occasions ont manqué pour percer! Vous vous érigez en Mécène. Marie-Laure est, certes, une des plus jolies femmes de Paris. Elle a beaucoup d'esprit, de tact, une affabilité qui lui gagne tous les cœurs ; elle peut donc, en y mettant ses soins, attirer à elle une élite.

— Oui, oui, s'écria Marie-Laure, je veux être, non seulement une femme élégante, renommée pour ses toilettes, mais une femme distinguée par l'esprit. Je veux avoir un salon ; et avec ton aide et tes conseils, je suis certaine de réussir.

Soulevée sur son coude, elle parlait avec animation.

Georges ne se rendit pas encore.

— Un salon littéraire, fit-il, un peu dédaigneux. Le monde où l'on s'ennuie. Marie-Laure devenant pédante...

— Il ne s'agit pas de vous amuser, mon cher, répliquai-je avec quelque aigreur, il s'agit de reconquérir une situation perdue ; et je crois que vous pouvez atteindre ce but, tout en réalisant d'immenses économies. Bien plus, je prétends que votre crédit, votre renom de banquier intelligent et sérieux ne pourra qu'y gagner. Vos réceptions, moins nombreuses, seront plus choisies : au lieu de donner des dîners de trente à quarante couverts, vous n'en donnerez que de douze à quinze, vingt au plus, à des convives intéressants, délicats, qui sauront déguster vos menus ; car, au lieu de ce menu banal, qu'on retrouve à peu près partout, et qui me fait prendre en horreur les grands dîners d'apparat, je me charge de vous composer des menus vraiment élégants, qui feront dire que c'est chez vous qu'on mange avec le plus d'esprit et de raffinement.

— Encore faut-il payer ces raffinements fort cher, et avoir, comme vous, cent mille francs de rente.

— Point. Quand on sait s'y prendre... Tenez, puisque vous m'y forcez, je vais vous révéler le secret de mon existence. Vous savez que ma fortune se compose exclusivement de propriétés foncières; or, voilà dix ans, et même plus, que les revenus de ma propriété ont baissé considérablement, des trois quarts presque. Certains de mes fermiers ne payent même plus du tout.

— Que ne les changez-vous?

— Jeter dans la détresse de vieux serviteurs, je ne puis m'y résoudre; j'ai préféré restreindre mes dépenses. Or, avec un peu de soin, de réflexion, en calculant de fort près, je suis parvenu à diminuer considérablement mon budget, tout en conservant le même train de maison. Bien mieux, depuis que j'ai adopté ce système d'ordre strict, j'ai pu réaliser des économies, ce que je ne faisais point auparavant, lorsque je dépensais sans compter, jetant un peu l'argent par toutes les fenêtres de mes fantaisies. Depuis que je me restreins, je suis, au contraire, plus à l'aise. Ainsi, vous ne vous êtes jamais aperçus que mes robes ne sortaient pas toutes du meilleur faiseur?

— Oh! non, certes! répondit Marie-Laure, en ouvrant de grands yeux étonnés.

— Une ou deux par an, pas davantage, viennent de mon couturier; mais le reste de mes toilettes se fabrique à la maison sous ma haute direction. Il est vrai que Victorine, mon incomparable femme de chambre, est une fille très adroite.

— Vous, duchesse, se récria Georges, vous occuper de ces travaux-là! Je ne vois pas ces beaux yeux si fiers, s'abaisser à des ouvrages de couture, ni ces doigts si aristocratiques tenir une aiguille.

— Pourtant, il m'arrive assez souvent de rectifier les bâtis de Victorine; mais c'est un secret : il ne faut pas que jamais personne se doute...

— Et ce sont ces économies gagnées avec tant de peines, oui gagnées, s'écria Marie-Laure, que tu viens nous apporter! Nous ne pouvons accepter, nous n'acceptons pas. Oh! c'est trop, c'est vraiment trop!

Elle avait, en parlant, les yeux pleins de larmes.

— Mais cet argent, je ne vous le donne pas, je vous le prête, je compte même sur Georges pour le faire fructifier avantageusement dans sa nouvelle maison de banque.

J'essuyai les yeux de la chérie et l'embrassai tendrement.

— Ainsi, repris-je, j'ai découvert, en m'y appliquant, toutes sortes de petits trucs, qui me permettent de confectionner une robe aussi bien que n'importe quel grand couturier. Je réussis, puisque toi-même ne t'es jamais doutée de la provenance de mes toilettes.

— Est-ce possible ? Est-ce possible ? répétait Marie-Laure.

— J'ai même fait quelques modèles qui ont eu du succès. Avec un petit manequin, grand comme une poupée, un peu de goût et d'adresse, rien n'est plus facile, plus amusant que d'inventer soi-même ses toilettes.

— Je crois bien ! Je me suis tant amusée autrefois à habiller mes poupées !

— En effet, c'est un jeu, et des plus passionnants, surtout lorsqu'on se dit que la robe, ainsi confectionnée, ne vous coûtera que cent ou deux cents francs, au lieu d'en coûter mille ou quinze cents.

— Mais le corsage ?...

— C'est là où j'excelle, et ce que je me propose de t'enseigner.

— Ainsi celle que tu portes en ce moment qui est de si grand style, quoique si simple...

— Cette toilette du matin m'a coûté juste soixante-quinze francs, quoique la vigogne soit de première qualité.

— Vous êtes bien véritablement une fée, s'écria Georges, qui paraissait s'intéresser vivement à tous ces détails. En est-il de même de ces exquis petits chapeaux d'une élégance si coquette, qui seyent si bien à votre visage ?

— Oui, les chapeaux de costumes, de promenade ou de plage, c'est Victorine qui, sous ma direction, exécute ces chefs-d'œuvre ; car, modestie à part, il y en a quelques-uns qui sont de vrais chefs-d'œuvre ; et chacune de mes amies de me demander l'adresse de ma modiste. J'ai une modiste cependant ; mais elle ne me fait qu'un ou deux chapeaux par an, pour cérémonies ou théâtres.

— C'est merveilleux, stupéfiant ! mais il faut avoir encore le goût que vous avez, duchesse.

— Ce n'est pas aussi difficile qu'on pourrait le croire. Le point capital est de savoir s'habiller et se coiffer selon les lois de la forme et de la couleur, selon l'expression de son visage et de toute sa personne. Il ne s'agit pas seulement, quand vous voyez une jolie robe ou un joli chapeau de dire : ceci est délicieux, il faut s'assurer si la nuance fait ressortir l'éclat et la blancheur du teint, si telle ou telle forme rajeunit ou vieillit, amincit ou grossit ; mais,

2.

pour le moment, laissons tous ces détails, sur lesquels je reviendrai avec ma filleule. Elle a suffisamment d'intelligence pour s'assimiler rapidement mes conseils.

— Je veux être, entre tes mains, une pâte, que je te supplie de pétrir à ta volonté.

— Et vous, Georges, êtes-vous aussi disposé à m'écouter?

— Je bois vos paroles, belle marraine.

— Eh bien! tout d'abord, pour expliquer l'interruption de vos réceptions, nous simulons un deuil ou la maladie d'une proche parente. Marie-Laure est censée partir pour la campagne pendant quinze jours, un mois, deux mois même. Deux mois, pour les Parisiens si oublieux, emportés qu'ils sont par le tourbillon mondain, c'est un siècle. Pendant ce temps nous déménageons, nous vendons toutes les inutilités dont se compose votre mobilier. Ce mobilier, nous le renouvellerons complètement, selon le style plus sobre, mais plus élégant dont je vous parlais tout à l'heure. Il y a deux ans, n'ai-je pas, moi aussi, transformé complètement mon intérieur? Tous mes amis se sont écriés sur mes folles dépenses. Si je vous disais, pourtant, qu'il m'a coûté moitié moins cher que celui que j'ai vendu.

— Quoi! s'écria Georges, ces tentures d'un arrangement si merveilleux...

— Sont l'œuvre d'un petit tapissier fort modeste. mais cependant fort habile, que je puis diriger comme je l'entends. Je choisis les étoffes, puis des modèles qu'il exécute avec une perfection absolue. C'est moi qui donne, dans la disposition des draperies, le cachet, le chic.

— C'est ainsi qu'a été décoré votre délicieux boudoir?

— Oui, toutes les femmes, même les plus riches, devraient présider elles-mêmes à la décoration de leur intérieur, et lui imprimer leur cachet personnel. Aujourd'hui surtout, que les demeures tendent à devenir de plus en plus artistiques, on prend en horreur la banalité bourgeoise.

— Et même financière, n'est-ce pas, duchesse? fit Georges en souriant.

— En effet : si somptueuse qu'elle soit, la banalité me sera toujours odieuse, plus odieuse même dans la richesse que dans la pauvreté ; car elle est moins excusable.

Marie-Laure s'était assise sur son lit, battait des mains.

— Dieu! que ça va m'amuser!

— Veux-tu bien, vilaine, te coucher tout de suite, ne pas t'agiter ainsi, ne pas t'exposer, surtout, à prendre un refroidissement.

— Je suis tout à fait guérie.

En ce moment, on annonça le docteur, fort inquiet, qui revenait pour voir l'effet de sa médication.

Il demeura interdit à la vue de sa malade

qui, maintenant, lui souriait, avec des yeux malicieux, comme si elle venait de lui jouer un bon tour en se guérissant si vite.

— Eh bien ! docteur, lui dit-elle, d'une voix enjouée, que dites-vous de ce miracle ? Un peu plus, ce matin, vous me condamniez à mort, n'est-il pas vrai ?

— Les symptômes me faisaient redouter une fièvre cérébrale ; nous avons pu heureusement la conjurer à temps.

— Je ne voudrais point, cher docteur, diminuer votre mérite ; mais mon sauveur, le voici.

Comme elle me désignait, le docteur me salua poliment, tout en se rembrunissant quelque peu.

— Ne soyez pas jaloux, au moins reprit Marie-Laure : c'est marraine, la duchesse Laurianne, dont vous m'avez entendu parler bien souvent. C'est elle, elle seule qui m'a guérie, d'abord le moral, en apportant un remède à la douloureuse émotion qui m'avait bouleversée hier, et puis le physique, grâce à ce merveilleux élixir.

Le docteur s'empara vivement du flacon qu'elle lui désignait.

Il lut sur l'étiquette : Philogyne.

— Quelle est cette nouvelle drogue ? fit-il, d'un ton dédaigneux.

— D'abord, ce n'est pas une drogue absolument nouvelle, repris-je, un peu froissée.

Les anciens connaissaient ce remède fort désagréable à prendre, mais on a trouvé, aujour-
d'hui, le moyen d'en extraire le principe actif
et d'en composer un élixir...

— Délicieux, s'empressa d'ajouter Marie-
Laure. On le prendrait par gourmandise.

Le docteur tournait et retournait le flacon.

— Cet élixir, repris-je, est un véritable
spécifique dans tous les troubles de la circulation féminine. C'est toute la santé de la
femme.

— Ah ! que d'intéressantes clientes il va
vous faire perdre, mon pauvre docteur ! ajouta
Marie-Laure toujours malicieuse.

Le médecin hochait la tête.

— Je me défie de tous ces nouveaux produits pharmaceutiques, qui parfois amènent,
il est vrai, des guérisons soudaines, merveilleuses, mais qui produisent dans l'organisme
des désordres souvent plus graves que la
maladie qu'ils se proposent de guérir.

— Voici justement, répliquai-je, le côté
vraiment parfait de ce remède : c'est que,
au rebours de la médecine, qui, jusqu'ici, a
engendré plus de maladies qu'elle n'en a guéri
ce médicament est d'une innocuité absolue.
Depuis bientôt trois ans que je le connais
et l'indique à mes amies, j'ai obtenu autant de
guérisons que d'applications, sans qu'il en
soit résulté la moindre perturbation dans la
santé de mes chères malades, toutes mieux

portantes que jamais. Enfin, cet élixir est tellement inoffensif et agréable tout à la fois, que, lorsque j'ai bien soif, j'en prends quelques gouttes dans un verre d'eau, préférablement à toute autre boisson. Il est vrai que, redoutant, par-dessus tout, les rougeurs au visage, je sais qu'il entretient la pureté du teint.

Le docteur, toujours, examinait et retournait ce flacon, tout en m'écoutant attentivement ; puis il prit son carnet, et inscrivit le nom du fameux remède.

— Nous verrons bien, fit-il, fort incrédule. J'ai justement deux malades sur lesquelles je vais l'expérimenter ; car, ici, il a pu agir par suggestion : l'influence du moral sur la circulation du sang n'est pas niable, et Mme de Coursols a une telle confiance en sa belle marraine...

— Cependant, répliquai-je, vos malades ont aussi confiance en vous, docteur ; les guérissez-vous toutes ? Je vous répète que cet élixir, sans être aidé par la foi, est, pour la femme, un spécifique d'un effet aussi certain que la quinine, et en en propageant l'application, vous rendrez un immense service à notre sexe.

— Mais, par exemple, ajouta Marie-Laure, il n'enrichira pas les médecins ; car c'est là un traitement peu coûteux.

Ce docteur, homme de science, consciencieux autant qu'homme d'esprit, nous donna l'assurance qu'il allait, dès ce moment, l'expérimenter, et qu'il nous tiendrait au courant du résultat de ses expériences.

Je voulus, à mon tour, me retirer.

— Alors, s'écria Marie-Laure, promets-nous que tu reviendras demain. Pardonne à notre égoïsme; mais que deviendrions-nous sans toi?

— Certes oui, je reviendrai; car je tiens à compléter mon sauvetage. Il faut qu'avant un an Georges ait repris dans le monde de la banque une situation inébranlable. Plus de ces fortunes trop subites, qui s'écroulent de même, par cette raison qu'on dépense trop facilement l'argent trop facilement gagné. Ce que je veux pour vous, chers enfants, c'est une bonne et solide fortune amassée par le travail et l'économie; donc, plus de coups de bourse. A cette condition, seulement, je puis m'intéresser à vous.

Et je les embrassai tendrement tous les deux, ainsi que j'eusse embrassé mes propres enfants, tant il est vrai que rien n'attache comme les services rendus, non pas toujours celui qui reçoit, lequel trop souvent, hélas! se montre ingrat, mais celui qui donne.

Le lendemain, j'arrivai à midi. Marie-Laure était sur pied, encore un peu brisée de l'accès de fièvre de la veille, mais parfaitement rétablie.

Elle s'occupait déjà, avec sa femme de chambre, de faire un choix parmi ses effets les plus précieux. Le sacrifice était consommé : tout ce qui avait de la valeur serait vendu.

Georges venait de rentrer, fort pâle, l'air soucieux. Pendant que sa femme passait dans la pièce voisine, il m'avoua que le bruit s'étant répandu de son désastre, ses clients étaient venus, nombreux et acharnés, réclamer les dépôts confiés. Il lui fallait, le lendemain, encore cent mille francs, sous peine de se voir déclarer en faillite.

— Chut ! pas un mot à votre femme, vite un air souriant ! Je crois pouvoir vous tirer d'affaires.

En cet instant, Marie-Laure parut.

— Voyons, mignonne, montre-moi tes magnifiques bijoux. Peut-être pourrai-je en reprendre quelques-uns au prix coûtant.

— Vous, marraine ? Mais puisque nous avons déjà toutes vos économies.

— N'ai-je pas un banquier ? N'ai-je pas aussi une amie qui m'est toute dévouée, Mme de Kéradec, qui, certainement, pour me faire plaisir les achèterait ou les prendrait en dépôt ?

Encore un de ces services qui vous coupent bras et jambes, s'écria Georges, dans l'impuissance où l'on est de trouver des mots pour exprimer sa reconnaissance !

Marie-Laure sortit ses écrins. Je choisis les plus beaux, par le travail artistique autant que par les pierreries.

— Quant au reste, lui dis-je, tu peux en faire vaillamment le sacrifice : la première femme venue peut s'en procurer de semblables.

Ainsi que je l'avais dit à Georges, j'avais dressé, la veille, la liste des objets d'art qui me semblaient dignes d'être conservés. Je la leur soumis.

Il y eut bien quelques protestations.

— Quoi ! ce Falguière ?

— Oui. Vous le vendrez un grand prix, grâce à la signature ; mais cette Diane vulgaire, qui a plutôt l'air d'une paysanne que d'une déesse, ne doit pas figurer dans un salon distingué comme sera le vôtre. Croyez-moi, cet art naturaliste n'aura qu'un temps, c'est une mode, une mode qui passera vite, comme toutes les vilaines modes.

Georges aurait voulu conserver encore quelques tableaux.

— Nous en avons assez, m'écriai-je, je vous en supplie, pas d'encombrement. Trois tableaux anciens, quatre ou cinq modernes, et tout le reste, c'est-à-dire dix-neuf, à la salle des ventes.

Nous passâmes dans le salon chinois et japonais.

— Si vous m'en croyez, mes amis, nous nous débarrasserons de toute cette quincaillerie turlutante et baroque, qui a pu avoir autrefois sa valeur, lorsque la lenteur et la difficulté des communications la rendaient coûteuse et rare ; mais aujourd'hui que tous les magasins de nouveautés nous débitent ces poteries fantastiques à des prix moindres que la poterie française, ces bibelots n'offrent plus aucun intérêt. Cet art ventru, écrasé, aux dessins et enjolivures barbares, ressemble trop au vilain type de son fabricant. Je parle du Chinois. Certes, l'art japonais lui est supérieur : il est plus fin, plus délié, plus élégant; le coloris en est moins heurté, moins criard. Nous conserverons donc quelques objets du Japon : tenez ces deux jolis vases, d'un décor vraiment merveilleux comme couleur et comme dessin, et ces étoffes exquisement brodés : un rêve que ces longs feuillages pâles avec ces ibis roses!

— Comment, mon bouddha, le lit chinois! se récria Georges.

— Croyez-moi, mon ami, vendons tout cela : aujourd'hui que la mode n'en est pas tout à fait passée, vous pourrez en tirer un bon prix à l'Hôtel des Ventes, où nombre de badauds croient encore que tout cela est beau, parce que cela vient de loin. Dans quelques années, vous seriez obligés de reléguer ces chinoiseries au grenier, parce que personne n'en voudra plus.

Je fis encore quelques exceptions pour lui faire plaisir, mais bien peu.

— D'ailleurs, lui dis-je, nous n'avons plus que deux salons à décorer au lieu de trois. Il faut donc nous restreindre. Et si vous voulez suivre mes conseils, je vous le répète, n'entassons pas les bibelots, comme dans certains salons, qui ressemblent plus à des magasins de bric-à-brac qu'à des pièces où l'on reçoit des visiteurs de goûts distingués. Quant à la chambre à coucher, je rêve pour ma fillenle si idéaiement jolie, quelque chose de suave, de doux, de reposant; je me fais une fête d'en diriger, moi-même, la décoration. Georges gardera la sienne, s'il la trouve à son goût, ainsi que son cabinet de travail.

De la salle à manger, nous garderions le beau buffet flamand et les anciennes tapisseries aux fonds clairs. Toute la vaisselle plate serait vendue. On conserverait un beau service de Sèvres.

— Car, selon moi, leur dis-je, rien ne vaut, pour manger, les belles porcelaines à pâte fine. Il est, cependant, en argenterie de table, d'exquis bibelots qui donnent de l'élégance au service, lesquels, d'ailleurs, sont des cadeaux de famille, et dont vous ne pouvez vous séparer. Mais, si vous m'en croyez, nous vendrons tout de suite les coûteuses et encombrantes inutilités. Passez, aujourd'hui même, à la salle Drouot, pour faire annoncer votre vente de tableaux.

Je regardai la pendule. Onze heures.

— Je vous quitte, mes amis, j'ai une visite très pressante à faire à mon amie, Mme de Kéradec.

— Cette charmante Yvonne, dont le touchant désespoir a inspiré *Pour être aimée?* demanda Marie-Laure.

— Oui, c'est elle, la bonne et exquise créature. A vous deux, vous vous partagez mon cœur.

— La conversion de son mari a-t-elle persisté?

— C'est l'homme le plus fidèle de Paris.

— Un Breton, ça ne demande en effet qu'à être fidèle.

— Ils font, aujourd'hui, le plus heureux ménage qu'on puisse voir.

— Ton œuvre, marraine.

— Cependant, repris-je, je continue à surveiller Yvonne. Je vais, de temps à autre, inspecter sa garde-robe et surtout sa lingerie. Je crains que le naturel, qui est la simplicité et l'indolence, ne reprennent le dessus, et qu'elle ne s'endorme dans la sécurité que lui donne, aujourd'hui, son mari.

— Elle a tout à fait laissé son maudit crochet?

— Oui. Elle tapisse bien un peu, et quand j'arrive à la surprendre, elle me demande pardon en riant. La dernière fois, j'ai trouvé son Jean qui tenait un écheveau de laine.

— Hercule filant aux pieds d'Omphale, fit Georges un peu moqueur.

— Ce qui vaut encore mieux, repartis-je avec quelque sarcasme, que de faire œuvre de mâle en perdant à la bourse. Voyons, Georges, puisque vous avez à sortir, déposez-moi chez les Kéradec ?

— Très volontiers.

— Emportons les écrins.

— Est-ce que c'est à elle ?... questionna Marie-Laure avec une nuance d'inquiétude.

— Sois tranquille, mon enfant, je suis sûre d'Yvonne, qui m'est dévouée corps et âme.

Nous sortîmes emportant les écrins.

— Comme je suis presque certaine de réussir dans ma négociation, dis-je à Georges, vous m'attendrez en bas et emporterez la somme, si elle peut me la remettre immédiatement.

Yvonne était chez elle.

Je la trouvai dans un délicieux déshabillé, ou plutôt toilette d'intérieur en brocard vert-absinthe, avec un devant de surah merveilleux rose très pâle, recouvert d'un voile de crépon plissé crème. Une large dentelle en point de Venise, faisant berthe et bavoir, retombait bouffante sur les épaules ; un riche galon à cabochons multicolores marquait la taille ; ses bras et ses mains, devenus magnifiques, grâce aux soins que je lui avais enseignés, sortaient d'un long sabot de dentelles retenu au coude par le même galon. Par derrière, un large pli Watteau tombait et se développait en une traîne ouatée des plus coquettement majestueuses. Ses cheveux, relevés haut sur le front. laissaient pourtant échapper de gracieuses frisures. Elle était ravissante. On eût dit une de ces très grandes dames du temps passé, comme on en voit en ces beaux et anciens portraits que les peintres se plaisaient à idéaliser.

Je ne pus retenir un cri d'admiration, et je l'embrassai de tout mon cœur.

— A la bonne heure, voilà une toilette exquise !

— Jean en est fou. dit-elle. Quand j'ai cette robe il me baise les mains et les bras avec une ardeur qui me ravit.

— Alors, de plus en plus épris ?

— C'est à ce point que, parfois, au beau milieu de ses effusions. de ses transports, je ne puis m'empêcher de rire ; ce qui le courrouce, mais redouble encore son amour.

— Décidément, tu profites admirablement de mes leçons : coquette pour son mari jusqu'à la perversité. Mais, où est-il donc, ce mari modèle ?

— Il est allé m'acheter un bijou délicieux que j'ai remarqué hier. rue de la Paix.

— Ah ! tant pis ! m'écriai-je.

— Tranquillise-toi : je ne lui ai donné mon consentement. qu'à la condition que le bijou en question ne serait pas trop cher: mais il est bien capable de m'en dissimuler le prix ; car, ce qu'il me gâte...

Je lui contai alors l'objet de ma visite.

— Tu sais bien, Lauriane, que je te dois plus
que la vie : l'amour de mon adoré Jean, c'est-
à-dire le bonheur. Donc, chérie, ma bourse,
comme mon cœur, sont à toi. Puise à même
dans tous les deux.

Je lui dis d'envoyer son valet de chambre
chercher les écrins.

— Plaisantes-tu ? ai-je besoin de les voir ?

— Alors tu crois que ton mari ?...

— Mais mon mari t'a voué la même affection
que moi-même. Pour lui, tous tes désirs sont
des ordres, auxquels il obéira aveuglément.
Voyons que te faut-il ?

— C'est gros.

— Je te le répète, tout ce que nous possé-
dons t'appartient.

— Eh bien ! ces bijoux valent au bas mot
quatre-vingt-dix mille francs, mais je n'accep-
terai ce prêt qu'à la condition expresse que tu
garderas le gage. M. de Coursols m'a bien juré
qu'il ne jouerait plus ; mais il a joué, or, qui a
joué, dit-on, jouera...

— Quatre-vingt-dix mille francs ? peut-être
n'avons-nous même pas besoin de l'assenti-
ment de Jean. Je puis te les donner sur ma cas-
sette particulière ; car, chère amie, j'ai suivi
tous tes conseils ; je suis très élégante, mais
avec ordre, j'ajouterai même, avec économie ;
je ne pourrais guère faire autrement d'ailleurs
attendu que par nature, je suis ordonnée et
économe. Habitudes de bourgeoise, que veux-

tu ? Mes toilettes habillées sortent des grands faiseurs; mais mes toilettes d'intérieur, comme celle-ci, que tu trouves exquise sont faites par une couturière de quatrième ou cinquième ordre, que, par conséquent, je paie quatre ou cinq fois moins cher. Je suis même assez contente, ma chère Lauriane, de te jouer ce bon tour, toi qui n'admets que la perfection absolue.

— Du moment qu'on l'obtient, cette perfection, si c'est à meilleur marché, je ne puis qu'applaudir. Au reste...

J'éclatai de rire, et je lui contai, de mon côté, tous les petits subterfuges que j'employais, depuis que les mauvaises années m'obligeaient, moi aussi, à devenir économe.

Yvonne me sauta au cou, avec des larmes dans les yeux.

— Comment, toi, toi, Lauriane, l'incomparable duchesse aux belles mains, tu les emploies aussi, ces mains magnifiques, à de vulgaires travaux d'aiguille!

— Oui, je pense que cela vaut mieux que de dépenser ce qu'on n'a pas, pour être obligé, ensuite, de recourir aux expédients : ce qui est bien autrement humiliant que de chiffonner un peu. J'ai même fait comme toi : j'ai réalisé aussi quelques économies pour les revers à prévoir. Cet argent, je l'ai déjà confié à Georges de Coursols.

— Oh! quel bonheur! s'écria Yvonne, de

pouvoir, à mon tour, faire quelque chose pour tes protégés! Encore deux malheureux que tu arraches au désespoir!

Elle se leva, me conduisit dans sa chambre, ouvrit un meuble à secret, en tira toutes ses économies : un peu plus de quatre-vingt-dix mille francs. Elle me les tendit sans compter.

Ce fut à mon tour de l'embrasser avec effusion.

Je descendis en hâte, et remis cette somme à Georges, qui ne pouvait en croire ses yeux. Pour lui, cela tenait du prodige, de la féerie.

Grâce à cette somme, il arrèterait tous les fâcheux bruits et éviterait une catastrophe.

Je quittai M. de Coursols en lui donnant rendez-vous le lendemain, pour aller visiter, avec Marie-Laure, l'appartement de l'avenue de Messine.

Sans doute ce changement d'installation le chagrinait profondément. Si, dans le premier mouvement, j'avais songé à lui offrir une hypothèque sur mes propriétés de l'Isère, j'avais bientôt réfléchi que, dans son intérêt autant que dans le mien, ce serait une grave imprudence. Un désastre aussi facilement réparé, ne serait point, pour cet enragé spéculateur, une leçon suffisante. Il recommencerait à jouer, jouerait jusqu'à l'effondrement définitif, où ma fortune sombrerait avec la sienne. Il fallait donc le laisser aux prises avec les difficultés, et lui montrer ainsi à quel prix on parvient à réédifier une situation perdue; il s'agissait de le rendre à jamais sage, circonspect, afin que Marie-Laure fût désormais à l'abri de pareilles secousses.

Donc je persistai dans ma détermination : quoi qu'il dût en coûter à la vanité de Georges, l'hôtel serait vendu, ainsi que le mobilier, d'ailleurs, selon moi, trop clinquant. Sans doute, je souffrais de son chagrin, de ce qu'il croyait être son humiliation. Certes, pas méchant garçon ce pauvre Georges, mais trop dominé par l'ostentation, par le qu'en-dirat-on : un défaut terrible, celui-là, et qui entraîne tous ces naufrages auxquels nous assistons chaque jour. Paraître plus riche qu'on ne l'est en réalité, telle est la cause de presque toutes les ruines lentes ou soudaines. Si je préconise le luxe, si j'ai écrit même, que le premier devoir de la femme, c'est d'être belle, coquette, élégante, de s'appliquer à plaire, jamais l'idée n'a pu me venir, comme quelques maris m'en ont accusée, de la pousser à des dépenses supérieures à ses ressources. J'en ai même fait l'objet d'un chapitre spécial de mon premier volume : *Pour être aimée* (1).

Pour ma justification, qu'on me permette une courte citation.

Voici ce que j'ai écrit dans le chapitre, Hygiène morale : « Rien n'enlaidit à la longue

____

1. Édition Dentu, 3, place de Valois

comme les soucis d'argent, qui enlèvent le sommeil, plissent les paupières et les lèvres, froncent le front, altèrent la pureté du teint. Le premier devoir de la femme qui veut plaire est d'éloigner d'elle les soucis rongeurs qui font maigrir, les noirs tracas qui assombrissent la physionomie et enlaidissent les plus jolis visages ; car la beauté qui charme, qui attire, ne consiste pas seulement dans l'harmonie des lignes, mais surtout dans la jeunesse, la sérénité de la physionomie. »

Aussi ai-je toujours recommandé à mes jolies lectrices, de s'appliquer à équilibrer leur budget et surtout à ne jamais le dépasser : car si je veux que la femme rehausse et poétise sa beauté par tous les luxes et toutes les élégances, je place cependant la dignité bien au dessus de la beauté et la tranquillité morale au-dessus de toutes les satisfactions de la coquetterie.

Ne vaut-il pas mieux, cent fois, se priver d'un bijou, d'un chiffon, que de s'exposer à creuser une ride sur votre visage, une ride qui ne s'effacera plus, ou à perdre une partie de votre belle chevelure, madame ; car rien ne fait tomber les cheveux, comme les agitations nocturnes, causées par le souci.

Donc, préoccupée avant tout, du bonheur comme de la beauté de ma filleule, j'aurais le courage d'exiger jusqu'au bout les plus grands sacrifices.

Le lendemain, je vins les prendre tous deux, et nous allâmes visiter ensemble cet appartement vraiment magnifique : une entrée à colonnes, superbe, un escalier imposant, une antichambre très large, faisant galerie, sur laquelle ouvraient les deux salons et la salle à manger. Trois chambres à coucher, dont l'une servirait de cabinet à Georges, deux cabinets de toilette, serre et salle de bains avec tous les conforts actuels, et tout cela pour un prix invraisemblable : mon amie, pressée de partir, remettait son bail pour quatre mille francs, au lieu de sept.

Georges se résigna, et Marie-Laure se montra, elle, absolument ravie, ravie surtout de n'avoir plus à diriger un nombreux personnel, où chaque jour éclatent des sujets de discorde, qui rejaillissent sur le service.

— Aussi, lui dis-je, la première mesure à prendre est de faire maison nette, de congédier tous les anciens domestiques, sans exception d'un seul; car il est pour vous de la plus haute importance que votre domesticité ne puisse établir de parallèle entre votre ancien train de vie et le nouveau. Voici d'ailleurs le moment où les départs pour les eaux et les villégiatures vous permettront de faire un choix satisfaisant.

Ainsi qu'il en avait été convenu, Marie-Laure envoya des cartes à toutes ses amies pour les prévenir que la maladie subite d'une proche parente suspendait ses réceptions, la forçant de quitter Paris pour quelques mois.

Elle s'absenta, en effet, mais quelques jours seulement, tant elle avait hâte de revenir à Paris, pour procéder avec moi à sa nouvelle installation.

Mon modeste petit tapissier, que j'avais fait prévenir, s'était mis à mes ordres. Il savait, il est vrai, copier servilement des modèles; mais nous voulions de l'inédit; car il s'agissait de stupéfier cette société de la haute finance, un peu dédaigneuse, et qui, sans nul doute, allait flairer le véritable motif de ce changement de résidence. Il importait donc de faire mieux que ce qu'on avait quitté, et cela avec de faibles, de très faibles ressources.

Là, ce n'était donc plus comme chez Mme de Kéradec, où je taillais en plein drap, avec un crédit illimité; il fallait, au contraire, nous restreindre en tout, et faire quand même très beau.

Il est vrai que nous avions pour mener à bien cette œuvre difficile, non plus huit jours, mais au moins six mois.

Je me passionnai d'ailleurs pour cette transformation, comme je m'étais autrefois passionnée pour celle d'Yvonne.

Yvonne était trop bourgeoise, trop pot-au-feu, trop vertueuse; il fallait l'affiner, la rendre coquette, la lancer dans un monde nouveau pour elle.

Marie-Laure, au contraire, était trop lancée

dans la haute vie ; son élégance était trop coûteuse ; son luxe, trop criard, trop à l'effet ; je devais donc lui enseigner une extrême distinction, cette distinction si rare dans le monde où elle vivait, le grand style sobre, et restreindre le cercle de ses connaissances un peu trop tapageuses. Il fallait que, dans son intérieur, tout fût exquis, et que cela ne coûtât rien, ou presque rien.

Georges avait tenu parole, tout avait été vendu : hôtel, tableaux, mobilier. L'effroyable déficit avait été comblé. Il se relevait péniblement ; mais il se relevait. Sa maison de banque avait surnagé ; et, malgré toutes ses craintes, son crédit n'avait point été entamé.

Cependant il restait toujours triste, inquiet quand il rentrait chez lui, en voyant tous nos efforts pour embellir son intérieur, pour masquer la panne, comme il disait.

Un jour je faillis me fâcher :

— Attendez donc, m'écriai-je, pour montrer votre défiance, votre mauvaise humeur, de voir terminée cette installation, telle que je la comprends, et si vous ne la trouvez pas supérieure à l'ancienne, je me déclarerai vaincue. Vous en serez quitte pour vous abstenir de recevoir l'hiver prochain. Ce ne sera qu'un an de perdu pour vos plaisirs, si l'ont peut appeler ainsi ces réceptions qui vous donnent tant de mal, et que, selon moi, vous multipliez trop.

— Que veux-tu, marraine, il adore cela, implora Marie-Laure.

— Pourquoi ? Parce qu'il se plaît à entendre vanter son opulence ; mais quand il entendra vanter son bon goût, ses jouissances de vanité ne seront-elles pas plus grandes et d'un ordre supérieur ?

— Je le reconnais, duchesse, fit-il, assez humblement pour me toucher, vous êtes la sagesse même, et je remets ma réputation d'homme de goût entre vos belles mains.

Nous nous trouvions alors dans la chambre de Marie-Laure. Cette pièce était décorée dans un charmant style Louis XVI, très-fin, très-pur.

— Un peu froid, abjecta Georges.

— Un rêve, une idylle, protesta ma filleule, tout cela est doux, distingué, exquis. Si tu veux, marraine, nous la meublerons dans ce style.

— Tu n'es pas dégoûtée, ma mie, répliquai-je en souriant.

Le tapissier entrait au moment même, apportant les tentures du lit et des fenêtres. Ces tentures étaient en lampas vieux vert, avec doublure de satin corail pâle, encore atténué par des dentelles de Malines, dont les drapés très flou semblaient de vaporeux nuages.

Après un premier cri d'admiration, Marie-Laure fronça le sourcil.

— Mais, marraine, reprocha-t-elle, c'est de la folie cela. C'est donc toi, maintenant, qui nous induis en dépenses ?

— Ne gronde pas, mignonne... C'est un cadeau de marraine.

— Georges se récria, ne voulant pas accepter :

— Après avoir tant fait déjà!...

— Je n'ai rien fait du tout, mes enfants, l'interrompis-je vivement ; car je pense bien, qu'avec les bonnes idées d'économie que je vais vous inculquer, à tous les deux, avant un an, mettons en deux, vous aurez remboursé mes avances et celles de mes amis. Je ne vous fais même pas grâce des intérêts ; attendu que, si j'en juge par moi-même, rien ne doit être plus pesant, pour une âme fière, qu'un bienfait pécuniaire. C'est pourquoi, chers enfants, croyez-moi, ne vous mettez jamais plus dans la triste nécessité de recourir à la bourse de vos amis. Je ne parle pas de moi, certes ; moi, je suis la marraine, c'est-à-dire une maman, et j'espère que vous ne sentirez jamais le poids du service que j'ai été si heureuse de vous rendre.

— Oh! oui, la meilleure des mamans! s'écrièrent à la fois Laure et Georges.

— Je sens, en ce moment, toute la sincérité de votre reconnaissance ; je veux même la croire éternelle : il me serait si douloureux d'avoir, un jour, une déception de ce côté!

— Tu pourrais prévoir?... oh! pas cela, marraine, je t'en supplie!...

— Je ne prévois rien ; seulement, je connais

un peu mon cœur humain. Or, il arrive souvent que, même chez les meilleures natures, le poids de la reconnaissance devient lourd. C'est pourquoi, mon cher Georges, j'exige que nous réglions nos affaires en gens d'affaires. Les bons comptes font les bons amis : cela est absolument vrai.

Comme il était convenu que nous laisserions à Georges sa chambre à coucher et son cabinet de travail, il nous accordait pleins pouvoirs pour décorer le reste de l'appartement à notre gré ; nous l'exilâmes même complètement de l'avenue de Messine. Il n'aurait le droit d'y venir que lorsque tout serait terminé.

Ce fut long. Que de courses ! Il fallait chercher. Mon petit tapissier était sur les dents.

Cet été là, je n'allai ni aux bains de mer, ni en Dauphiné. Enfin, en novembre, tout était achevé, et Georges fut admis à voir, à critiquer même ; mais je me hâte d'ajouter qu'il ne critiqua rien. Il fut pris par le grand style du salon, la coquetterie du boudoir, la magnificence sobre de la salle à manger. Il en restait stupéfait, abasourdi.

— Qu'il fera bon là, n'est-ce pas ? s'écria la chère enfant, en sautant au cou de son mari. Comme on se sent plus chez soi ! Il semble que nous nous en aimerons mieux.

— De mon côté ce ne serait guère possible, répondit Georges ; cependant, je crois, qu'en effet, notre bonheur y trouvera un recueillement, une intensité calme, qui vont me reposer de l'agitation des affaires.

Et se tournant vers moi, il mit un genou en terre.

— Duchesse, reine, fée, car vous êtes tout cela, comment vous prouver jamais ma reconnaissance ?

— En continuant à rendre ma mignonne filleule la plus heureuse des femmes. Je n'ajoute pas : en renonçant aux jeux de bourse. J'ai votre serment, cela me suffit. Je vous sais homme d'honneur.

I

LE GÉNIE DE L'ÉLÉGANCE

L'élégance est un art qui tient à la fois de la
sculpture, par la beauté, la pureté ou la grâce
de la ligne, et de la peinture, par l'harmonie
des couleurs, la gradation savante des tons et
des demi-tons, par la composition plus ou
moins originale ou gracieuse d'une toilette,
d'un décor, par le piquant d'un détail, par
l'heureuse conception d'un ensemble.

Aujourd'hui, l'art de la peinture et l'art
théâtral, c'est-à-dire, l'art de charmer et d'attirer le public, ne repose-t-il pas un peu sur
la magnificence des accessoires? Voyez quelle
recherche un peintre apporte à la composition
d'une toilette ou d'un décor, à la disposition
comme au coloris des draperies. Aujourd'hui,
les fonds prennent dans les tableaux une grande
importance : ils sont étudiés, fouillés avec un
soin de savant ou d'archéologue. Tous les
grands peintres coloristes ont dans leurs ate-
liers de magnifiques étoffes anciennes ou
orientales dont ils s'inspirent. Au théâtre, le

mouvement artistique de la forme et de la couleur est plus accentué encore : certaines pièces ne se soutiennent que par l'originalité ou la vérité des décors et la magnificence des costumes.

Comme tous les arts, l'élégance a ses artistes de génie, je l'ai dit dans mon premier volume, je le répète ici avec une conviction plus profonde : tels tapissiers, tels couturiers ou couturières, telles modistes, telles femmes du monde, — celles-ci sont plus nombreuses qu'on ne pense, — sont de véritables et grands artistes par le goût exquis qu'ils apportent, soit dans la composition d'une toilette, soit dans la décoration intérieure d'une maison. Il est nombre de femmes, de parisiennes surtout, qui, avec les seules ressources de leur bon goût, sans posséder ni beauté ni fortune, comptent parmi les plus jolies, les plus irrésistibles charmeuses, et sont les vraies reines de la mode. A celles-là, je n'ai rien à apprendre : elles ont l'élégance innée. Il suffit que leurs doigts délicats s'emparent d'un chiffon pour qu'aussitôt ce morceau d'étoffe insignifiant se transforme en une parure exquise. Ne voit on pas parfois de simples fillettes s'habiller, se coiffer avec un art tout à fait inattendu ? Et combien de très grandes dames ne dédaignent point de diriger elles-mêmes leur couturière ou leur tapissier! Mais il en est un bien plus grand nombre qui ont besoin de guide, de conseils. Si elles sont riches, elles peuvent recourir à ces grands artistes parisiens qui sont les premiers du monde en l'art de composer à la beauté féminine des enchâssements et des cadres merveilleux.

Dans la classe moyenne, les femmes, volontiers, s'occupent elles mêmes de l'arrangement de leur demeure. Aussi, voyons-nous à tout moment les choses les plus vulgaires, quand elles ne sont pas burlesques, surtout depuis que la manie du bric-à-brac, du bibelot chinois ou oriental nous a envahis. Que de pièces, ainsi décorées, sont horribles à faire crier, hurler!

Il n'en est pas ainsi des toilettes, dont les formes tendent plutôt à s'épurer; mais combien encore sont criardes, disgracieuses, d'un goût révoltant! Il est même certains optiques tellement réfractaires à la distinction, à la véritable élégance que ce n'est pas non plus pour celle-là que j'écris : j'y perdrais mon temps.

Ainsi, quelles que soient l'éloquence et la logique de mes démonstrations, jamais je ne parviendrai à sortir telle bourgeoise de son salon carré, régulier, solennel, style Louis XIV et Louis XV : un canapé, six fauteuils, six chaises, le tout recouvert de même étoffe : velours d'Utrecht ou velours de Gênes, brocart ou damas de laine, selon la fortune de chacune. Nous n'arracherons pas davantage telle évaporée, prétentieuse ou fantaisiste, à ces bibeloteries surannées et vermoulues, sans aucune valeur, quand ce ne sont pas de mauvaises imitations, qu'elle regarde comme de vraies trouvailles.

Le bon goût, c'est le bon sens, a écrit Mme de Maintenon ; et je serais tentée de dire comme un écrivain célèbre : si l'esprit court les rues, rien n'est plus rare que le bon sens. Or, l'originalité dans la toilette, le piquant, le chic, l'esprit, si vous voulez, nous en rencontrons à chaque pas ; mais l'originalité de bon goût est ce qu'il y a de plus rare.

II

LE VRAI CHIC

Le chic, ce mot qu'on ne trouve point dans le dictionnaire de l'Académie, est une locution essentiellement parisienne, mot et chose, article de Paris, pourrions-nous dire, qui ne se rencontre guère qu'à Paris.

Le chic, c'est le pittoresque, le pimpant, le coquet, l'enlevé. C'est à la fois drôle et charmant, et au plus haut point attractif. La frimousse parisienne se prête au chic, à la frisure ébourriffée, au chapeau en coup de vent, qu'un seul nœud décore; mais ce nœud, c'est tout un poème. A défaut de nœud, la fleur ou la plume si coquettement piquées qu'elles attirent et provoquent le regard.

Par le chic, on désigne encore le bon goût suprême : « C'est chic », c'est-à-dire, c'est grandement beau, c'est éminemment élégant. Toutefois la première acception est la véritable.

Le chic s'improvise; mais il ne s'enseigne pas. On naît avec ce génie particulier, essentiellement original. Certaines femmes, quoi qu'elles fassent, n'auront jamais de chic : non seulement la nature de leur esprit ne se prête point à ces trouvailles, mais toute leur personne est une antithèse avec le chic, qui comprend toujours quelque chose de dégagé, d'imprévu, d'inédit.

On peut avoir beaucoup de chic et manquer absolument de distinction. Or, la distinction, voilà ce qui peut s'apprendre, et ce que je vais tâcher d'enseigner à mes chères lectrices.

Il n'y a pas d'élégance véritable sans distinction, et toutes les femmes peuvent atteindre à la distinction, qui est l'élégance des petites bourses.

III

LA DISTINCTION

La distinction, c'est la mesure parfaite, la grace noble, la couleur atténuée et seyante. Nos modes actuelles, simples de lignes, sobres de fanfreluches, se prêtent admirablement à cette distinction ; mais encore, pour qu'il y ait élégance, ne faut-il pas que cette simplicité aille jusqu'à la sécheresse, à l'insignifiance. Si j'ai l'horreur de ces fouillis de relevés, de draperies, de garnitures qui accablaient nos robes, il y a quelques années, je n'approuve pas non plus la robe absolument unie. Le fourreau, qui dessine trop exactement des formes souvent peu sculpturales, avec, par derrière, ces longs plis droits, sans une ondulation, sans un ornement, ne réalise pas non plus pour moi l'idéal de la grâce. Cet aplatissement exagéré à l'endroit où, naguère, bondissaient fort disgracieusement, du reste, ces énormes tournures, n'a rien de seyant, en ce sens qu'il modifie désagréablement la nature. Une femme qui, nue, serait ainsi bâtie, ne donnerait point le type de la beauté parfaite : elle serait même difforme. Donc, l'exagération, surtout dans les vilaines modes, voilà ce qui est absolument contraire à la distinction.

Tout d'abord nous poserons ces prémisses :

La première loi de la véritable élégance, c'est de ne jamais s'écarter de l'harmonie qui est la condition absolue de la beauté, aussi bien dans la ligne, dans la forme que dans les couleurs, et par conséquent de suivre autant que possible dans le vêtement les lignes naturelles du corps.

Exemples :

Aujourd'hui la mode des manches bouffantes et à gigot est chose déjà disgracieuse ; mais la femme qui outrepasse encore la mode ne sera point habillée d'une manière distinguée.

La coiffure également ne présentera pas un volume outré, pas plus en hauteur qu'en largeur : elle conservera approximativement la forme de la tête ; ou, du moins, il faut qu'on puisse la sentir, la deviner.

IV

CONNAIS-TOI TOI-MÊME. MIROIRS TROMPEURS

Connais-toi toi-même, c'est là une des bases de la morale ; c'est aussi une des bases de l'élégance distinguée. Se bien connaître soi-même physiquement est au moins aussi rare que se bien connaître moralement. Il est fort peu de femmes qui ne se fassent sur leur personne d'étranges illusions, illusions qui parfois me confondent d'étonnement. Je ne parle pas seulement au point de vue beauté ; nous sommes toutes à cet égard plus ou moins aveugles. J'ajouterai même, au risque d'étonner beaucoup nos seigneurs et maîtres qui critiquent si fort notre coquetterie, qu'ils s'illusionnent autant que nous, si ce n'est plus, sur leurs séductions. Tel homme, orné d'une imposante bedaine, se figure volontiers n'avoir qu'un torse puissant ; tel autre, à peu près chauve, se croit encore pourvu d'une abondante toison.

La coquetterie naturelle des femmes, les galanteries qui ont pu leur être adressées augmentent sans doute cet aveuglement naturel ; c'est ainsi que des femmes d'une rotondité accusée se croient encore sveltes. On en voit d'autres excessivement maigres, qui n'hésitent pas à se décolleter outrageusement, sans s'apercevoir qu'elles n'ont autre chose à exhiber que de profondes salières et des bras étiques.

Mais l'illusion la plus commune est relative à la jeunesse. Toutes, elles connaissent leur âge : elles les ont comptées, ces terribles années, qui, peu à peu, ont vu disparaître leurs charmes, ont pâli leurs joues, éteint l'éclat de leurs prunelles. Et cependant, généralement sérieuses devant leur glace, elles n'aperçoivent pas la hideuse patte d'oie qui s'étale sur leurs tempes au moindre sourire, ni les lignes qui flétrissent les paupières, ni les sillons des joues, ni les étirements anguleux des coins de la bouche, enveloppés, naguère, de fins et coquets modelés. Enfin, j'en connais qui ne voient même pas que l'émail de leurs dents s'altère, que leur menton s'empâte, que leur teint se couperose ou prend ces tons mûrs, ces tons d'ocre, autour des yeux et des lèvres, l'un des plus désagréables symptômes de la vieillesse. Donc, je le répète : si l'on veut rester ou devenir belles, si l'on veut s'habiller avec distinction et élégance. la première condition c'est : connais toi toi-même ; c'est-à-dire, ne te fais aucune illusion sur l'état de ton visage et les proportions de ta personne.

Quand vous vous regardez dans un miroir, souvenez-vous que ce miroir, quelle que soit sa limpidité, ne reflète que la moitié des rayons lumineux. Il y a, en outre, des miroirs qui grossissent, d'autres qui amincissent, d'autres encore qui allongent ou élargissent. Il est par conséquent fort juste de dire que les miroirs sont trompeurs. Ainsi, une robe dans telle glace paraît vous grossir : dans telle autre, elle semble vous amincir. Vous pouvez être trompées de même sur la valeur d'un drapé ou d'une garniture, comme sur la forme plus ou moins avantageuse d'un corsage.

Votre premier soin sera donc de vous

assurer que vos glaces sont parfaites, qu'elles ne sont ni bleues ni vertes ni jaunes, mais absolument incolores, et qu'elles reflètent exactement les dimensions de votre corps. Il est un moyen de vous assurer de l'exactitude de ces reflets : c'est de présenter à la glace votre main, en long, en travers, en biais, le biais surtout est ce qui vous éclairera le mieux sur la bonté de votre miroir : il faut que, placée de biais, cette main ne s'allonge pas plus d'un côté que de l'autre ; et comme vous en pouvez comparer à l'œil nu toutes les dimensions, vous vous assurerez, par cette comparaison, du plus ou moins d'exactitude de l'effet rendu.

Pour me résumer, l'élégance et la distinction s'acquièrent sans doute, mais en y apportant de la réflexion et des soins ; et le goût peut, par l'étude et la comparaison, s'affiner, se sélecter, pour nous servir d'un mot à l'ordre du jour.

Or, le but de ce livre est de démontrer que sans grever démesurément son budget, si modique soit-il, on peut atteindre à la haute élégance par l'art appliqué à la toilette des femmes comme à la décoration de leurs appartements ; qu'on peut, ainsi qu'un sculpteur avec de la terre glaise, ou un peintre avec les couleurs de sa palette, arriver à composer des chefs-d'œuvre de grâce, de beauté, si l'on possède les notions artistiques de la ligne et de la couleur.

V

LA LIGNE. — LE RÔLE DU NEZ DANS L'ART DE LA TOILETTE

Nous ne nous arrêterons pas à prouver ce que toute femme sait aussi bien que nous: c'est que toutes les lignes verticales allongent, tandis que les lignes horizontales élargissent, et, par conséquent, rapetissent.

Par la ligne, nous ne voulons pas seulement parler des rayures, mais de toutes les dispositions, de toutes les garnitures. Ainsi le gilet allonge, parce qu'il coupe le corsage par trois lignes verticales. Les rayures en travers, ou les garnitures, telles que les brandebourgs, fourragères, berthes et larges revers muscadins, élargissent et conviennent aux femmes minces et grandes. L'ampleur de la toilette donne aux types allongés de l'élégance, de la magnificence, à la condition toutefois qu'on ne l'exagère pas. Cela, c'est l'A, B, C de la couturière et de la femme qui a quelque peu le sentiment des proportions.

Mais en dehors de ces observations pour ainsi dire fondamentales, il faut étudier la grâce de la ligne. Une femme désireuse de se bien habiller fera d'abord un petit cours d'esthétique, elle examinera avec une sérieuse attention les plus purs chefs-d'œuvre de la statuaire et du dessin ; puis, s'étudiant elle-même, elle verra par où elle pèche, et dans sa toilette, tâchera de ramener sa ligne à celle des grands modèles, selon que sa beauté est ou gracieuse ou imposante ; car, autre principe fondamental : dans l'art de se vêtir, de se parer, il importe avant tout que la toilette d'une femme soit en harmonie avec le genre de sa beauté. Une femme, au profil fier et majesueux, ne se coiffera pas, ne s'habillera pas, comme telle autre, au minois chiffonné, spirituel, provoquant, sous peine de produire une discordance, une dissonance qui froisserait le goût.

Je vais donc vous dire une vérité qui, peut-être, va vous sembler une énormité : c'est que la première chose à faire si vous voulez vous habiller selon les lois du bon sens, du bon goût, de la véritable élégance, c'est d'étudier dans un jeu de miroirs la forme de votre profil, ou mieux, de votre nez, car c'est le nez qui détermine pour ainsi dire le type du profil.

Si votre nez offre une belle ligne pure et noble, s'il continue la ligne du front avec une inflexion légère, s'il rappelle, en un mot, les statues antiques, il vous faudra une toilette en harmonie avec ce profil, c'est-à-dire d'un style simple, noble, sévère.

Mais votre nez, bien que régulier et droit, décrit-il, au contraire, une courbe insensible pour se relever, aux deux tiers de sa longueur, en un bout mutin, où s'attachent des narines mobiles, vibrantes, il faut en ce cas vous appliquer aux toilettes de genre, qui charment par le contraste, le piquant, plutôt que par la symétrie, et dont les lignes, au lieu de se continuer en une sévère simplicité, se brisent, se contrarient, sans toutefois blesser l'harmonie.

Enfin, si votre nez affecte une forme encore plus irrégulière, s'il est plutôt court et retroussé comme les nez à la Roxelane, qui impriment à la physionomie un air fringant, délibéré, provoquant, votre toilette pourra comporter encore plus de fantaisie, de caprice.

Il est encore d'autres types, et ils sont nombreux : il y a les profils busqués, étranges, inquiétants, qui ne sont ni classiques, ni effrontés, mais qui ont du caractère, un grand air. A ceux-là, il faut l'élégance pompeuse, plutôt que les improvisations de la mode. Les souvenirs historiques inspireront leur toilette, comme leur coiffure, qui devront l'une et l'autre avoir du caractère.

Donc, imposante ou gracieuse, la ligne générale de la toilette doit s'harmoniser avec la ligne du profil, corriger la forme du corps, si elle est défectueuse, et se rapprocher autant que possible des grands modèles.

Est-il rien de plus adorable que cette ligne magnifique qui part de la hanche pour aller en s'effilant jusqu'à la pointe des pieds? Mais il est rare que dans la nature cette ligne soit accomplie. Il s'agit donc de la modifier par un juponnage savant, artistique, si je puis m'exprimer ainsi. Toutefois, lorsque la jupe moule cette forme elliptique de la hanche, un des plus grands charmes de la femme, je suis d'avis, si cette ligne n'est pas absolument parfaite, ou si le ventre est quelque peu proéminent, de la briser par un drapé un peu vague, ou une molle et élégante draperie, pourvu, toutefois, que vous ne retombiez pas dans les fouillis compliqués, prétentieux, qui ont été trop longtemps à la mode, et qui, aujourd'hui, nous paraissent horribles.

La confection du corsage demande plus d'art encore, mais ce sera l'objet d'un chapitre spécial.

En résumé, savoir donner à l'ensemble d'une toilette un joli mouvement, coquet ou majestueux, gracieux ou sévère, sans s'écarter de la ligne sculpturale, de la forme qui convient à votre type, c'est en cela que consiste, en grande partie, l'art du couturier ou de la couturière.

Je vous demande, ma belle lectrice, la permission de vous citer encore ce que j'écrivais déjà à ce sujet dans *Pour être aimée* :

« Avez-vous un type gracieux? Il vous faudra des toilettes légères où domine la fantaisie. Un type noble ? C'est la robe aux belles lignes simples. Un type passionné ? Ce seront des toilettes aux lignes heurtées, aux couleurs tranchées. Un type d'artiste ? Il vous faudra des costumes qui se distinguent par une originalité, non pas choquante, comme il arrive trop souvent, quand on vise à l'originalité à outrance; mais une originalité de bon goût, qui attire le regard sans l'offusquer. »

Cependant, plus encore que la ligne, la couleur nous donne les moyens d'atteindre à la haute élégance, si l'on sait en appliquer les contrastes et les harmonies. Nous allons donc traiter de la couleur avant d'aborder le vêtement et la coiffure

VI

LA MAGIE DES COULEURS
Leurs harmonies avec la beauté de la femme et ses sentiments.

Posons tout d'abord ce principe que le génie dans l'art c'est, avant tout, le sentiment des rapports et des différences, des similaires et des contrastes dans les formes, dans les proportions comme dans les couleurs. Ainsi, une couleur n'a pas de valeur absolue : ce sont les teintes environnantes qui lui donnent sa valeur réelle. Une peau bronzée, un peu jaune, paraîtra d'un ton plus clair, presque blanche, si vous placez à proximité une teinte plus jaune. Exemple : si les dents des nègres et des ramoneurs nous paraissent d'une blancheur éblouissante, c'est par contraste avec la couleur noire du visage. L'adaptation des couleurs à notre teint est souvent une question d'opposition. Qui ne sait que l'harmonie s'obtient parfois aussi par des contrastes ?

Il est également indéniable que les couleurs ont une expression ; qu'elles ont, avec nos sens, des affinités, qu'elles exercent une influence sur nos idées, sur nos dispositions morales et physiques. Nous trouvons de la gaieté dans un beau jour ou dans les clartés roses de l'aurore, de la mélancolie dans le crépuscule, de la tristesse dans la nuit.

Le jaune clair, qui est la couleur du soleil, n'exprime-t-il pas la richesse, l'exubérance, la somptuosité? Mais si vous lui donnez une teinte plus foncée, et le coupez avec du noir, ne prend-il pas aussitôt une expression sombre et violente?

Le jaune plaît et sied aux brunes méridionales, il forme une harmonie de caractère avec leur chevelure et leurs sourcils noirs, avec leurs sombres et ardentes prunelles, exprimant l'amour violent et cruel bien plus que la tendresse, a dit un maître en l'art de la parure.

Tout au contraire, le bleu, nuance discrète, idéale et céleste, exprime la pureté, la douceur, la rêverie, les calmes félicités. Il semble impossible d'attacher à cette couleur une idée de hardiesse, d'exubérance et de plaisir. C'est l'emblème de l'amour pur.

Dans les tons clairs, le bleu convient à la parure d'une vierge; mais le bleu sombre, se rapprochant du noir, s'alliera plutôt aux natures mélancoliques qui se plaisent aux mystérieuses rêveries.

Quant à moi, faut-il l'avouer? je n'apprécie pas beaucoup le bleu. C'est une couleur froide. La gamme en est pauvre. Dans les tons foncés, elle ne devient distinguée qu'en se fondant avec le gris ou le vert. Il y a des tons gris-bleu, qui, mariés ou coupés par le rouge-rubis, composent d'adorables toilettes. Le bleu-vert pâle ou le bleu-paon sont également des teintes seyantes et distinguées.

Quant au rouge, c'est la couleur de la pompe et du faste, de la magnificence. La pourpre est presque chez tous les peuples le vêtement des rois et des empereurs.

« C'est avec le rouge, dit Bernardin de Saint-Pierre, que la nature rehausse les parties les plus brillantes des belles fleurs. Elle en revêt, aux Indes, le plumage de la plupart des oiseaux, surtout dans la saison des amours. Il y a peu d'oiseaux à qui elle ne donne quelques nuances de cette riche couleur. Les uns en ont la tête couverte, comme ceux qu'on appelle cardinaux. D'autres en ont des pièces de poitrine, des colliers, des capuchons, des épaulettes. Il y en a qui conservent entièrement le fond gris-bleu de leurs plumes ; mais qui sont glacés de rouge comme si on les eût roulés dans le carmin. D'autres en sont sablés, comme si on eût soufflé sur eux quelque poudre écarlate. »

Tantôt le rouge est imposant et terrible comme dans la robe des magistrats ; tantôt il répond à des idées d'orgueil et d'ambition. Couleur hypnotisante, il appelle le regard. La femme qui veut être remarquée, s'habillera d'une robe rouge.

Toute la gamme du rouge, depuis le grenat, le ponceau, jusqu'au rose vif, représente l'ardeur dans la passion. Le rose est essentiellement la nuance de la jeunesse : il éveille toujours des pensées joyeuses ; il convient surtout, par sa fraîcheur, à la parure des jeunes filles. Il y a dans le rose des tons exquis, comme aussi des tons très vulgaires. C'est à la femme ou à la jeune fille qui veut s'en parer, de trouver le ton précis qui sied à son teint.

L'orange, qui est un mélange de jaune et de rouge, joue également un rôle éclatant dans les décorations de la nature. Toutefois, dans la

parure de la femme, il ne peut figurer qu'à
petites doses; et pourtant, je me rappelle certaine robe de bal en peau de soie orange, d'un
tissu souple et velouté, garnie de renard noir,
s'ouvrant sur un devant léger, tout plissé, en
mousseline de soie blanche, et qui composait
une toilette d'une richesse exquise, d'une distinction originale et somptueuse. Elle habil-
lait à ravir une brune à peau blanche, d'un
blanc mat, au fier et imposant profil, d'expression passionnée. C'était une toilette vraiment royale.

Mais le vert, qu'y a-t-il de plus charmant, de
plus doux à l'œil ! Aussi la nature en a-t-elle
teinté le fond de tous ses tableaux. Il n'est
aucune couleur dont la gamme soit plus riche,
plus variée. Et, que de tons exquis dans les
vert-mousse. dans les vert-bleu, dans les vert-
d'eau, il s'allie à toutes les autres couleurs
et les fait valoir au lieu de les éteindre. A
la fois tendre, modeste et souverainement distingué, le vert allié au blanc forme les plus
jolies, les plus seyantes toilettes. Combiné avec
le noir, il devient triste, mais conserve néanmoins un cachet de haute distinction. Les
arabes et les turcs ont une prédilection mar-
quée pour le vert, qui était la couleur favorite
de Mahomet.

Longtemps la mode l'a dédaigné. Pendant
des années, ayant toujours eu une préférence
pour cette couleur à la fois reposante et gaie,

je m'appliquais à chercher, dans les étoffes, ces adorables nuances de vert entrevues parmi les mousses ou les verdures automnales, et je ne trouvais rien : le vert était absolument prohibé dans la fabrication des soieries, velours, peluches ou rubans. Mais aujourd'hui on commence à comprendre les beautés du vert. On en trouve à peu près toutes les teintes, depuis le vert-nil jusqu'au vert-russe, depuis le vert-réséda, d'un ton si suave, jusqu'au sombre vert-olive. Il se marie admirablement avec le blanc, le noir, le mauve, le bleu pâle, et surtout le rose-corail.

Le violet, couleur composée de rouge et de bleu, est une couleur pompeuse : c'est la couleur épiscopale. En dominance de bleu, elle prend une expression de mélancolie, et devient une teinte de demi-deuil. La scabieuse n'est-elle pas la fleur des veuves? Du violet se rapproche un peu le bleu de la pervenche, qui faisait tressaillir le cœur attristé de Rousseau.

Deux nuances fort à la mode aujourd'hui, c'est le mauve, l'héliotrope, dérivés du violet, et qui, dans leur gamme, offrent, comme le vert, des tons exquis. Ces tons rares, éminemment distingués, il faut les découvrir, il faut trouver surtout celui qui convient exactement à votre carnation. L'héliotrope est une nuance de jour; mais le mauve rosé est une teinte du soir. Il compose de suaves toilettes qui ont, pour l'œil, un charme discret et caressant. La teinte améthyste, brodée d'or ou garnie de galons d'or fin ou mélangée avec le gris, compose des costumes d'une richesse atténuée, des plus élégants.

Le mauve brodé de perles ou recouvert de dentelles blanches ou noires est d'un effet charmant et très doux.

Si nous avons rappelé à nos lectrices le rapport des couleurs avec les sentiments, c'est que nous voulons qu'elles soient pénétrées de cette vérité, que la beauté et l'élégance sont, avant tout, une question d'harmonie. Ainsi, comme l'a dit une femme d'esprit : « S'il est encore permis de rêver avec un chapeau bleu de ciel, il est défendu de pleurer avec un chapeau rose. »

Mais le point dominant, capital, je le répète à satiété, c'est d'adapter les couleurs de notre coiffure et de notre toilette avec la couleur de nos cheveux et de notre visage.

L'homme paraît avoir complètement abandonné la couleur à la femme, et semble à jamais voué au noir. Malgré quelques récents essais mondains pour ramener les habits de couleur, au moins pour le soir, il reste sombre, incolore. Dans toute l'Europe, ou plutôt chez toutes les nations civilisées, son costume d'apparat est un habit noir, un pantalon noir, un chapeau noir; le tout d'une forme disgracieuse au possible. Le chapeau surtout est contraire à toutes les lois de l'esthétique, attendu que sa forme haute et cylindrique change absolument la forme de la tête. Depuis près d'un siècle, les gens sensés, doués de quelque sentiment artistique, critiquent, ridiculisent même ce tuyau de poêle qui, néanmoins, résiste à toutes les satires. C'est à croire qu'il faudrait une révolution pour amener la transformation de cette coiffure, aussi absurde que difforme et antihygiénique.

Les costumes du siècle dernier étaient d'une si gracieuse élégance, d'une si grande richesse !

Il est vrai que, dans nos ménages d'aujourd'hui, la fortune se trouvant restreinte par la division des héritages, quel budget pourrait suffire, à la fois, aux toilettes de monsieur et et à celles de madame? Les habits de velours, de brocart, de satin sont un peu plus dispendieux que cet affreux habit noir ; car ces messieurs ont au moins autant de coquetterie que nous, bien qu'ils se refusent à l'avouer. Ils voudraient aussi les plus belles étoffes, les plus riches ; de là, nouveaux sujets de discordes entre époux, de guerres intestines. Mieux vaut encore, je n'en disconviens pas, ces toilettes de croque-mort, qui peuvent atteindre à une certaine élégance, grâce à l'habileté du tailleur.

Heureusement que les femmes, guidées par leur instinct de coquetterie, ne sont pas encore arrivées à ce degré de civilisation, et qu'elles conservent, dans leurs vêtements, la couleur qui les embellit. Autrement, vous représentez-vous cette société de quakeresses et de quakers, ce deuil, cet enterrement universel ? Si le noir reste, dans le costume des grandes dames espagnoles, une marque de noblesse, cela tient, sans doute, à ce qu'il rappelle la robe du prêtre, qui, chez cette caste dévotieuse, lui paraît être une dignité, un privilège.

Pourquoi les femmes, en général, sont-elles attirées vers les militaires ? C'est qu'elles sont séduites par leur costume, bien plus encore que par leur air martial.

Toutes les fois qu'on veut produire un effet sur l'imagination féminine, on est obligé de recourir à la couleur. Il est certains théâtres, où l'on ne joue pas de pièces en habit noir ; d'autres, où l'on exige un certain déploiement de toilette.

Les femmes, qui sont des artistes innées, lorsqu'il s'agit de leur beauté, ont donc raison de ne pas comprendre la toilette sans la couleur. Seulement, elles doivent apporter beaucoup de tact, de réflexion, d'art, dans le choix et le mélange de ces couleurs, si elles veulent rester distinguées. Elles devront redouter, par-dessus tout, ces oppositions heurtées, ces tons crus, criards, qui froissent le regard et le bon goût, c'est-à-dire le sentiment de l'harmonie.

Avant tout, il importe de prohiber sans merci toutes les teintes qui les enlaidissent.

Ne vous a-t-on pas fréquemment adressé ce compliment?« Madame, vous êtes en beauté ce soir. » Or, cet admirateur qui peut être sincère, mais qui est peu observateur, ne remarque point que c'est le plus souvent à votre parure, et même à un détail restreint de cette parure : nœud de ruban, fleur, bijou dont la couleur sied à votre teint, que vous devez ce subit embellissement.

Les types féminins, quoique variés à l'infini, peuvent cependant se classer en quatre types principaux : brunes, châtaines, blondes, rousses. Ces couleurs de cheveux correspondent à la constitution ; la constitution, au climat. Le teint dépend à la fois de la constitution et du climat. Sans doute, à ces lois générales, il est de nombreuses exceptions.

Les méridionales sont brunes ; et cela tient, disent nos docteurs, à l'influence de la chaleur sur la circulation de la bile, indépendamment de la pigmentation.

Les femmes du Nord, en qui domine le lymphatisme, sont généralement blondes avec une carnation rose et blanche.

Dans les régions tempérées, les femmes ont le teint comme la chevelure, de couleur indécise, mixte, c'est-à-dire entre les extrêmes.

En dehors de ces teintes générales, il existe

des teintes plus rares : l'*auburn*, par exemple, est un châtain à reflets d'or, qu'on rencontre fréquemment en Angleterre, et auquel correspond une carnation éblouissante.

Les teintes rousses, autrefois dédaignées, sont aujourd'hui fort appréciées : certaines nuances ont en effet une richesse de coloris admirable, et font ressortir la blancheur éclatante de la peau.

Il est encore des teintes blondes adorables et des chevelures fauves qui ressemblent à de l'or en fusion. Ces blondes, à l'hôtel Rambouillet, on les appelait des lionnes. Quant à ce roux vénitien dont nos coquettes aujourd'hui abusent peut-être un peu trop, il prête au teint, il faut le reconnaître, un éclat merveilleux.

Les blondes ont généralement la chair rose, fine, transparente. Le blond cendré, si fin, si suave, s'allie le plus souvent à une peau délicate, d'un blanc calme, à une constitution frêle, à un caractère doux. C'est ainsi que chaque tempérament comporte son harmonie. C'est à la femme, comme à l'artiste, de compléter cette harmonie, de la rendre ou plus idéale, ou plus pimpante, ou plus passionnée, en atténuant les duretés, en accentuant par quelques rehauts les indécisions, en modifiant, en transformant, en effaçant même tout ce qui peut déplaire.

Assurément, toutes les femmes savent ce

qui leur sied, sans qu'on ait besoin de le leur enseigner : par exemple, que le rouge et le jaune conviennent aux brunes ; le vert et le bleu aux blondes. Ne dit-on pas que le rouge est le fard des brunes ; et le vert, celui des blondes ?

Une brune à l'œil brillant, aux cheveux, aux sourcils très noirs, saura bien placer dans sa coiffure le nœud jonquille ou la fleur écarlate qui accentuera le caractère de sa physionomie. Elle n'hésitera pas non plus à revêtir une robe d'un vif incarnat, coupé de dentelles noires, agrémentée de jais ; et la blonde, la parure de turquoises, la couronne de bluets, ou la veste bleue capote-de-soldat, brodée de soutaches d'or.

Le violet et ses dérivés : le mauve et l'héliotrope conviennent aux rousses.

Mais à ces lois générales, que d'exceptions !

Dans notre pays tempéré, où les intermédiaires dominent, il est une infinité de nuances dans le teint des brunes comme dans celui des blondes, plus encore dans celui des châtaines. Or, l'élégance affinée que nous proposons d'enseigner à nos lectrices repose précisément sur le choix et la délicatesse des couleurs nuancées à l'infini.

Je me déclare donc ici, avant tout et en tout, *nuanciste*.

Ainsi, il est des brunes pâles qui ont la peau très blanche, avec des yeux très noirs. Là, il faudra non plus des tons violents et tranchés, mais tout au contraire, des nuances douces, les nuances des blondes : le bleu pâle, le vert et le mauve lui siéront fort bien ; le rose-corail pâle surtout blanchira encore sa carnation. Bien mieux, si ses traits sont fatigués, son visage, un peu flétri, ces nuances douces, presque évanouies, rendront à la physionomie de la jeunesse et même de la vigueur. Il en est ainsi des blondes auxquelles conviennent généralement des tons clairs, adoucis, et qui, cependant, lorsque ce blond est un peu fade, réclament une parure vive. Le rouge-caroubier et le rouge-rubis, par exemple, relèveront l'insignifiance de ce blond trop tendre, en lui donnant un accent, un rehaut des plus attractifs.

Le rouge n'est donc pas seulement le fard des brunes. De même, le fard des blondes, le vert, s'harmonise admirablement au teint de certaines brunes. Cette nuance, surtout mariée au noir, imprime à leur physionomie un cachet sévère, étrange, éminemment distingué.

Une brune, comme une blonde, porteront avec distinction une redingote de fin drap vert, garnie de fourrure noire, de skunks, ou d'astrakan, ou de renard noir, selon le budget ; et pour sortie de bal, une longue pelisse de peluche vert-clair, vert de lumière. On trouve des peluches d'un vert exquis : et des vêtements du soir, de cette nuance, garnis de dentelles préférablement blanches, sont d'une haute élégance sans être fort coûteux, si l'on n'y met point la première qualité de peluche. Quant aux dentelles, les belles imitations sont aujourd'hui à si bas prix !

Les femmes aux cheveux châtains, aux cheveux cendrés, avec les carnations correspondantes, trouveront des couleurs en harmonie avec toutes les carnations de brunes ou de blondes ; toutefois, les tons violents, passionnés les écraseraient. Il leur faut les tons moyens, du reste, fort à la mode aujourd'hui et rappelant les couleurs anciennes : vieil or, vieux bleu, vieux rouge, vieux rose, fraise écrasée, en un mot, toutes les nuances nouvelles, les tons rompus, c'est-à-dire ces tons dont la crudité est atténuée par le mélange d'une ou de plusieurs autres couleurs.

Quant aux cheveux châtain-clair ou blond très pâle, avec ces yeux gris d'ardoise, noirs aux lumières, ou ces yeux de saphir sombre qui ont des reflets de pierres précieuses, des profondeurs d'infini, ou encore ces yeux pers, glauques, à reflets changeants, d'une coquetterie si perverse, dans des teints pâles, à peine rosis aux joues, veinés de bleu autour des paupières, ils réclament des couleurs demi-chaudes, gris-rosé, gris-mauve, gris-perle, qu'on relève par une note vive, mais restreinte, mais unique, comme celle d'une fleur d'un œillet rouge ou d'une rose sans feuillage, d'un grenat, d'un rubis, d'une épingle d'or, ou d'un nœud de velours sombre.

Cependant nous ne devons pas laisser croire que nous prohibons le noir ; bien au contraire, il est certaines femmes auxquelles il sied fort bien. Ainsi la blancheur d'une blonde ou d'une rousse ressortira avec plus d'éclat par l'opposition d'une robe de velours noir.

Pour une brune, en fait de noir, je conseillerais plutôt les soies égayées par des luisants, comme les brochés, les surahs, les satins. Les noirs profonds de la laine ou du velours, rendent les brunes trop brunes, et leur donnent une expression de tristesse qu'il faut éviter.

Ovide a dit dans l'Art d'aimer : « Le noir sied aux blondes, il embellit Briséis. Elle était vêtue de noir lorsqu'elle fut enlevée. Le blanc convient aux brunes. Andromède, il ajoutait à tes charmes, lorsque, vêtue de blanc, tu parcourais l'île de Sérif. »

On le voit, dès cette époque, on se préoccupait d'harmoniser les couleurs, non seulement avec la teinte des cheveux, mais encore avec les situations et les sentiments.

VII

D'OU VIENT LA MODE ?

La parure, c'est la poésie du corps, a dit un auteur célèbre du commencement de ce siècle.

Il est vrai qu'aujourd'hui la femme ne cherche plus comme à cette époque la poésie. Elle cherche le brio, le chic, *le chien*, disent les plus avancés dans le train. J'avoue que je ne suis pas aussi dans le train que cette génération fin-de-siècle. J'avoue même que, sans être rétrograde, et sans goûter l'afféterie, le guindé et le rococo, je trouve que ce tout dernier genre manque absolument de grâce et de distinction. Les façons cavalières de nos jeunes femmes, et même de nos jeunes filles, ne sont pas pour les rendre bien séduisantes. Il en est, toutefois, auxquelles le costume quasi-masculin sied assez bien, auxquelles même les vaporeuses fanfreluches n'iraient aucunement.

L'art de la toilette, car c'est un art véritable, est soumis comme tous les autres aux deux conditions essentielles du beau : la proportion et l'harmonie. Certains auteurs anciens en ajoutent une troisième : la symétrie. Mais aujourd'hui la symétrie est reléguée au second plan ; elle n'est plus guère réclamée que dans les toilettes sévères. Au contraire, c'est la fantaisie qui fait loi : une aigrette, une fleur, une plume, qu'on place de côté, un ornement, un nœud de ruban, un coquillé, un relevé, un drapé sur une seule hanche, donne à une toilette du piquant, de l'attrait, de l'originalité.

Mais la grande loi qui régit nos toilettes, quoi qu'on dise et quoi qu'on fasse, c'est la mode, souveraine essentiellement capricieuse et fantasque, qui se moque des lois d'harmonie, de proportions, qui se moque surtout du bon sens.

La mode ! mot qui dit tout, et qui ne dit rien, qui ne repose sur rien, et qui, néanmoins, s'applique à tout : parures, costumes, ameublement, voitures. Comment expliquer la despotique influence de la mode? Qui de nous ne s'est élevé contre ses fantaisies bizarres, bouffonnes, ridicules, incommodes autant que tyranniques.

Jamais, disions-nous, en voyant apparaître une de ces modes extravagantes, je ne me résoudrai à porter un chapeau de cette forme si disgracieuse, une robe de cette nuance choquante, ou ces manches si collantes qu'elles gênent tous les mouvements, ou ces gigots démesurés qui vous montent aux oreilles. Or, à peine un mois, que dis-je, quinze jours se sont-ils écoulés depuis que vous avez émis cette énergique résolution, que .vous arborez et le chapeau et les manches et la couleur si résolument condamnés. Mais, ce qui est plus surprenant encore, c'est que cette mode, que vous repoussiez hier, comme le comble du laid et de la vulgarité, vous apparaît aujourd'hui, comme le suprême du beau, de la distinction. Vous trouvez même absolument ridicules les personnes qui, refusant de suivre la mode nouvelle, continuent à porter les vêtements de la mode précédente.

Enfin, chose plus incompréhensible encore, c'est que cette mode nouvelle qui, le plus souvent, ne vous apporte que de la gêne, qui ne sied, ni à votre visage, ni à votre tournure, vous plaît quand même, quitte à la trouver parfaitement grotesque, dès qu'une autre l'aura remplacée.

J'ai fréquemment cherché l'explication de ce bizarre phénomène. Ne l'ayant pas trouvé, je ne cherche plus, et comme tout le monde, je me soumets aux décrets de la mode.

Montaigne, déjà, protestait contre les folies de cette déesse légère et frivole. « Quant au vestement, écrivait ce philosophe de bon sens, qui les vouldra ramener à leur vraie fin, qui est la commodité du corps, d'où despend la grâce et bienséance originelle ? »

Toutefois, Montaigne n'avait pas entièrement raison : la commodité n'est pas l'unique élément du beau, de la grâce, de l'élégance.

Nous n'essaierons donc pas de lutter contre le pouvoir irrésistible de la mode, ni de nous soustraire à ses exigences réellement inéluctables ; nous vous conseillerons seulement d'en modérer les extravagances. Ainsi, lorsque s'établit cette mode anti-artistique de ces tournures phénoménales, surnommées strapontins, — car on eût pu, à la rigueur, s'y asseoir, — on pouvait, sans porter des jupes tout à fait plates et sans exagérer le renflement de la tournure, se juponner, cependant, avec une modération, une élégance de bon goût ; puis, lorsque la mode tomba tout à fait dans l'excès contraire, c'est-à-dire, qu'au lieu d'un renflement, elle décréta un aplatissement frisant la dépression, cette mode, anti-naturelle, anti-artistique, pouvait être adoptée cependant, jusqu'à un certain point, en suppléant, par un juponnage bien compris, au déficit de la nature.

Il en est de même de la coiffure : adopter une coiffure qui ne sied pas au visage, simplement parce qu'elle est à la mode, est une absurdité plus grande encore, une faute de goût impardonnable ; attendu que les lignes, comme l'expression du visage, ont des exigences absolues, dont on ne peut se départir sous peine de s'enlaidir. Il faut si peu de chose pour changer, pour modifier les proportions, l'expression d'un visage. Un chignon plus ou moins haut, plus ou moins avancé, une frisure sur le front, une bouclette sur les tempes, selon que le front est plus ou moins élevé, les pommettes, plus ou moins saillantes, transforment complètement une physionnomie.

Quant aux couleurs dites à la mode, il serait tout aussi insensé de les adopter, si elles ne seyent pas complètement à votre teint, la couleur ayant, sur notre beauté, l'influence la plus indiscutable, la plus directe.

Il est enfin des lois générales dont on ne saurait s'écarter sans produire des effets désastreux, des dissonances choquantes. Or, il n'est pas de mode qui puisse nous faire consentir à nous enlaidir de notre plein gré. Tant au point de vue de notre beauté, qu'au point de vue du tableau qui doit la rehausser et l'encadrer, nous prohibons absolument ces formes et ces couleurs qui faussent l'harmonie et blessent le bon goût.

Toutefois la mode tend à se relâcher quelque peu de son exclusivisme, de son despotisme. Il semblait, jadis, à voir dans les rues toutes les femmes habillées de même, qu'un ordre de police les eût condamnées à porter un uniforme. Mais aujourd'hui la mode comporte une telle diversité, qu'on peut à peu près, sans crainte de paraître ridicule, s'habiller et se coiffer à l'air de son visage.

VIII

LA ROBE.

LA COUTURIÈRE, NOTRE CAUCHEMAR

Si, dans *Pour être aimée*, j'ai traité cette grave et capitale question de la robe pour les femmes dont le budget est illimité, qui ont banque ouverte, ici, tout au contraire, je vais m'occuper de la toilette des femmes qui doivent compter avec leurs ressources, et je prétends leur montrer qu'en dépensant peu, il est possible, néanmoins, d'atteindre à une élégance, moins riche, sans doute, comme matières premières, mais tout aussi parfaite.

La robe, le souci, la préoccupation de toutes les femmes! En réalité, c'est la robe qui tient la plus grande place dans notre toilette. La coiffure, le chapeau, malgré son influence plus directe, plus étroite sur la beauté du visage, n'est considéré cependant que comme un accessoire de la toilette, attendu qu'il ne se porte que quelques heures par jour, tandis que la robe est de tous les moments; et la plupart des femmes revêtent même plusieurs robes dans la même journée. Enfin, c'est le chapeau qui doit s'harmoniser avec la robe, sa nuance et son caractère.

Pour faire une robe, on s'adresse généralement à une couturière. Or, Mesdames, quelle est celle d'entre vous qui n'ait connu les impatiences, les désagréments, je dirai plus, les angoisses et même les tortures physiques et morales que nous font subir les couturières? Que de doléances n'ai-je pas recueillies sur cet inépuisable sujet! Que de fois ne m'a-t-on pas demandé l'adresse de mon couturier ou de ma couturière, qu'on était décidé à payer un prix exorbitant pour être, au moins une fois, convenablement habillée!

Il y a maintenant à Paris un nombre incalculable de couturières. A les entendre, ellessortent toutes d'un atelier de couture en renom. Les unes étaient essayeuses ; les autres, coupeuses ; d'autres encore, premières ou directrices. Aussi, grand est votre étonnement, lorsque vous les voyez à l'œuvre, de découvrir que la plupart ne connaissent même pas les principes élémentaires de la ligne et du bon goût. Toutes, sans doute, ont fait un apprentissage ; mais quel apprentissage!

Bref, le cauchemar de la femme élégante, aujourd'hui, c'est la couturière.

Donc, parmi ces innombrables couturières, qui font notre désespoir, combien en est-il qui sachent vraiment composer, exécuter ce véritable objet d'art, la robe, ce morceau d'étoffe qui, plus ou moins habilement chiffonné, est destiné à nous vêtir, à nous embellir surtout? Où trouver cette perle rare, ce phénix, cette artiste, qui, du premier coup d'œil, saisisse le caractère de notre personne, en aperçoive les défauts qu'il s'agit de dissimuler, et les avantages qu'elle doit rehausser ?

Combien qui sachent essayer rapidement? Combien, surtout, qui comprennent le corsage?

J'ai des amies qui ont des accès de fièvre, des montées de bile par les impatiences que leur cause leur couturière, par les lenteurs de l'essayage, par la mauvaise humeur qui se trahit à la moindre critique, par l'indifférence qu'elle apporte dans son travail, enfin et surtout par les mauvais résultats obtenus. Toutes ont quelques lacunes. Il en est qui soignent et réussissent les garnitures, savent harmoniser les couleurs, mais qui n'atteignent jamais à la perfection du corsage. D'autres réussissent à peu près les corsages, mais ne savent aucunement composer un ensemble. En effet, la plupart du temps cet ensemble manque ou d'aplomb, ou de grâce, ou de rectitude, ou d'harmonie.

Ainsi telle robe, au premier coup d'œil, vous semble ravissante; mais dès que vous l'étudiez, vous ne tardez pas à découvrir quelques détails peu soignés : une couture qui fronce dans le dos, un petit côté du corsage qui plisse à la hanche, ou des pinces mal disposées, ou trop tendues, ou pas assez.

Oh! le corsage, c'est là le grand écueil de la couturière! Il n'est pas rare même que les plus habiles commettent des écoles; à plus forte raison ces malheureuses, inexpérimentées en l'art de la grande couture, surchargées de travail, mal secondées par des ouvrières, vraies têtes de linotes, qui suivent, sans aucune application les indications données. Aussi, cette robe, qui, à l'essayage, vous semblait aller à ravir, quand on vous l'apporte, pèche-t-elle toujours par quelque endroit. C'est le corsage qui tord, qui est trop étroit ou trop large; c'est une garniture, un drapé qui ne rend plus l'effet espéré. Et cette robe, on vous l'apporte juste au moment où vous voulez sortir, quand elle n'est pas en retard. Vous avez compté sur cette toilette pour ce dîner ou ce bal, vous l'avez attendue avec une véritable fièvre, des colères folles; et quand elle arrive enfin, vous ne pouvez la mettre! L'impatience vous a fait monter le sang aux joues, vous êtes pourpre, laide, énervée. J'en ai vu qui, devant une pareille contrariété, pleuraient de rage et renonçaient à sortir, plutôt que de mettre une robe déjà trop connue.

Il en est qui sont malades chaque fois qu'il s'agit d'aller essayer une robe; car aujourd'hui presque toutes les couturières se refusent à aller essayer elles-mêmes. Il faut donc souvent faire des stations très prolongées dans les salons d'attente de couturières de cinquième ou sixième ordre. Puis on vous demande généralement de revenir passer la robe avant de la livrer. Second supplice ; car cela ne va presque jamais sans retouches. Enfin, si après avoir subi ces tortures, on était certaine d'être bien habillée ; mais point : presque toujours il faut renvoyer la dite robe. Donc troisième station. Bien heureuse s'il ne faut pas en faire une quatrième, à moins que, de guerre lasse, vous ne préfériez encore faire faire la retouche par votre femme de chambre.

Oh ! les couturières ! oh ! les domestiques ! telles sont les exclamations, les deux cris de désespoir que j'entends sans cesse autour de moi. Je comprends, en effet, d'après tout ce que je vois, qu'il est fort malaisé de se faire bien servir et plus encore bien habiller.

Quant à moi, j'ai trouvé le remède à ces deux plaies de l'existence féminine ; et je tiens, chères lectrices, à vous faire profiter de mon expérience.

IX

MANIÈRE DE CONFECTIONNER UNE ROBE AVEC UNE PARFAITE ÉLÉGANCE, SANS LE SECOURS D'UNE COUTURIÈRE.

Comme je le disais dans mon premier volume : c'est un artiste profond celui ou celle qui sait habiller une femme à l'air de son visage ; qui comprend, d'un coup d'œil, la physionomie de toute sa personne ; qui possède au plus haut degré le sentiment de l'harmonie des couleurs ; qui trouve la coupe à la fois correcte, élégante et inédite ; qui ait le génie des garnitures, et les exécute avec un soin, un fini, irréprochables ; et enfin, par-dessus tout, qui comprenne le corsage. Un corsage sans défaut est peut-être plus rare encore que *le sonnet sans défaut, qui vaut un long poème.*

Or, selon moi, si un corsage ne va pas absolument bien, quelle que soit votre toilette, vous serez toujours fagotée.

Ils sont rares les grands faiseurs qui atteignent à la perfection, unissant la pureté, la rectitude, la simplicité noble de la ligne à toutes les élégantes recherches des dispositions et des garnitures; et qui sachent imprimer un cachet à ces toilettes, comme les peintres impriment leur griffe à leurs tableaux. Aussi que d'études à faire, que de réflexions si nous voulons nous passer d'eux, si nous voulons nous habiller, non seulement selon la couleur de nos cheveux, de notre teint, mais selon notre structure, selon notre tournure, selon le tour particulier de notre esprit, on pourrait même ajouter, de notre cœur!

Tout d'abord, madame, êtes-vous grande ou petite, svelte ou déjà un peu forte? Trop petite et trop mince, il faut vous grandir en vous étoffant un peu, je dis un peu; car en vous étoffant trop, vous vous raccourciriez encore. Trop grande, il faut vous rapetisser. Etes-vous trop forte? Ah! je vois le chagrin qui vous ronge! Il faut vous amincir, vous amincir à tout prix, n'est-ce pas? et cela sans vous serrer; attendu qu'en vous serrant trop, vos formes paraissent plus rebondies; vous amincir, mais par la coupe seule du corsage et par la disposition des garnitures.

Tout dans la toilette d'une femme: le corsage, les manches, la ceinture, les basques, le col ou la collerette, la pelisse ou la pèlerine, la casaque ou la veste, les volants, les biais, les ruches, tout, selon la manière dont ces diverses parties sont façonnées, disposées, colorées et portées en détermine le caractère.

Il est bien entendu que nous ne poserons

ici que des principes généraux, ne pouvant entrer dans les spécialités si variables de la mode.

Donc, rappelons ces principes fondamentaux émis déjà dans le chapitre de la ligne.

Toutes les lignes verticales allongent;

Toutes les lignes horizontales raccourcissent;

Les couleurs unies et foncées amincissent;

Les couleurs claires ou à dessins apparents grossissent;

Toutes les dispositions qui coupent, soit la longueur, soit la largeur, produisent le même effet d'allongement ou de raccourcissement.

Le carreau grossit et raccourcit.

Dans le corsage surtout, ces dispositions sont d'une importance capitale, parce que c'est le corsage qui décèle la forme réelle du corps jusqu'à la ceinture ; attendu que l'ampleur de la jupe voile et dissimule le reste. Donc, nous commencerons par le corsage, opération la plus délicate et la plus difficile.

X

MOYEN INFAILLIBLE D'ATTEINDRE A LA PERFECTION ABSOLUE DU CORSAGE

Le succès toujours croissant des journaux de mode dont quelques-uns sont fort habilement, fort sagement dirigés, vient des supplices variés que nous infligent les couturières de leurs prix exorbitants et du désir qu'a toute femme d'ordre et de goût d'être bien habillée sans dépasser son budget.

Dans toutes ces intéressantes publications vous trouvez des patrons qui vous indiquent les formes à la mode. Mais il faut savoir adapter ce patron à votre taille, savoir prendre les mesures et savoir essayer, toutes choses fort difficiles, fussiez-vous secondée par une femme de chambre entendue, lorsqu'on ne les a pas apprises, et lorsqu'on n'en a pas l'habitude.

Selon moi, vous n'avez qu'un moyen d'atteindre à une perfection absolue, c'est de copier, avec une exactitude rigoureuse, celui de vos corsages qui vous va absolument bien, mettant de côté la question garniture.

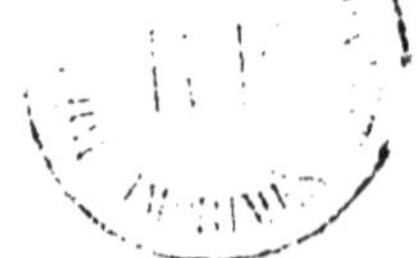

6

Je vous entends vous récrier : mais je n'en ai pas un seul qui soit le chef d'œuvre dont vous parlez.

En ce cas, faites un sacrifice : commandez-vous, chez un maître en l'art de la couture, chez celui dont la coupe passe pour être la plus parfaite, une robe toute simple, en lainage. Le prix n'en est pas aussi exorbitant que vous pourriez le croire : trois ou quatre cents francs. Une fois munie de ce corsage type, décousez-en exactement la moitié, en laissant intacte l'autre, qui vous servira de modèle pour construire celui que vous devez édifier. Si vous ne voulez le découdre en entier, décousez-le seulement sous les bras et sur les épaules, de façon à pouvoir le poser bien à plat et à l'envers sur une table ; car il s'agit de prendre l'empreinte exacte de toutes les parties qui le composent. Posez sur ce corsage une feuille de papier résistante, mais transparente ; et avec un crayon fin, dessinez très exactement toutes les coutures, comme vous reproduiriez un dessin par le décalque.

Votre corsage, strictement dessiné, coupez les lignes et reposez ce décalque sur du papier plus épais. Dessinez de nouveau au crayon les différentes pièces de votre corsage ; puis, ajoutez à cette ligne la largeur de la couture, soit un centimètre et demi, mais que cette couture soit partout d'une régularité absolue. De cette exactitude dépend la réussite de l'opération. Vous coupez le patron d'après cette seconde ligne ; puis, vous l'appliquez sur l'étoffe et taillez le corsage. Vous l'assemblez ensuite avec un soin minutieux, en tenant compte très exactement de l'épaisseur des coutures.

Si vous décousez entièrement la moitié de votre corsage, il faut vous assurer que la largeur des coutures est bien semblable partout ; car vous savez, n'est-ce pas? ce que peut faire, dans la dimension d'un corsage, l'épaisseur d'une seule ligne répétée dans toute les pièces qui le composent. Il y a de onze à quinze coutures. Or, cette ligne répétée deux fois par couture pourrait nous donner, sur l'ensemble du corsage, une différence de deux à trois centimètres. Avec une telle différence en plus ou en moins, le corsage n'irait plus du tout. Vous ne pouvez donc espérer réussir cette copie qu'à la condition que chacune de vos pièces soit parfaitement pareille à celle du modèle.

Malgré le soin absolu que vous avez mis à cette opération, il faut encore essayer, pour être absolument sûre que vous n'avez commis aucune erreur; et même, s'il s'agit d'une étoffe de prix, je vous conseillerai d'essayer d'abord la doublure.

Autre recommandation des plus importantes: si vous voulez une rectitude absolue dans vos corsages, si vous voulez surtout qu'ils ne se déforment pas, il faut employer pour les doublures, non pas ces petites étoffes de coton qui se tiraillent en tous sens, mais une étoffe croisée, soie et coton, à la fois souple et forte, dans les tons clairs. C'est d'ailleurs beaucoup plus élégant, plus solide ; et vous êtes sûre que votre corsage ira mieux. Les coutures auront plus d'aplomb, de rectitude, et ne s'érailleront pas. La perfection de la couture, son aplomb parfait, voilà surtout, après la coupe, ce qui décèle le bon faiseur, la bonne faiseuse.

Vous coudrez les coutures à la mécanique, et lorsqu'elles seront cousues, vous les repasserez avec un fer tailleur, en posant la couture sur une simple planche recouverte d'un linge fin. Si l'étoffe est en drap ou lainage épais, vous aurez soin de mouiller légèrement avec le doigt la couture à l'envers, jamais à l'endroit : l'endroit de l'étoffe ne doit être humecté que par la vapeur qui se dégage de l'envers. Les coutures doivent être d'une netteté parfaite. Dans l'uni, à peine doit-on les apercevoir.

Autre recommandation qui a également une grande importance : vous voyez souvent dans le satin surtout, dans les soies fortes, des coutures, qui, à la main, semblent parfaites et qui, sur vous, plissent horriblement. Vous ne pouvez en comprendre la cause. Cela tient uniquement à ce qu'aujourd'hui certaines pièces, surtout les devants, sont coupés de biais et que la doublure, généralement, prête moins que l'étoffe. En ce cas, il est essentiel de soutenir la doublure sur l'étoffe, non dans le sens de la largeur, mais dans le sens de la couture.

Il arrive aussi fréquemment, si le biais du corsage est trop accusé, que les pinces fassent de vilaines grimaces, surtout dans le haut. La couturière croit y remédier en tendant davantage la baleine. L'effet, au contraire, est généralement désastreux : la baleine alors pointe en haut désagréablement. Ce défaut tient à ce que le biais tire trop sur l'étoffe opposée ; il faut donc apporter la plus grande attention en bâtissant cette seconde pince. Mais ces défauts seront facilement évités, si vous avez trouvé le corsage modèle, et si vous êtes arrivée à le copier exactement, ce qui est moins difficile qu'on ne le pense, attendu que cette opération délicate ne demande qu'une extrême minutie.

Encore une précaution à prendre, c'est de poser le petit ruban où doit entrer la baleine en le faisant emboire un peu, pour cette raison que les coutures ont plus ou moins de biais, et prêtent davantage que le ruban qui est à droit fil.

Si le corsage est taillé en jaquette ouverte, il ne faudra qu'une seule pince ; et si vous êtes forte, cette pince, au lieu d'évaser la gorge, obliquera en sens inverse, c'est-à-dire du côté de la hanche. On appelle cette pince, la pince tailleur. Cette coupe nouvelle devra être méditée, expérimentée, par toutes les personnes trop fortes de poitrine. Les corsets comme les corsages devront suivre ce mouvement. Ainsi les baleines ou ressorts des corsets, au lieu d'être posés en évasant du haut, et de suivre ainsi la forme de la poitrine, s'inclineront plutôt en avant, pour s'écarter en bas. Dans les corsages, toujours pour les personnes fortes, les pinces seront assez rapprochées de la ligne médiane, et plutôt droites qu'obliques. Le côté qui part de l'épaule et qu'on place aujourd'hui de biais, ce qui donne en effet beaucoup plus d'élégance à la taille, sera relativement étroit et soutenu sous le bras par un petit côté assez large, ce qui aplatit le dessous de bras ; car il faut éviter ces rondeurs sous les bras qui élargissent et grossissent énormément.

Pour remédier à la maigreur, à l'insuffisance de la poitrine, il faudra par conséquent suivre les inclinaisons opposées, évaser les pinces et forcer le biais qui part de l'épaule et rejette le buste en avant.

Rien n'est plus curieux, plus bizarre même que les effets produits par des coupes différentes. Telle femme, dans un corsage, vous semblera disgracieuse, empâtée, avec une taille courte, vulgaire, et vous paraîtra, avec un corsage de coupe différente, svelte, distinguée, élégante.

Si je m'appesantis autant sur ce sujet, c'est

que je connais le désespoir des femmes qui, arrivées à la trentaine, s'aperçoivent que leur taille épaissit. Nous avons parlé dans *Pour être aimée*, de l'hygiène à suivre en pareil cas ; mais en attendant que le traitement ait produit son effet, nous devons nous appliquer à corriger, par la coupe de la robe, ce précoce et désolant embonpoint.

Il est encore, en couture, un autre préjugé que je veux combattre. Certaines couturières, — c'est même le plus grand nombre, — sous prétexte d'assurer la parfaite réussite du corsage, le taillent et l'épinglent sur vous, le moulent pour ainsi dire sur votre buste. C'est là un tort, un très grand tort.

Supposez que ce buste ne soit pas sculptural, ce qui arrive quatre-vingt-dix fois sur cent, qu'il pèche par ici ou par là, que le dos soit trop bombé, par exemple, ou arrondi en une forme vulgaire, que la gorge soit placée trop haut ou trop bas, que les dessous de bras soient empâtés, les épaules trop élevées ou trop pointues, quel avantage pouvez-vous trouver à ce que votre buste soit exactement moulé ? Un couturier ou une couturière vraiment artiste doit, du premier coup d'œil, apercevoir ces défauts et s'appliquer à les corriger, ce qu'il peut et doit faire par son coup de ciseau.

Il faut donc que cet artiste vous bâtisse sur vos mesures générales un corsage tel qu'il le comprend, et selon une coupe de lignes élégantes. S'il y a quelques défectuosités, c'est à lui de modifier son œuvre sans toutefois détruire l'ensemble. Mais, hélas ! c'est assez difficile : une couturière ordinaire n'y parvient pas aisément ; si son premier essai ne va pas, elle le démolit entièrement, et rebâtit sur vous avec des épingles quelque monstruosité qui, au second essayage, vous désespère.

Depuis mon premier volume, où j'envoyais mes lectrices chez les grands artistes de la couture que tout le monde ne peut aborder, de nombreuses réclamations m'étant parvenues, j'ai beaucoup étudié la question du corsage.

Au reste, je constate à chaque pas que l'art de la coupe a fait de grands progrès.

Je vois fréquemment dans la rue des corsages ou des jaquettes ajustées qui sont vraiment bien près de la perfection. Mais ne serait-il pas à souhaiter que toutes les femmes, celles surtout qui aspirent à la véritable élégance, puissent atteindre à ces délicieuses proportions que sait donner au buste le plus ingrat un corsage bien compris et savamment exécuté.

XI

LA MANCHE

Les manches, aujourd'hui, jouent un rôle capital dans la toilette féminine. Sans doute, nous copions un peu les anciens, — rien n'est nouveau décidément sous le soleil, — les manches Henri III, Louis XIII, les manches Médicis. Au point de vue de l'art, il y a un progrès sur les manches à gigot de 1830. Celles de ce temps-ci ont un caractère de souplesse, par la multiplicité des plis, et d'envolée, par les rubans, les dentelles dont on les accompagne. Aujourd'hui, c'est dans la manche et les devants de corsage, que la fantaisie se déploie en mille variétés, dont quelques-unes sont des plus gracieuses, des plus élégantes. Mais dans le développement un peu excessif de la manche, qui cesse ainsi de mouler le bras, à partir du coude, nous voyons apparaître cette tendance essentiellement féminine, de gagner d'un côté en importance, ce qu'elle perd de l'autre : à mesure que la jupe se restreint, la manche augmente de volume. Enfin, il est à remarquer que la mode, depuis plusieurs siècles, a cette propension régulière, d'aller, tantôt en augmentant, tantôt en diminuant, du ballon à l'étui de parapluie, et vice versa, et non point par bonds, mais par progression insensible. D'où vient cette tendance qui se manifeste assez régulièrement, par quelles lois physiologiques ou psychologiques l'expliquer ? Nous l'avons dit : rien n'est explicable dans les bizarreries de la mode.

Sans doute, c'est une femme très maigre qui ai maginé les manches bouffantes ; mais les femmes fortes, ayant remarqué que, par la loi des comparaisons, ces manches volumineuses amincissent le buste, les ont aussitôt adoptées ; en donnant aux épaules un jeu facile, elles permettent en effet de rétrécir considérablement le dos.

Une des plus jolies manches, qui restera toujours jolie, quelle que soit la mode, c'est la manche Louis XV, à sabot. Rien n'empêche de la faire un peu bouffante du haut. Le sabot, quand il est gracieusement fait, emboîtant un peu le coude, dont il dissimule l'angle, assez souvent trop pointu, fait valoir le galbe de l'avant-bras et la finesse du poignet.

XII

COL ET COLLERETTE

Il y a également dans la forme du col et de la collerette des nuances infinies. Le col Médicis, haut, évasé, rigide, donne à l'ensemble de l'allure féminine de la noblesse, de la fierté. Il encadre agréablement le visage dont il fait valoir l'ovale, quand celui-ci est pur, gracieux. Il convient aux femmes un peu grandes et fortes, mais il ne faut pas qu'il les engonce, et raccourcissent le cou, s'il est déjà un peu court. Lorsque la nuque est jolie, fraîche, très blanche, avec de jolis cheveux bruns ou blonds, frisottés, ou si elle offre une belle ligne sculpturale, c'est une faute de la cacher. Rien alors n'est plus seyant que la collerette de dentelles rabattue avec un petit décolleté pointu dans le dos.

Il ne suffit pas de dire, en voyant une femme, à laquelle sied telle ou telle forme : je veux être pareillement habillée. Il faut vous assurer d'abord que vous pouvez vous en parer, sans qu'elle nuise à la grâce de votre personne. Les cols hauts accompagnent avec faveur les cous

longs et sveltes et les visages déjà un peu mar-
qués.

La collerette Gabrielle, qui est un ruché de
linon, de gaze ou de dentelles, fait aux jeunes
et frais visages un cadre charmant.

Au contraire, le petit col uni et rabattu,
s'il est cassé comme celui des garçons, conviendra à une physionomie de franchise un peu
masculine, et s'il retombe sur une cravate de
collégien, il donnera à l'ensemble de la toilette,
comme à la figure de la femme, un petit air
cavalier, piquant et mutin.

Mais chaque femme saura bien trouver le col
et la collerette qui lui conviennent.

XIII

LES SÉDUCTIONS DE LA JUPE

Tout en accordant, au point de vue de l'art,
le premier rang au corsage, nous sommes
cependant forcée de reconnaître que la jupe,
sous le rapport de l'élégance, a peut-être
plus d'importance encore ; car c'est la jupe
qui prête à la démarche de la femme cette
allure serpentine, onduleuse, cette grâce
fuyante qui exerce une si puissante suggestion

sur les cerveaux masculins, surtout les jupes à traîne, sur lesquelles peuvent se déployer la richesse des étoffes, la variété et le flou des garnitures.

La traîne peut être, selon la nature de l'étoffe et selon la manière dont elle est disposée, imposante ou séduisante; mais encore c'est à la condition qu'elle se pose bien, qu'elle tourne avec vous, qu'elle ne s'aplatisse pas au milieu pour renfler sur les côtés, qu'elle soit soutenue par un savant juponnage ou capitonnage.

Les traînes tout unies ont leur charme, à la condition que l'étoffe en soit très belle. Les étoffes un peu molles donnent parfois des effets plus gracieux, surtout si le bord en est maintenu par une ruche ou une garniture. Ce n'est point que je sois partisan des surcharges de garnitures. Je le répète, j'ai horreur du fouillis; et, selon moi, un des premiers préceptes de la véritable élégance, c'est que la garniture ait une certaine simplicité, afin de ne pas rompre la ligne qui doit rester pure.

L'important, dans une jupe, c'est de savoir lui imprimer un joli mouvement, ou noble, ou coquet, où se sente, tout en l'enveloppant, la forme réelle du corps, la chair, la vie. Il faut que dans les plus riches toilettes, une femme soit une femme et non une poupée. Nos peintres, nos sculpteurs se flattent de reconstituer, à travers toutes nos fanfreluches, la forme exacte du corps féminin. Combien se trompent ! Mais il faut les tromper, il faut qu'ils puissent croire à la beauté parfaite, malgré les défauts.

Comme la mode doit être faite pour le grand nombre, et non pour l'exception, nous ne saurions approuver ces jupes droites, unies, fort étroites, qui moulent exactement le corps.

Quand la femme est belle, c'est parfait, admirable, et l'on admire ; mais les femmes ou trop maigres ou trop épaisses, dont les hanches sont, ou trop fortes ou trop plates, et dont le ventre commence à devenir proéminent, ont fort à perdre à cette mode qui fait ressortir tous les défauts que la jupe est destinée à dissimuler.

Le retour des paniers, des petits paniers, d'une grâce si pimpante, semble proche. Selon moi, c'est un progrès que les femmes élégantes doivent s'empresser d'accueillir. Il en est de si jolis, de si fins, de si spirituels, de si coquets dans leurs plis menus, dans leurs bouffants qui accentuent les formes en les cachant. Par exemple, il faut que ces paniers soient bien compris et artistement exécutés. Ils ont un double avantage : ainsi que les manches bouffantes, ils amincissent les femmes fortes, et étoffent les femmes trop minces.

Mais le panier ira-t-il longtemps sans le pouf ou la tournure ? Ils composent, réunis, un ensemble véritablement élégant. Il y faut

mettre toutefois beaucoup de goût et de mesure. Le grossissement exagéré de ces ajuste-
tements est prétentieux, vraiment laid et surtout incommode ; mais s'ils restent dans les
dimensions gracieuses, s'ils ne font qu'accentuer la ligne sculpturale sans l'étouffer, ils
sont d'un effet charmant.

Une des première lois de l'élégance, c'est
d'adapter ses toilettes aux heures du jour et
aux lieux auxquels on les destine. Jamais, par
exemple, pour une toilette du matin, de sortie
à pied, ou de promenade, on ne s'attifera avec
des paniers, des poufs ou des traînes. Ces com-
plications de draperies ne doivent s'adapter
qu'aux toilettes de cérémonie, de visite, de
five o'clock ou de soirées. Ainsi que la femme
qui va à la chasse, s'habille de vêtements appro-
priés à cet exercice, de même celle qui sort à
pied, doit avoir un costume approprié à la
marche. Dans la rue, la femme prend part à
l'activité des affaires, c'est une piétonne. Donc,
pour sortir, le matin surtout, vous mettrez,
ma chère lectrice, une robe simple, assez longue devant, mais légèrement soulevée en
arrière. Cette forme, à la mode il y a quelques
années, imprimait à l'ensemble de la toilette
un fort gracieux mouvement. Pour sortir, nous
prohibons absolument la traîne qui, non seulement, est très incommode, mais par-dessus
tout très malpropre. N'oublions pas, qu'en
fait d'élégance, le bon goût est aussi le bon

sens. Permettez-moi donc d'emprunter à un savant, homme d'esprit, M. Gauthier, en la résumant, une appréciation qui vous guérira, si jamais vous en aviez eu l'envie, de sortir dans la rue avec des traînes.

XIV

DANGERS MORTELS DE LA TRAINE BALAYEUSE

L'homme, et par conséquent la femme, n'ont pas de plus redoutables ennemis que les poussières qui emplissent l'atmosphère ambiante en quantité fabuleuse. La poussière est, en effet, le véhicule par excellence de la maladie, de la contagion et de la mort. Ces poussières légères, que nous voyons danser si joyeusement, par les claires journées d'été, dans les nimbes d'or du soleil, ne sont pas exclusivement formées de particules inorganiques. Notez bien que s'il en était ainsi, ce ne serait pas déjà sans être désagréable et dangereux. Certaines poussières métalliques, de plomb, de fer, de silex, de verre pilé peuvent, par leur seule action mécanique, opérer par la respiration de terrible ravages... Mais l'air le plus translucide renferme encore d'impal-

pables débris de végétaux, de matières organiques en décomposition, des poisons, des
venins pulvérulents, des germes, des ferments,
des spores, en un mot toute la pullulante ména-
gerie des impondérables et subtils agents
d'infection, dont M. Pasteur a rêvé de neutra-
liser les terribles effets.

D'après de récentes expériences, le nombre
des parcelles solides, inertes ou animées, en
suspension dans un centimètre cube d'air,
varie entre trente-deux mille et cinq millons.
En quelles proportions les poussières vivantes
entrent-elles dans ce formidable chiffre ? Un
savant italien affirme que le nombre des microbes de tous genres recélés par la poussière
des rues de Naples est d'environ sept cent
soixante millions par gramme ; et les pauvres
cochons d'Inde, auxquels M. Luigi Manfredi a
inoculé ces poussières traîtresses, en sont
morts.

Autre exemple : on estime que chaque phti-
sique expectore de deux cent cinquante mille
à quatre milliards, mettons en moyenne un
milliard de bacilles en vingt-quatre heures.

Or, rien qu'à Paris, le nombre des phtisiques
est d'environ cinquante mille ; et comme le
bacille de la tuberculose résiste, pendant de
longs mois à la dessiccation, qu'il ne perd rien
de sa galopante virulence, il s'ensuit que l'air
que nous respirons renferme, tapis dans l'hy-
pocrite transparence des matinées gris-perle

et des soirs empourprés, cinquante mille fois trois cent soixante-cinq milliards de microbes, exaspérés par l'exil et le jeûne, en quête d'une caverne en poumons vifs.

Tant que ces poussières sont au repos, tant qu'elles dorment dans les creux des pavés, dans les fentes des trottoirs et des murailles, elles sont relativement inoffensives, mais survienne un coup de balai ou de balayeuse, alors c'est par myriades que les germes de mort, subitement mobilisés, prennent leur vol, et s'engouffrent dans nos gosiers, comme un torrent corrosif et dévastateur.

C'est pour la même raison que déjà, dans mon précédent volume, je prohibais le plumeau de nos ménagères, auquel M. Henri de Parville inflige l'épithète d'assassin. L'hygiène et l'esthétique sont donc d'accord pour réclamer le raccourcissement des robes, ces froufroutantes cloches à microbes qui exhalent à la fois la volupté et la mort.

Et songez, chères lectrices, que ces microbes, vous les rapportez chez vous, dans l'air que respirent vos enfants !

Est-il une de nous qui, après cet effrayant exposé, voudrait encore se hasarder à promener dans les rues ces traînes homicides, contre lesquelles protestent à la fois l'hygiène, la propreté, la commodité et le bon sens ?

L'Union sanitaire de Buda-Pesth a même adressé au président du conseil des ministres un mémoire énergique et motivé, stigmatisant les traînes comme les véhicules les plus dangereux de la tuberculose et de la fièvre typhoïde, et réclamant l'interdiction absolue de cette mode. Déjà, les Autrichiens avaient ouvert une enquête administrative sur les dangers des « compte-crachats » autrement dits robes à traînes. Mais c'est à nous, Parisiennes, qui faisons la mode dans le monde, de prendre l'initiative de cette mesure en nous abstenant purement et simplement de traîner dans la rue ces robes trop longues, à la fois cloches et plumeaux, faisant l'office de semoirs à pestilences.

XV

LA CEINTURE

Un des plus gracieux ornements de la robe, c'est assurément la ceinture, qui est comme l'anneau du corps, marquant la transition entre les formes montrées et les formes cachées, anneau gracieux qui dessine le contour de la taille, assouplit le corps, brise la ligne trop longue et trop uniforme du vêtement, retient les plis trop bouffants, orne, finit le bas du corsage, donne de l'envolée, une grâce fuyante à la jupe, quand elle est en ruban, à longs bouts flottants.

Dans un nœud de ceinture, une femme peut mettre de la retenue ou de l'affranchissement, de la modestie ou de la richesse, de la régularité, de l'ordre ou de la négligence; elle y met souvent, par instinct, même sans s'en douter, l'expression de son caractère.

Depuis la ceinture de cuir de la touriste, à boucle d'acier moulant et soutenant la taille, jusqu'à l'exquise ceinture odalisque, de soie souple ou de gaze à peine nouée, depuis le fantaisiste galon cabochonné, au fermoir d'argent émaillé, jusqu'à la correcte ceinture de soie gros grain, avec boucle de diamants, toutes les simplicités, comme toutes les richesses peuvent agrémenter la ceinture, selon les caprices de la mode.

Lâche, tombant bas, je la préfère à celle qui serre si étroitement la taille que ce n'est plus une taille qu'elle moule, mais simplement la colonne vertébrale : ce qui est affreux, mesdemoiselles ou mesdames à taille de guêpe. Non seulement vous nuisez à votre santé, mais plus encore à la beauté de votre corps charmant en l'étranglant de la sorte. Donc, obligée de compter avec les décrets abracadabrants de la mode, cette inflexible et stupide souveraine, nous nous bornons à poser ici en principe que, comme garniture du corsage aussi bien que de la jupe, la ceinture est un accessoire des plus élégants, j'ajouterai même des plus suggestifs.

XVI

LE CHOIX DES TISSUS

Aujourd'hui la plupart des couturières tiennent à fournir les étoffes. C'est pour elles un avantage; attendu qu'en taillant le vêtement, elles peuvent, en y prenant quelques soins, faire de grandes économies. Vous devez alors fixer votre choix d'après des échantillons. Elles vous offrent bien, il est vrai, de vous soumettre les pièces; mais si vous voulez faire un vêtement de deux tons, comment décider les tons exacts qui conviennent, d'après les échantillons ou quelques pièces d'étoffes seulement. Vous êtes donc obligée de vous en rapporter au goût de votre couturière qui n'est pas toujours le vôtre. Il est préférable, surtout si vous visez à l'économie, de choisir et fournir vous-même votre étoffe. Mais alors, c'est exciter la mauvaise humeur de la couturière qui apportera moins de soin à son travail, et qui s'arrangera pour vous faire payer sa façon plus cher. Suivez donc mon conseil, achetez votre étoffe, et soyez vous-même votre couturière.

D'après la façon dont ils reflètent la lumière, les tissus prennent un caractère de luxe éclatant ou discret. La laine absorbe les rayons lumineux; la soie et surtout le satin les réfléchissent vivement; le drap les éteint; le velours les assoupit. L'opulence du velours de soie tient à ses beaux reflets, chauds et néanmoins comme étouffés dans la profondeur de l'ombre.

Les soies mélangées avec la laine ou le coton qui en tempèrent l'éclat ont un luxe mitigé et bourgeois que je ne conseillerai que pour les demi-toilettes. Tout dépend donc de l'usage auquel vous destinez ces robes. Assurément, il faut que chaque tissu soit approprié à l'usage que vous en voulez faire, comme à la saison, au climat. Les variétés de fabrication sont aujourd'hui infinies et répondent à tous les besoins, à toutes les fantaisies, à toutes les nuances du sentiment et du goût.

S'il est des tissus imposants, éclatants, majestueux, il en est de discrets, modestes, sages : ce sont les étoffes de coton, comme la mousseline, la sainte mousseline ; puis les barèges, les grenadines, qui se refusent à briller, tandis que les tissus tapageurs, les soies minces et brillantes accusent le long de leurs plis des arêtes de lumière. Il est encore un tissu d'un éclat voilé, velouté, plein de charme par son moelleux, sa souplesse, doux au toucher, caressant à l'œil, suave, aux drapés onduleux qui jamais ne se chiffonnent, c'est le crêpe de Chine, avec lequel se composent les toilettes les plus artistiques, en ce sens qu'il moule le corps, tout en l'enveloppant de plis fins, soyeux et nobles. Autrefois le vrai crêpe de Chine était fort coûteux. Aujourd'hui il en est de très beau, de très souple, à des prix fort abordables.

Quelles sont maintenant les dispositions les plus seyantes ? Ces dispositions devront varier selon que vous serez petite ou grande, mince ou forte. Les lignes ou rayures verticales ou horizontales changent immédiatement vos proportions, votre allure ; autrement dit : les rayures en long grandissent et amincissent ; en travers, elles rapetissent et grossissent toujours, d'après la loi que nous avons posée plus haut.

Obliques, ces rayures impriment une désinvolture particulière d'affranchissement , de sans façon ; et ce caractère de liberté s'accuse davantage, si les rayures sont de largeurs inégales ou de couleurs différentes. Quant aux étoffes à carreaux, je ne les conseillerai jamais. L'étoffe à carreaux grossit et raccourcit ; elle manque surtout de distinction, sauf, toutefois, quelques écossais, tons sur tons, ou de nuances peu disparates. Encore est-il préférable de disposer le carreau de biais. Quels que soient le dessin et la couleur de l'écossais, l'extrême variété des tons et la complication des lignes en font une étoffe de fantaisie, dont le caractère répugne à la dignité. Aussi, ne le conseillerai-je que pour les enfants qui portent encore des robes courtes.

Les tons unis, au contraire, à moins qu'ils ne soient d'une crudité ou d'une vulgarité choquante, ont toujours le caractère de la distinction. Une toilette de style sera presque toujours en étoffe unie ; et tous les tissus qui se rapprochent de l'uni ont également cette apparence de noblesse : ainsi le broché ton sur ton sera plus sévère, plus distingué que, par exemple, le broché grenat ou vert sur fond noir. Un moiré, même, donnera plus de dignité au vêtement féminin qu'un uni relevé de dessins légers.

Toutefois, il est encore d'autres considérations à consulter dans le choix des étoffes. Une femme vraiment élégante, ou qui veut le paraître, fera le moins possible de robes de laine, à moins qu'elles ne soient rehaussées de garnitures de satin, de velours, de peluche ou de riches broderies. En ce cas, l'opposition de la matité de la laine et du drap au luisant de la soie, sont toujours d'un très heureux effet.

Selon moi, les étoffes de soie sont seules vraiment élégantes, autant par le moelleux du tissu que par le chatoiement des tons ; et aujourd'hui les soieries sont à si bas prix, qu'en sachant s'y prendre, on peut se composer de ravissantes toilettes sans dépenser beaucoup plus que pour une robe de laine. Autrefois, il n'en était pas ainsi : j'ai entendu dire à ma grand'mère qu'une jeune fille ne portait jamais de robes de soie, comme étant une parure trop coûteuse. Il fallait être mariée pour se permettre un tel luxe. Bien plus, une femme du très grand monde, qui a même occupé une haute situation politique, m'avouait dernièrement, que lorsqu'elle était arrivée à cette situation, elle avait alors plus de trente ans, elle n'avait jamais porté, ni une robe, ni un vêtement de soie.

Nous ne parlerons point des étoffes chiffonnées et surtout chiffonnantes, des étoffes de coton. Il est cependant certains types, certains genres de beauté qui s'allient avec cette grande simplicité. En ce cas, ce n'est pas le chiffon qui pare la femme, c'est la femme qui pare le chiffon.

En somme, l'art de la toilette a fait un pas immense, non pas que nos toilettes soient plus riches ou mieux composées qu'aux siècles passés ; mais grâce aux perfectionnements apportés dans la fabrication des étoffes, dont les prix baissent chaque jour, l'élégance se vulgarise, se démocratise, se répand dans toutes les classes de la société. En aucun temps, on n'a vu une pareille profusion et diffusion de riches étoffes, soit qu'on imite les tons rompus d'étoffes anciennes, d'une élégance reposée et savante, soit qu'on s'inspire des coloristes de

l'Orient, surtout pour les étoffes d'ameublements. Les femmes elles-mêmes deviennent
artistes. Quand elles ne le sont pas naturellement, elles doivent s'appliquer à acquérir cet
art souverain de l'élégance d'où dépend leur
beauté ; car la femme doit être belle.

Rappelons ici cette citation de Dumas :

> Riche si tu peux
> Sage si tu veux,
> Belle tu dois.

XVII

LES GARNITURES

Ce qui donne surtout à la toilette des aspects
infiniment variés, d'une grande élégance ou
d'une haute distinction, ce sont les garnitures,
quand elles sont bien comprises, exécutées
avec un soin, une rectitude, un aplomb parfaits. Rien n'est hideux, prétentieux et de plus
mauvais goût, comme les garnitures : volants,
biais, ou toute autre disposition, quand elles
ne joignent pas, à la grâce de la pose, le fini
de l'exécution.

Le volant, auquel on revient aujourd'hui,

offre un caractère marqué d'élégance. Il met dans une toilette de l'air, du mouvement, de la lumière et des ombres. Il lui donne de l'ampleur, et, si je puis m'exprimer ainsi, une physionomie qui change, suivant que le volant est froncé, plissé, tuyauté, ou découpé à l'emporte-pièce.

Un haut volant plissé est grave, tandis que le petit volant déchiqueté est léger et éminemment fantaisiste.

Le volant froncé indique une liberté d'allure que le volant plissé, ou tuyauté semble restreindre. Ce sont toujours des ornements charmants.

Le bouillonnée est plus lourd; il a un caractère d'élégance un peu boursouflée.

La ruche à la vieille ou la ruche marquise est également une garniture à laquelle on reviendra; car elle imprime à une toilette un caractère rangé, méthodique, qui convient à certaines personnes.

La ruche ou chicorée de taffetas est seyante par son flou, son miroitement, et sera toujours jolie pour orner le bas d'une jupe.

La draperie Empire, n'est guère acceptable qu'en dentelle. Il faut qu'elle soit assez basse ou très haute, autrement elle coupe la jupe d'une façon disgracieuse. Enfin, par son apprêt, elle semble prétentieuse.

Quant aux biais, garniture plus simple, ils peuvent avoir, selon le tissu ou la couleur, une valeur au point de vue de l'élégance sobre. Ainsi que les précédentes garnitures, ils s'appliquent aux différentes parties de la robe ou du costume, en en variant les teintes. Les biais doivent être posés avec une rectitude absolue ; car rien n'est plus vulgaire, ne dénote une couturière de quinzième ordre, comme des biais qui festonnent ou qui sont mal ajustés.

Mais la plus riche, la plus élégante, la plus souple, la plus seyante des garnitures c'est la dentelle. Je vous entends, ma belle lectrice, m'objecter avec un petit air aristocratique et dédaigneux : oh ! les imitations ! Elles sont à si bas prix ! Je vous répondrai : tant mieux. Ce qui est joli tend toujours à se vulgariser. Quel qu'en soit le prix, si la dentelle est fine et souple, elle composera toujours une garniture exquise. Cela vous empêche-t-il, d'ailleurs, d'employer vos riches et authentiques dentelles ? Il est encore des femmes qui sauront les distinguer. C'est difficile, il est vrai : on fait maintenant des imitations si parfaites ! Moi-même qui ai la prétention de m'y connaître, je m'y suis trompée plus d'une fois. Aussi les belles dentelles restent-elles le plus souvent dans nos armoires, et laissons-nous garnir nos robes par de l'imitation.

Oh ! prodige de la mécanique ! Je me suis laissé dire que le tulle, aujourd'hui, se fabrique par des machines immenses qui font jusqu'à soixante mille mailles à la minute, tandis que la pauvre dentellière n'en fait, dans une minute, que cinq ou six. On peut donc dire que la machine remplace le travail de douze mille ouvrières. Malgré mes goûts aristocratiques, que je ne dissimule pas, je me réjouis cependant de ce progrès qui abaisse le prix de la dentelle, et je souhaite ardemment que toutes les femmes, même les plus humbles, soient élégamment habillées.

Chaque genre de dentelle a son caractère.

Ainsi les valenciennes s'adaptent surtout à la lingerie, aux déshabillés du matin.

Les dentelles torchon et les craponnes aux costumes de printemps ou aux décorations des cabinets de toilette.

Qui ne reconnaîtra avec moi l'expression d'une dentelle ?

Le point d'Alençon est le plus riche ; il a surtout un aspect étoffé. Sous Louis XV le point d'Alençon et celui d'Argentan étaient désignés comme dentelles d'hiver ; c'est celles dont on parvient le moins à imiter la somptuosité, en même temps que l'élégance et la finesse.

Les dentelles de Bruges et de Bruxelles ont un aspect plutôt harmonieux et flou. Quant aux Malines, par leur air de souplesse et de douceur, elles conviennent aux jeunes femmes, aux garnitures qui doivent estomper, tempérer une toilette de couleur vive ou orner une robe légère.

La dentelle Cluny, le gros point de Venise, avec leur pesante majesté, conviennent plutôt aux douairières.

Les toilettes de visite, de courses, de promenades, de bals, exigent des dentelles de genres différents. Il importe alors de distinguer ce qui est grave ou léger, épais ou mince.

Je dois avouer encore que j'ai pour les belles blondes espagnoles une prédilection toute particulière. Elles ont un éclat de perle si doux que le teint se trouve particulièrement et singulièrement adouci par cette blancheur.

La blonde noire est comme un nuage profond qui semble envelopper le visage de mystère ; et, sous la mantille, les yeux ardents des belles Espagnoles sont comme des étoiles qui brillent dans la nuit, a dit un maître ès chiffons.

On trouve, en imitation, de la blonde à tous prix. Mais comme la vraie blonde n'atteint jamais un chiffre très élevé, il est préférable de se procurer celle-ci qui dure davantage, ne se ternit point, et ne peut être comparée à l'imitation comme richesse et comme effet.

Il nous semble superflu de recommander à nos lectrices les dentelles claires pour les vêtements clairs, et les dentelles noires pour les vêtements foncés.

Les ornements de jais se marient à ravir avec les dentelles noires.

Une robe de velours amaranthe, ornée de

belles dentelles noires, mélangées de jais, a un caractère de passion troublant : c'est une toilette de dîner et de soir qui s'allie à merveille au teint de certaines brunes, à leurs cheveux très noirs, à leurs yeux profonds.

Jamais, à aucune époque, je crois, on n'a poussé plus loin la richesse des garnitures. Nous avons parlé des garnitures d'étoffes et de dentelles, il me reste à vous entretenir des broderies, des passementeries, des jais de couleurs, des galons d'or ornés de cabochons, dont l'effet est si riche, si séduisant quand les teintes sont harmonieusement fondues ; car il importe au plus haut point que ces perles de couleurs et ces cabochons ne semblent pas de la verroterie d'un ton criard et vulgaire. Ils doivent avoir le fin coloris des pierres précieuses. Ils imiteront préférablement les topazes jaune-pâle, les topazes roses du Brésil, les améthystes, relevées çà et là par un cabochon de grenat, ou une émeraude d'un vert vif. Le rose et le vert aux reflets pâles artistement mariés donnent des effets charmants. Les pierres les plus colorées occuperont toujours un espace plus restreint, elles ne doivent être là que comme rehaut, une note vive, mais brève.

Dans la garniture, tantôt on recherche la précision du travail, tantôt on préfère le flou, les dessins vagues.

Les dentelles, les effilés, les bords de plumes

répondent à ce désir d'atténuer la sécheresse des lignes.

Les galons, les franges à glands, les soutaches accentuent, au contraire, les contours.

Les femmes un peu masculines aimeront à arborer les fourragères, les aiguillettes qui leur impriment un petit cachet cavalier.

Toutes les broderies, toutes les passementeries en reliefs, sont destinées, généralement, à racheter l'uniformité des étoffes unies : lainages, draps ou velours.

Un drap vieux rouge ou vieux bleu, ou vert, soutaché de noir, produira un effet original et distingué ; et la composition de cette toilette très seyante peut être établie à un prix très modique, surtout si vous-même ou votre femme de chambre posez ces soutaches.

Toujours d'après ces mêmes principes déjà plusieurs fois formulés que toute ligne verticale amincit que toute ligne horizontale grossit, il nous semble inutile de vous dire comment doivent être posées vos garnitures, selon que vous êtes ou forte ou mince. Un buste un peu massif, par exemple, s'allongera s'il est orné de bretelles qui se continuent en pointe par derrière aussi bien que par devant, ou d'une disposition qui, par derrière coupe le dos verticalement, comme une pointe d'une autre nuance, ou une passementerie de jais ; et devant, d'un gilet étroit, orné de garniture de chaque côté.

Par contre, une pèlerine ronde, un décolleté carré, une berthe, un velours, une ruche, une draperie, ou tout autre garniture en travers. corrigeront la sveltesse exagérée de la taille.

Il en sera de même pour les garnitures et les dispositions des jupes. Les femmes fortes couperont la jupe par un tablier, des pans et des quilles. Elles éviteront toutes les lignes horizontales, comme les volants ou les garnitures en travers, les galons mousquetaire, par exemple. Les basques du corsage, au lieu d'être cousues, auront des ouvertures. Elles seront crénelées.

Enfin les garnitures ont, elles aussi, une expression qui trahit le caractère de celles qui les portent.

Une femme modeste, aux goûts tranquilles, choisira les garnitures calmes, les biais, les galons, les velours ou rubans posés à plat.

Une froufrou, aux allures vives, préférera les volants, les rubans qui s'envolent et le flou des dentelles.

Les femmes imposantes, aux nobles attitudes, donneront la préférence aux garnitures simples et distinguées comme les belles broderies mates, les passementerie sévères et riches.

Et celles qui ont le goût pompeux, les scintillements de jais, les paillettes, les galons cabochonnés de toutes couleurs.

C'est ainsi que dans les moindres détails, la

toilette est une révélation de caractère et même, disent certains philosophes un indice des mœurs d'une nation.

XVIII

LE NOMBRE DE ROBES QU'UNE FEMME ÉLÉGANTE ET ÉCONOME DOIT AVOIR

La mode, aujourd'hui, est tellement mobile et changeante, que nous ne conseillerons jamais un grand nombre de toilettes à la fois.

Laissons de côté les déshabillés du matin qui varieront en nombre, en élégance, selon la fortune de mes lectrices. Je ne veux m'occuper ici que des toilettes indispensables à une femme du monde, qui y tient un rang.

1° Une ou deux toilettes d'intérieur, où elle donnera carrière à toutes les fantaisies les plus élégantes.

2° Une toilette pour les réceptions ordinaires dans les teintes foncées et assez sobre d'ornements.

3° Une toilette de visite élégante, où doit dominer la distinction sévère.

4° Une ou deux toilettes de promenade également sérieuses : une pour le beau temps,

une autre pour les temps douteux ou pluvieux
Pour ces toilettes de sortie, on fera servir
des robes de l'année précédente, en ayant
soin d'en retirer tout ornement un peu voyant
ou chatoyant, attendu qu'une femme distinguée doit éviter d'attirer l'attention dans la
rue. Il importe cependant que ces toilettes aient
un cachet de distinction ; car vous pouvez être
rencontrée : il ne faut en aucune circonstance,
exposer votre réputation de femme de goût.

5° Une toilette de dîner et de petite soirée.

6° Une robe de grande soirée et de bal.

7° Si vous êtes appelée à voyager, un costume de voyage est nécessaire.

Ce qui vous fait encore un chiffre respec-
table de sept à huit toilettes.

Je parle ici pour les femmes qui possèdent
un joli revenu ; car ce luxe de robes, malgré
l'économie qu'on y peut mettre, entraîne cependant à des dépenses assez élevées.

Pour celles, en beaucoup plus grand nombre, qui n'ont qu'une fortune modeste, elles se
contenteront de trois ou quatre robes ; et si
elles les confectionnent elles-mêmes, comme
je le leur conseille, elles ne se ruineront pas,
grâce au bas prix vraiment fabuleux des
étoffes. Les soigneuses qui, en rentrant chez
elles, quittent la robe habillée pour une robe
d'intérieur, usent fort peu leurs vêtements,
surtout si, avant de les ranger, elles les font
brosser et en effacent les faux plis.

Aux femmes qui, par goût ou par position, vont souvent dans le monde, je conseille de renouveler, chaque année, les toilettes de cérémonie ; car vous ne pouvez vous présenter deux années de suite dans les mêmes maisons, avec les mêmes robes, sans compromettre votre réputation de haute élégance.

Sans doute, il est possible de rafraîchir ses toilettes ; mais il est difficile de le faire avec assez de goût pour masquer entièrement le ravaudage. Il est préférable de leur donner une autre destination : de faire, par exemple, d'une robe de visite, une robe de promenade ; d'une robe de bal, une robe d'intérieur ; attendu qu'aujourd'hui, pour ces robes d'intérieur on admet les fantaisies voyantes, éclatantes même, les combinaisons de couleurs disparates. On va jusqu'à faire de ces toilettes d'intérieur, des robes de haut style, rappelant les costumes historiques et frisant le déguisement.

Ainsi une robe de bal claire, peut très bien être ajustée, avec des additions ou des modifications, en une toilette d'intérieur.

Et puisque nous voulons faire élégant et à la fois bon marché, je conseillerai, en certains cas, à mes lectrices, en vue d'une transformation possible, de préférer les étoffes solides, c'est-à-dire peu susceptibles de se friper, alors même que le prix en serait un peu plus élevé, attendu que notre mondaine y trouverait encore son compte.

Tout au contraire, si l'on reçoit peu, et si l'on va rarement dans le monde, il est préférable de faire léger, plutôt que de voir se perpétuer indéfiniment une toilette coûteuse. Rien n'est plus laid, plus bourgeois, que ces robes, dont on peut suivre, d'année en année, les rafistolages.

A celles-là, surtout s'il s'agit de femmes ayant passé la trentaine et dont l'embonpoint commence à se dessiner, je conseillerai la robe noire, le satin merveilleux, aux plis si souples, si soyeux, le beau satin, un riche pékiné, un beau velours noir ou de teinte foncée, voilà de fort belles robes, qui forment un fonds de toilette, et qu'on peut porter assez longtemps, si l'on veut rester dans les limites d'une mode sensée et de bon goût.

Une robe d'étoffe noire unie, qu'on a portée à traîne dans les dîners ou les soirées, peut fort bien devenir ensuite, en la raccourcissant, une robe de matinée et de visites, surtout si l'on y ajoute un corsage montant, avec des manches et une guimpe de dentelles noires, ou des bretelles, ou une ceinture pointue, qui en transforment complètement le genre. Elle peut ainsi, même aux yeux des plus subtiles observatrices, passer pour une robe entièrement nouvelle.

Il y a encore les robes à deux fins et même à trois fins. Une robe de dentelle noire par exemple doublée d'un taffetas brillant pourra servir avec un corsage montant, à manches longues, et une jupe courte, de robe de visites. En y ajoutant un long pli Watteau, à traîne, vous en ferez une robe de réception ; et si vous en changez le corsage montant, pour un corsage décolleté, voilà une robe de soirée qui peut devenir fort élégante avec quelques rubans de couleur, ou plumes, ou piquets de fleurs bien assortis à votre visage.

XIX

QUELQUES MODÈLES DE TOILETTE

Avant de terminer le chapitre si important de la robe, de ce vêtement si suggestif, qui joue le principal rôle dans la toilette féminine, je tiens à donner quelques spécimens de toilette qui pourront guider mes jolies lectrices dans la combinaison harmonieuse et originale des couleurs.

Jamais, d'ailleurs, la mode n'a été meilleure personne : elle montre en ce moment le plus tolérant des éclectismes ; elle admet tout ce que les modes anciennes et contemporaines paraissent avoir d'élégant, de réellement gracieux, de parfaitement beau.

Ainsi, aujourd'hui que la mode est à la robe fourreau, on admet cependant les ondulations sur le devant, les petits paniers, et, par derrière, le pli watteau ; les garnitures, un moment prohibées, redeviennent en faveur. Si la coupe correcte des grands tailleurs, adoptée par les femmes de goût qui cherchent le vrai type de la simplicité élégante, est préférable pour les robes de jour, nous voyons revenir avec plaisir, pour les robes du soir, la mode froufroutante, dont les légères envolées seyent si bien à la jeunesse.

Quoi de plus gracieux pour une blonde un peu mièvre que ces paillettes clair de lune sur des étoffes vaporeuses, relevées en petits paniers pimpants, retenus par des nœuds Louis XV ! Pour le bal, la jupe toute droite, en étoffe légère, froncée à la taille, comme la portent les jeunes filles, manque absolument de piquant, de coquetterie ; et les femmes d'un certain âge, dont la taille et les hanches s'épaississent ont une silhouette fort disgracieuse dans ces jupes toutes plates.

Nous sommes fort éloignée cependant de souhaiter le retour de la robe empire ou de la monstrueuse crinoline, et, moins encore, celui de ses paniers monumentaux, tels qu'on en portait au siècle passé en baleines, en fil de fer, voire même en osier, et qui, tour à tour, portèrent les noms de *bêtises*, *de culbutes*, *de gourgandines*, *de boute-en-train*.

Le style Louis XV, qui, peut-être, va suc-
céder à la ligne droite, et qui nous ramène
déjà le pli watteau, est des plus coquets. Ce
pli watteau convient aux femmes élancées. Il
grandit les femmes petites mais il empâte
horriblement les tailles qui commencent à
épaissir. Il a sa grâce : il nous rappelle les
royales bergères représentées, la houlette à la
main, avec leurs robes à dos flottants, qui
prirent le nom de leur peintre.

Jamais la fabrication des soieries n'a été
aussi artistique, comme coloris et comme
composition. Ce qu'on est convenu d'appeler
les nuances nouvelles sont d'une délicatesse,
d'une finesse, d'une suavité, d'une richesse de
gamme infinie.

Jamais non plus le raffinement du goût n'a
été poussé si loin.

Déjà, sous Marie-Antoinette, on admettait de
préférence les teintes pâlies, les tons rompus,
auxquels on donnait les noms les plus étranges : ventre de puce, soupirs étouffés, larmes
indiscrètes, boue de Paris, entrailles de pro-
cureur.

Aujourd'hui, les nuances se modulent à
l'infini, à ne citer que dans la gamme du vert :
vert-nil, vert-amande, vert-d'algue, vert-olive,
vert-olivier, vert-tige, vert réséda, vert-roseau,
vert-grenouille, vert-perruche, vert-crapaud
mort d'amour, etc., etc.

Les roses sont non moins nombreux, depuis

le rose fraise-écrasée, jusqu'au rose Ophélia.

Les gris sont également innombrables, depuis le gris-perle jusqu'au gris-de-lune, jusqu'au gris-cendres-de-roses.

Qui dira les infinies variétés du bleu, depuis le bleu fresque jusqu'au bleu d'enfer ?

Que de choix n'avons-nous donc pas aujourd'hui pour la composition de nos toilettes ?

Je ne m'appesantirai pas sur les formes et les dispositions qui sont également fort variables, et que nous pouvons varier nous-mêmes, en nous affranchissant quelque peu de la mode, sans risquer de devenir ridicules, si nous savons rester dans les lois de l'art et du bon goût.

Nous approuvons absolument la coquette indépendante qui ne se soumet pas aveuglément aux arrêts de la mode, et qui, même, pousse l'audace jusqu'à innover plutôt que de copier platement les formes en cours, lesquelles, trop souvent, sont dépourvues de sens commun, de distinction et de grâce.

Un moyen d'innover, celui qu'emploient d'ailleurs les grandes couturières qui font leurs modèles, c'est de vous procurer un mannequin de très petit format, pas plus haut qu'une poupée, et d'ajuster sur ce mannequin les dispositions que vous rêvez, ou que vous dicte l'inspiration du moment ; car c'est le plus souvent sous vos doigts que naissent les plus heureuses combinaisons : drapés du corsage, ondulations de la jupe, dispositions des garnitures.

Une femme qui a le génie de l'élégance ou qui possède seulement quelque ingéniosité, peut, avec une simple couturière à la journée, composer de très jolies choses, absolument inédites et à très bon compte.

Voici quelques idées à **développer** ou à **approprier**.

ROBES D'INTÉRIEUR

C'est pour ces robes-là, surtout, que je conseillerai à mes lectrices d'essayer leur génie inventeur, en consultant les ressources dont elles disposent ; car, je le répète, c'est dans ces toilettes que son imagination peut se donner un libre cours.

1° Robe de petit drap, ou de lainage, ou de veloutine blanche, avec revers de soie blanche, brodée d'or et de perles multicolores, tablier de tulle brodé, sur transparent de soie orange, haute ceinture czarine (toilette de cent à deux cents francs selon l'étoffe).

2° Même assortiment de nuances en plus simple : lainage blanc, avec col, tablier, poignets de peluche orange tirant sur le chaudron, accompagné d'une garniture de malines imitation (toilette de cinquante à soixante francs).

3° Robe en lainage bleu-fresque, droite et serrée à la taille par une haute ceinture grecque en soie de Chine bleue, tournant deux fois autour de la taille et nouée lâchement sur le côté, mancheton en velours dahlia, poignets et col de même velours (de soixante à quatre-vingts francs).

4° Robe princesse de peluche rouge, le rouge qui sied à votre visage, avec devants de satin blanc, ou de satin gris-bleu, si c'est le rouge rubis que vous choisissez, grande collerette en imitation de point de Venise (de cent à trois cents francs, selon l'étoffe).

5° Robe dos princesse avec devants tombant droits, en peluche gris-vert, réséda ou vert-olivier, avec devants rose-crevette très pâle. Ou bien vert-émeraude, avec devants de blondes blanches, galons de perles pour les poignets, ceinture et col Médicis brodés de perles (prix variant également selon les étoffes et les broderies (de cent à trois cents francs).

6° Robe peluche améthyste, et devants de satin merveilleux gris-argent, galons d'or ou d'argent parsemés d'améthystes ; ou *vice versâ* : cachemire ou drap gris avec devants en peluche ou velours améthyste. C'est là une toilette d'intérieur dans les teintes douces, et qui a un cachet de grande distinction.

7° Même peluche violette ou satin ou crêpe de Chine avec devants maïs voilés d'un tulle malines ; galons d'or avec cabochons multicolores.

8° Velours héliotrope brodé d'or, avec devants de crêpe de Chine soufre.

9° Velours mousse avec crêpon gris-argent ou rose-crevette très pâle.

Mais, objecterez-vous, ces toilettes, les dernières surtout, doivent être fort coûteuses? Assurément, si vous y employez de la peluche ou du velours à vingt-cinq francs le mètre, mais pour ces toilettes d'intérieur, avec lesquelles vous n'affrontez jamais la grande lumière, qu'on n'aperçoit que dans le demi-jour de votre appartement, pas n'est besoin d'une belle qualité d'étoffe. Aujourd'hui, on trouve des peluches, très soyeuses, très apparentes, de prix modique. Le tablier presque toujours masqué, soit par un voile, soit par un coquillé de dentelles, ne réclame qu'une soie légère, vous pouvez donc ne mettre à ces toilettes qu'un prix en rapport avec vos ressources.

MATINÉES

Voici maintenant quelques idées de matinées, que vous pourrez modifier selon votre goût ou vos ressources.

1° Matinée fort élégante : le corps du vêtement est en velours capucine, à basques crénelées tombant sur un volant de dentelles blanches. Une même dentelle forme draperie et accompagne le devant en soie jonquille ou bleu pâle; des manchetons, ayant forme pèlerine, également crénelés, retombent sur les manches de soie jonquille ou bleu pâle bouillonnée. Poignets de velours capucine. Au cou, en bas du col en velours capucine, le jabot abbé.

2° Corsage en crépon rose-jaune tout d'une venue, serré à la taille par une large ceinture en galon d'or brodé de turquoises. Petite veste boléro, en velours ou satin bleu océan.

Ce même corsage, très facile à faire, peut se composer de toutes teintes qui s'harmonisent, de toutes étoffes qui se marient entre elles, et seyantes à votre teint.

3° Dos simple, froncé à la taille, et devants droits en bengaline bleue-Labrador, les devants ouverts sur une chemise de mousseline blanche froncée dans l'encolure, serrée à la taille par une ceinture en ruban ; volant de dentelles froncé à l'épaule et derrière, dans l'encolure, et retombant en forme de grand empiècement. Manches bouffantes en bengaline avec un haut volant de dentelles, bouillonné à la hauteur du coude. Garniture de plumes noires.

4° En beaucoup plus négligé, comme saut de lit : le Nonchalant en surah rouge garni, soit d'une flanelle, soit d'une ouatine recouverte d'un mince florence. Garniture de dentelles noires. C'est chaud, douillet, élégant. Il peut se faire en toute autre teinte de surah héliotrope, bouton d'or, crevette, bleu-pâle, garni de dentelles noires ou blanches.

TOILETTES DE RÉCEPTIONS ET DE FIVE O'CLOKC

1° Traîne en velours vert-roseau, avec grand tablier de soie blanche, glacée rosée, application de roses avec feuillages en velours. Le corsage de velours vert ouvre sur une guimpe de mousseline de soie blanche. Manches pareilles, piquets de roses. Il ne faut pour cette robe très simple, à courte traîne, que six mètres de velours, et six de satin de soie glacée.

2° Robe en foulard coque d'amandes, ornée d'un galon de cabochons multicolores, ouvert sur une chemisette de mousseline de soie blanche. Mêmes galons aux poignets, au col, à la ceinture.

3° Robe en lainage coquelicot garnie de velours noir, très seyante pour une jeune femme blonde; toilette d'un prix très modique.

4° Robe de drap ou lainage vert-nil, jupe garnie de velours même nuance, corsage à longues basques, lainage et velours.

5° Robe de lainage gris-giselle et velours gobelin. Jupe en lainage, habit de velours, ouvrant sur une guimpe de soie même nuance que le lainage, ceinture de ruban avec un long nœud sur le côté.

6° Fort élégante toilette de fin drap blanc, garnie en velours tournesol, ceinture d'orfèvrerie, jockey en velours noir avec galons d'or et volant de dentelles.

7° En lainage mordoré et velours assortis.

8° Toilette légère en bengaline améthyste garnie de fines guipures. Col, poignets, ceinture en velours blanc.

Ces robes de réceptions peuvent servir, les foncées, du moins, comme toilettes de visites et de matinées.

Voici, pour visites exclusivement, des toilettes plus foncées :

TOILETTES DE VISITES

1° Faille parisienne, vert-tige, ornée de galons de jais noir à jour, au col, poignets, bas de la jupe.

2° Robe en lainage cigale garnie de velours plus foncé. Grande visite avec un gilet de velours ouvert sur un devant de piqué blanc. Hauts poignets de velours formant revers.

3° Toilette en sicilienne vert-d'algues, garniture en léger crépon retenue par des nœuds de satin blanc-argent.

4° Robe en peau de soie vin-de-Bordeaux et velours assorti, mais plus foncé. Veste de velours, revers de soie blanche, grande ceinture de même soie.

5° Robe en velours de laine vert-amande et velours noir, garnie de passementerie crème et or, et de boutons noirs.

6° Voici une robe de haut style : robe princesse en peau de soie ou velours ou drap ou fin lainage pain-brûlé, avec revers de drap blanc, ouverts sur une chemisette de grosse soie bleu ciel retenue à la taille par des barrettes de velours grelottées d'or. Les devants sont coupés à la taille en veste courte et carrée. Ce bleu et ce blanc, c'est un peu froid peut-être, mais quelle distinction !

7° Très habillée : robe en peau de soie grise avec galons d'acier, au gilet, à la jupe. Veste ouverte sur un fin plissé de soie rose pâle.

8° Robe beige clair et corselet de velours bleu ouvrant sur une chemisette soufre.

9° Broché mauve et velours pensée.

10° Gaze noire, garnie de dentelles, ornée de nœuds de satin or pâle, ceinture en crêpe de soie de même nuance.

11° Jupe en drap ou lainage bleu-fresque. Casaque de velours glacé sur plastron bleu, jaboté de vieilles dentelles. Manches de velours avec parements bleus.

12° Enfin, une robe de pékiné de soie bois-de-rose, avec rayures crème toutes fleuries. Manches Henri II et pli Watteau.

Est-il rien de plus coquet? Avons-nous rien à envier à nos arrière-grand'mères, qui, elles, payaient si cher ces délicieuses toilettes, tandis que nous, en ce siècle de tissage à la vapeur, nous les pouvons établir à si bon compte ?

ROBES DE BAL

La robe de bal doit toujours se faire en teinte claire. Les robes noires ou foncées ne sont jamais habillées; elles sont tristes; en tous cas, la lumière ne les reflétant pas, elles font trou, si je puis m'exprimer ainsi.

Le rose pâle, le vert-d'eau, le mauve-rosé, le paille sont à la lumière des bougies d'un effet suave et ravissant. La lumière factice des bals, aucune de vous, mesdames, ne l'ignore, ne rend pas, sur les couleurs, le même effet que celle du jour. Qui de nous n'a été, au moins une fois, victime de son ignorance ou de sa négligence à cet égard? Il se trouve, dans tous les magasins de soieries, des salons de lumière; mais cette lumière est généralement beaucoup plus vive que celle des salons; il faut donc vous en défier, sous peine de vous exposer à de fort désagréables déceptions.

Si vous allez fréquemment dans le monde, je ne saurais trop vous répéter que vous devez prendre, pour vos toilettes, de belles et solides étoffes qui ne craignent point de se chiffonner; car il faut prévoir les stations dans les voitures, surtout si vous n'y êtes point seule, puis l'étroitesse de ces salons qui tiendraient quarante ou cinquante personnes à peu près à l'aise, et où l'on en réunit deux à trois cents.

Comme toilettes de style et de résistance, les belles failles, les velours de soie, les beaux satins, les inusables velours de Gênes, dont vous pourrez plus tard recouvrir des meubles. C'est un peu coûteux, c'est vrai, mais quelle richesse ! On peut porter de telles étoffes plusieurs années de suite sans qu'elles soient démodées et ridicules ; et, comme je l'ai indiqué plus haut, on peut en faire, l'année suivante, des toilettes d'intérieur. En vue de cette transformation, quand vous achetez de ces belles étoffes, il faut avoir la prudence d'en prendre un petit métrage supplémentaire.

Voici quelques combinaisons pour ces grandes toilettes :

1° Velours rubis et bleu très tendre tirant sur le gris perle. Point de Venise appliqué au bord du velours et coupant la dureté du contraste. Au corsage, grande berthe ou collerette en point de Venise.

2° Peluche fine, vieux-bleu, tirant sur le vert et satin bouton d'or : exquis avec une Malines qui sépare les deux tons. Grande ceinture en mousseline de soie blanche terminée par des glands de perles.

3° Moire rouge-légion-d'honneur avec garniture de Chantilly, ou même toute rouge, sans aucune garniture.

4° Velours aurore glacé. Manches bouffantes à sabots de dentelle et tablier en lampas crevette clair et argent. Au bas de la jupe et autour du corsage, garniture de plumes rose-crevette ou de dentelle.

5° Velours noir et moire ou crêpe de chine maïs soutenu, le velours rehaussé de nœuds maïs. Plumes toutes noires ou jaunes avec motifs de diamants. Au bas de la jupe, garniture de plumes noires.

6° Robe de tulle ou de gaze noirs avec transparent de soie jaune, rose ou verte, garniture de corsage assortie.

7° Pékiné vert-d'eau, faille ou satin et moire, orné de rubans mauve et rose, avec de gracieux petits paniers de vraie dentelle.

8° Robe guipure de Venise écrue sur fourreau rose ou bleu pâle. Corsage en velours turquoise brodé d'or.

Enfin toutes les robes blanches. Il en est de si jolies, de si seyantes ! Le blanc est toujours pour les jeunes filles ou les très jeunes femmes la plus jolie des toilettes.

Et toutes les robes roses. Il est des roses si suaves, si doux aux lumières !

Quant au bleu et au vert, ne s'y point hasarder sans en avoir étudié l'effet aux lumières.

Et, lorsqu'on possède de belles dentelles, de beaux bijoux, quels chefs-d'œuvre on peut édifier avec de faibles dépenses !

Point n'est besoin de si longues traînes pour ces cohues mondaines, où vous vous mouvez toujours avec tant de peine. Est-il rien de plus disgracieux, de moins grande dame que de tenir sa traîne à la main. Il est, sans doute, de spacieux hôtels où les longues traînes peuvent se déployer; mais que d'appartements trop restreints, où elles restent enfouies sous les chaises, quand elles ne sont pas une gêne pour vos voisines. Conservez donc les longues traînes majestueuses pour les toilettes de dîners, de réceptions et de grandes cérémonies.

Il est encore une foule d'étoffes de fantaisies peu coûteuses pour toilettes légères, gaze, tulle, surah. Avec une centaine de francs, vous pouvez exécuter de délicieuses toilettes, surtout si vous savez combiner avec art les couleurs, selon votre teint ou la nuance de vos cheveux.

CORSAGES DE THÉÂTRE

Au théâtre, où l'on est généralement serrée dans des loges trop étroites, sur de mauvais sièges, où l'on risque de froisser et ternir ses jupes, les toilettes très élégantes, avec traîne, seraient hors de propos. La jupe ne se voyant pas, je conseillerai donc une jupe très simple, déjà portée, de nuance foncée, préférablement noire, pouvant aller avec des corsages de genre très habillés.

En voici quelques modèles :

1° Corsage en velours fuchsia et dentelles

noires : soit que le corsage soit fait en dentelles noires, froncé à la vierge, avec une ceinture de velours, pointue dans le bas, à laquelle se rattachent des bretelles de velours ; et, au coude, des poignets de velours fuchsia, d'où s'échappe un volant de dentelles ; soit que le corsage s'exécute en velours fuchsia très ouvert sur une chemisette de dentelles. Large collerette de dentelles jetée sur les épaules.

2° En velours vert-émeraude clair et blonde blanche.

3° Corsage flottant de dentelle blanche, retenue par une ceinture plate en velours pensée.

4° En velours bleu saphir et dentelles noires ou blanches.

5° Veste Louis XV en belle soie noire ou bleu-marine, ornée d'un galon brodé, ouvrant sur un plissé de mousseline soufre. Manches avec hauts poignets brodés. Col droit, brodé.

Nous ne pouvons donner, pour les formes de ces robes, comme de ces corsages, que des indications vagues, les formes et les garnitures dépendant des caprices de la mode. Nous indiquons seulement les teintes et les étoffes qui s'harmonisent entre elles et produisent toujours de séduisants effets.

XX

L'ART D'ACCOMMODER ET DE FAIRE SERVIR LES VIEUX CHIFFONS

C'est ainsi que ces corsages ou des compositions analogues, de genre plus sérieux, peuvent servir à rajeunir de vieilles jupes déjà fanées ou trop vues. En ajoutant en outre une garniture dans le bas de ces jupes, on fait ainsi une toilette toute nouvelle.

Beaucoup de robes, même en laine, très modestes, peuvent être enrichies et transformées, à l'aide de jolis accessoires, comme ceux-ci, par exemple :

Ceinture Gretchen et collier de velours noir ou de couleur assortie à la robe, tout cabochonné de jais, une belle frange de jais, terminée par de petits fers de lance en jais taillé, descend de la ceinture et du col. C'est d'un usage très pratique : l'aspect de la robe devient aussitôt plus riche, plus paré.

Il en est ainsi du corselet sultane en belle passementerie d'or ou de jais, qui vient se terminer en pointe sous le col droit, et retombe, sur le côté gauche, en deux longs pans, terminés par une frange de jais ou d'or.

Également, la ceinture Cléopâtre, en passementerie riche, formant pointe devant et faisant l'effet d'un gilet de passementerie.

Le figaro, en velours, chargé de broderies d'or ou de cabochons et grelotté d'or.

Enfin, aujourd'hui surtout que la mode est à la veste ouverte, toutes les variétés des devants : mousseline de soie plissée, retenue par des ceintures de rubans, ou les gilets Louis XV avec leurs riches broderies, ou les passementeries cabochonnées de toutes nuances, peuvent, avec la même veste de drap ou de velours, ou de sergé de soie noire, composer dix, vingt toilettes d'aspect différent, et vous dispensent ainsi d'accumuler dans vos armoires des quantités de robes, qu'autrement il faudrait renouveler l'année suivante.

XXI

LE VÊTEMENT

Ce que je viens de dire pour la robe est également applicable au vêtement. Je ne ferai qu'indiquer sommairement les dispositions les plus élégantes, pour ne m'occuper que de la combinaison des couleurs.

1° Veste demi-longue en velours émeraude foncé, doublée de surah crème, col Médicis également doublé de surah. Au col sont rattachés les revers retournés, montrant la doublure, ils sont arrêtés par des motifs d'émeraude. La veste ouverte sur une chemisette de surah crème est retenue par une ceinture suissesse en velours. Longues manches de velours épaulées, ouvertes à partir du coude, tombant droit et laissant voir la doublure.

2° Grand manteau de drap pensée ou aubergine, avec devants tombant droit, retenus par une cordelière. Pèlerine de velours assorti.

3° Manteau slave en drap vert-atlantique, avec motifs de passementerie ornés de perles multicolores.

4° Long vêtement en drap bleu russe garni d'astrakan ou de skunk.

5° Jaquette en drap cheveux-de-la-Reine, à longues basques, garnie au col et aux poignets de velours même teinte, mais plus foncée.

6° Redingote en velours ou peau de soie saphir, doublée de satin merveilleux turquoise, avec revers brodés de jais saphir, se croisant à la ceinture.

7° Vêtement de loutre ou de pluche de loutre. C'est un genre ancien déjà, mais toujours de mode et très élégant.

Tous les noirs, pour être élégants et distingués, doivent être en belles étoffes et richement décorés, soit par des passementeries de jais, soit par des franges de jais, dont le sombre étincellement rachète la tristesse du noir.

LES SORTIES DE BAL

Comme les toilettes d'intérieur, ces vêtements comportent les teintes les plus claires, les formes les plus fantaisistes et les plus élégantes.

Vu dernièrement :

1° Une pelisse de drap-ciel, avec garniture de plumes du même ton. L'empiècement de ce vêtement, très grande dame, était en passementerie soie et or. On peut remplacer la garniture de plumes, un peu coûteuse, par de la Mongolie.

2° Visite de peluche vert-d'eau, garnie de dentelles blanches, si l'on vise au bon marché, ou de renard argenté, si l'on veut y mettre un grand prix.

3° Un long collet de velours corail bordé de zibeline, aux larges appliques de broderies d'or ; mais ces broderies coûteuses, on peut les remplacer par des galons placés de haut en bas, suivant les plis et formant éventail.

4° Pour sortie d'Opéra, un long camail arrêté à la ceinture, en veloutine blanche doublée de chinchilla. Un manteau d'abbé en guipure vénitienne, s'attache sous le col de chinchilla, et revient par devant dans la sertissure brillante d'une passementerie de perles.

Sans contredit, ce qu'il y a de plus commode,

c'est le camail, qui froisse moins les toilettes.
Toutes les teintes sont adoptées, comme tous
les tissus élégants, velours, peluche, satin, drap,
et toutes les garnitures flou : fourrures, dentelles, plumes.

Il y en a de ravissantes, qu'il est vraiment
regrettable de déposer au vestiaire pour être
ficelées et froissées. C'est pourquoi il est inutile de mettre à ces sorties de bal ou de théâtre
de très grands prix. Ce vêtement, cependant,
doit toujours être élégant, comme tout ce qui
touche à votre gracieuse personne.

Pour une centaine de francs, avec l'aide de
votre femme de chambre ou d'une ouvrière à
la journée, vous pouvez obtenir une sortie de
bal très coquette. La doublure doit toujours
être en soie douillette, surah léger ou marcel-
line. Ainsi : cinq mètres d'étoffe au prix de huit
francs le mètre environ, autant de doublure à
deux francs cinquante ou trois francs, ce qui
fait environ soixante francs. Il vous reste donc
une marge de quarante francs pour la garniture.
N'est-ce pas suffisant ? Vous pouvez, il est vrai,
mettre tout aussi bien à ce vêtement de cinq
cents à mille francs. Cela dépend de la beauté
du velours ou de la peluche, de la longueur du
vêtement, et surtout de la richesse de la garniture.

XXII

LES GRANDS MAGASINS DE NOUVEAUTÉS

En ce qui concerne le vêtement, jamais je ne vous conseillerai, je vous défendrais plutôt d'aller faire une emplette, s'il s'agit surtout d'un vêtement élégant, dans ces grands bazars qu'on appelle magasins de nouveautés. D'abord, les vêtements qu'on y vend sont généralement assez coûteux, et l'on n'y trouve que de la camelote, de très mauvais goût, comme teintes et comme dispositions ; quel que soit le prix que vous y mettiez, manteaux, visites ou jaquettes sentent toujours la confection.

Il en est de même pour le choix des étoffes. Les étoffes de fantaisie qu'on y trouve manquent généralement de cachet, de distinction. Achetées en solde, c'est-à-dire au rabais dans les fabriques encombrées, elles sont nécessairement de mauvaise fabrication ou de mauvais goût.

Cependant, quelle que soit mon horreur pour ces grands bazars et pour leurs *occasions*, je reconnais volontiers qu'on y trouve parfois des étoffes unies à meilleur marché qu'ailleurs, vraiment avantageuses, quoique, dès que l'on aborde les nuances fines, ou les belles soieries, les prix deviennent immédiatement beaucoup plus élevés. Il en est de même pour les étoffes d'ameublements. Pour vos meubles ou vos bibelots, ne les achetez point là, par cette raison, d'abord, que tout le monde allant y fureter plus ou moins, tout ce que vous y achetez a été vu.

— Ah! voilà qui vient du Louvre! Vous avez acheté cette coupe au Bon Marché?

Tout le monde sait ainsi que vous avez profité d'une *occasion*, que tel bibelot vous a coûté douze francs cinquante, ou trois francs quatre vingt dix, ou huit francs quarante-cinq. Votre emplette s'en trouve aussitôt considérablement dépréciée.

Enfin, au lieu d'avoir un objet rare, un tissu original, vous ne possédez plus qu'une banalité que tout le monde peut se procurer au prix coté et affiché.

Enfin, chère et distinguée lectrice, gardez-vous d'aller vous fourvoyer dans ces bazars les jours d'exposition. Il est vraiment contraire à la dignité d'une femme élégante de se faire bousculer dans de telles cohues. D'ailleurs ne savez-vous pas que la veille de ces jours annoncés à grand renfort de réclame, et même, quelque temps après, vous trouverez des objets semblables, aux mêmes prix? Et alors qu'il y aurait une petite différence, vous ne pouvez décemment vous compromettre dans ces bousculades humiliantes, ces luttes à coups de coude, non pour la vie, mais pour le chiffon.

Si vous réfléchissiez seulement au nombre incalculable de microbes, mis en circulation dans ces flots humains, vous frémiriez devant la certitude que vous en absorbez, à vous seule, des millions et des milliards, en quelques heures passées là.

Lorsque vous avez décidé de faire un tour dans ces magasins, soyez quelque peu matinale, allez-y de bonne heure, et prenez tout votre temps. Les étoffes ne seront pas encore froissées et piétinées ; l'atmosphère y sera, du moins, respirable ; et les commis, moins harassés, se montreront plus complaisants.

XXIII

LA COIFFURE

Voici comment s'exprimait en 1775 le célèbre coiffeur Lefèbvre, coiffeur très lettré, ma foi ! dans un discours prononcé publiquement.

« La coiffure est un art... Modifier par des formes agréables de longs filaments, dont la nature semble avoir voulu faire un voile plutôt qu'une parure, assurer à ces formes une consistance dont ne paraît pas succeptible la matière que l'on y assujettit, donner à l'abondance une disposition régulière qui fasse disparaître la confusion, et suppléer à la disette par une richesse qui trompe l'œil le plus clairvoyant, combiner les accessoires avec le front qu'ils doivent adoucir ou relever, soutenir une figure délicate par des tresses légères, en accompagner une majestueuse par des touffes ondoyantes, sauver la rudesse des traits ou des yeux par un contraste, et quelquefois par un accord réfléchi, opérer tous ces prodiges, sans autres ressources qu'un peigne et quelques poudres diversement colorées, c'est là, sans doute, ce qui caractérise essentiellement un art.

« Il faut que le coiffeur, à l'aspect d'une physionomie, devine instantanément le genre qui lui convient. Il faut qu'une femme, en paraissant coiffée comme toutes les autres, le soit cependant plus à l'air de son visage ; par conséquent il n'y a pas de toilette, où l'artiste ne renouvelle le plus difficile des prodiges de la nature, celui d'être, dans sa production, toujours uniforme et toujours varié... »

Ce coiffeur-là parlait peut-être mieux qu'il ne coiffait ; mais, en tous cas, il est impossible de mieux comprendre l'art du coiffeur, et j'ajouterai, l'art de la modiste ; car la modiste, qui, d'un coup d'œil, a saisi la forme et la

couleur du chapeau qui convient à votre physionomie, comme à votre teint, qui sait amincir
les figures trop rondes, et au contraire, prêter
une importance aux visages trop effilés; qui, par
l'opposition des nuances, blanchit les peaux
brunes, rehausse les teints ingrats, pâlit les
joues trop colorées, celle-là est une artiste,
autant par son sentiment exact des rapports
des lignes entre elles et de l'harmonie des couleurs, que par l'élégance, le style, la distinction et la grâce qu'elle saura donner à ses compositions.

J'ai parlé incidemment dans *Pour être aimée*
de nos modistes parisiennes, qui sont les premières du monde, et je conseillais à mes belles
coquettes, à celles qui aspirent à la grande et
suprême élégance, de confier à l'une de ces
artistes le soin de trouver cette coiffure qui
seye absolument à son type et rehausse sa
beauté; car la femme qui aspire à compter
parmi les reines de l'élégance, doit être parée
avec un art profond. Or rien n'est plus difficile
que de faire un très joli chapeau et, selon ce
vers bien connu :

Bâtir de ses cheveux le galant édifice.

Cependant, il est à cette dernière règle des
exceptions. Un assez grand nombre de femmes
arrivent à se coiffer elles-mêmes beaucoup
mieux souvent qu'un coiffeur médiocre ne sau-

rait le faire. Si vous désirez figurer parmi ces exceptions, permettez-moi, chères lectrices, de vous donner quelques conseils, fruits de mes attentives études sur ce sujet.

Ce qu'il faut examiner, tout d'abord, ce sont les proportions générales de la tête, par rapport aux proportions du corps. Avez-vous la tête relativement petite et courte, — elle est toujours courte si le visage n'est pas ovale, — vous devrez donner de l'importance à votre coiffure, surtout en hauteur.

Qu'y a-t-il, en effet, de plus disgracieux, je dirai même de plus vulgaire, qu'une femme un peu forte, ayant le cou court, et, en outre, la tête écrasée.

L'art consiste donc à rétablir l'harmonie des proportions et à imprimer un cachet de distinction à cet ensemble vulgaire.

Dès qu'il s'agit d'obtenir un tel résultat, on n'a plus à s'inquiéter de la mode. Donc, quelle que soit la mode du jour, une femme ainsi bâtie doit chercher à s'élever la tête et, par par cela même, allonger, effiler toute sa personne. Elle dégagera son front du milieu et n'aura que quelques légères bouclettes de chaque côté.

Si les coiffures hautes par devant et un peu avancées ne lui sont pas seyantes, — car il est beaucoup de visages que ces coiffures durcissent et enlaidissent d'une façon singulière, — il faudra rejeter la coiffure en arrière, soit en un chignon important, soit en des coques légères, si la chevelure est maigre.

Pour les coiffures du soir, on recourra, s'il en est besoin, à quelques postiches supplémentaires, sans cependant chercher à faire paraître plus de cheveux que la nature n'en pourrait donner, en exagérant le volume de sa coiffure. Rien n'est disgracieux comme les profondeurs de profils et les nuques trop larges.

Ainsi comprise, une coiffure peut, non seulement modifier un visage, mais encore l'allure générale du corps.

Si, au contraire, la tête est longue, toutes les lignes horizontales la raccourcissent; les cheveux frisottés avanceront sur le front et boufferont sur les tempes; le chignon se portera en arrière ou tombera dans le cou en catogan.

Croisat, un maître en son art, fait observer avec raison que presque toutes les coiffures conviennent aux visages dont l'ovale est parfait.

Ce sont là, sans doute, des principes élémentaires, mais qu'un trop grand nombre de femmes ignorent encore. Ce que nos jolies coquettes n'ignorent point, c'est ce qui leur sied; et cependant, combien voit-on de femmes, qui, pour suivre la mode, adoptent des coiffures en complet désaccord avec leur genre de beauté.

Un poëte latin, très amoureux, grand admirateur de la beauté féminine, qui a même écrit l'*Art d'aimer*, Ovide, n'a pas dédaigné de consacrer à la coiffure des vers charmants et surtout très judicieux, ce qui prouve que, dès l'antiquité, l'arrangement de la chevelure était l'un des plus puissants moyens de séduction de la femme.

« Que vos cheveux ne soient jamais en désordre : c'est surtout la propreté qui nous plaît. Vos grâces dépendent de vos mains, mais il est bien des manières de varier la disposition de votre chevelure; que chacune consulte, avant tout, son miroir. »

« Un visage allongé demande des cheveux simplement séparés sur le front : c'était la coiffure de Laodamie. Un nœud léger sur le sommet de la tête et qui laisse les oreilles découvertes sied mieux aux figures arrondies. Celle-ci laissera tomber ses cheveux sur l'une et l'autre épaule, comme Apollon lorsqu'il porte sa lyre; cette autre en relèvera les tresses, à la manière de Diane, lorsqu'elle poursuit les bêtes fauves. L'une charme par les boucles flottantes de sa chevelure; l'autre, par une coiffure serrée et aplatie sur les tempes. L'une se plaît à orner ses cheveux d'une écaille brillante; l'autre, à donner aux siens les ondulations des flots. On compterait les glands d'un chêne touffu, les abeilles de l'Hybla, les bêtes qui peuplent les Alpes, plutôt que les parures

et les modes nouvelles que chaque jour voit
éclore. Il est beaucoup de femmes auxquelles
sied une coiffure en apparence négligée : on la
croirait d'hier ; elle vient d'être ajustée à l'instant même. L'art doit imiter le hasard. Tel était
l'aimable désordre d'Iole quand Hercule la vit
pour la première fois dans une ville prise
d'assaut et s'écria : « Je l'aime ! » Telle était la
princesse.qui fut abandonnée sur le rivage de
Naxos lorsque Bacchus l'enleva sur son char,
aux acclamations des Satyres qui criaient :
« Evohé!.... »

Cette citation n'est-elle pas curieuse par le
rapport étroit qu'elle établit entre les coquettes
romaines de ce temps-là et nos coquettes d'aujourd'hui ? Ovide en savait-il moins sur ce
sujet que les Lefèvre et les Croisat ? La mode
n'est-elle pas toujours la même en son éter-
nel renouveau ?

Encore moins que les robes, la coiffure ne
doit suivre servilement la mode. Avant tout,
il importe de se coiffer selon le caractère de sa
figure et surtout de son profil.

Je répéterai donc ici, à peu près exactement, ce que j'ai dit pour la robe :

Le profil droit, calme, sévère comporte
nécessairement une coiffure sérieuse, symétrique. Les contrastes, l'ébouriffé, la fantaisie,
seraient une discordance.

Tout au contraire, le profil mutin, dont le
joli nez, aux narines mobiles et sensuelles, se

relèvent aux deux tiers de sa longueur, ne saurait s'accommoder des coiffures graves et majestueuses.

Le nez court, retroussé à la Roxelane, comporte encore plus d'imprévu, : un nœud de ruban très en l'air, une aigrette ou une fleur de côté, une frisure irrégulière, feront de ce minois déluré, une chose exquise, ravissante à croquer.

Il est encore des figures qui sortent complètement de la banalité, qui frappent l'attention : des figures de race, des têtes à caractère. A ces têtes-là, conviennent de préférence les coiffures un peu sérieuses, un peu majestueuses ou des coiffures qui leur soient propres. Il faut être réellement artiste, improvisateur pour découvrir la coiffure absolument seyante à ces types.

Sans doute, pour trouver, composer de telles œuvres d'art, bien autrement importantes pour nous qu'un tableau de prix, il est nécessaire d'avoir recours, comme je le conseillais pour le corsage, à un artiste émérite, en lui indiquant ce que vous désirez, c'est-à-dire une coiffure originale autant que possible, qui ne jure pas trop avec la mode, qui masque les défauts de votre visage, et qui en rehausse les agréments, les beautés. Vous n'aurez plus alors qu'à copier. Il vous faudra quelque temps, sans doute, pour atteindre à la perfection, mais avec l'aide de votre femme de chambre, si elle est adroite et intelligente, vous y arriverez. Et quelle économie, si vous allez fréquemment dans le monde ! Car ces grands artistes ne se dérangent pas à moins d'un louis, quand ce n'est plus.

Je connais une femme fort coquette, qui dépensait cinquante francs par jour seulement pour sa coiffure. Vingt francs le matin, vingt francs le soir ; car sa coiffure du soir ne ressemblait pas à celle du matin, et dix francs pour leçon de coiffure à sa femme de chambre. Aujourd'hui sa femme de chambre la coiffe à ravir ; elle réalise donc cinquante francs d'économie par jour.

Les grands coiffeurs ont des aides, qu'ils envoient à leurs nombreuses clientes. J'en connais un qui, vers cinq heures, monte dans sa voiture, — car il a coupé et victoria, — et passe en revue, de cinq à onze heures, une quarantaine de femmes qui ne voudraient point se hasarder à paraître dans le monde, sans que le maître eût mis la dernière touche, jeté le dernier coup d'œil, posé son estampille au fugitif chef-d'œuvre édifié pour elles, et pour quelques heures seulement.

XXIV

LE CHAPEAU

Aujourd'hui le petit chapeau est une coiffure : il en est même de si petits, qu'ils ne sont plus qu'une élégante ironie, selon le mot d'un homme d'esprit. C'est là, du reste, une de ces anomalies auxquelles la mode nous a habituées : en été, nous portons de vastes chapeaux, qui nous garantissent le front, nous préservent de l'humidité et des intempéries, tandis qu'en hiver, on porte ce tout petit chapeau, soi-disant fermé, mais qui ne couvre que le sommet de la tête, laissant absolument à découvert le front, la nuque, les oreilles.

Certains visages s'accommodent fort bien de ce chapeau minuscule, qui n'est que le prétexte d'une plume, d'un piquet de fleurs, d'un diadème de jais, d'une aigrette. Sa grande utilité c'est d'embellir le visage ; mais encore faut-il qu'il l'embellisse.

Sans doute, il est des femmes fort adroites de leurs mains, qui s'entendent à ravir à chiffonner gracieusement une gaze, à roulotter du satin, à nouer un ruban sans avoir l'air d'y toucher. Celles-là peuvent essayer de faire elles-mêmes leurs chapeaux, tout au moins certains chapeaux, ceux du matin, par exemple. Mais, quoi qu'elles fassent, elles n'auront jamais le métier, si je puis m'exprimer ainsi, d'une modiste de profession. Votre chapeau se sentira toujours de votre inexpérience, il sera lourd, les garnitures, les nœuds surtout n'auront point la grâce enlevée de ceux qu'aurait faits une artiste, je dis artiste ; car ce sont tous ces riens charmants qui font, de certains chapeaux, de véritables objets d'art.

L'art du chapeau ne ressemble point à celui de la robe et surtout du corsage. La forme d'un corsage qui sied peut se copier indéfiniment, mais on ne fait pas deux fois le même chapeau. Est-il rien de moins élégant, de disgracieux même, que ces chapeaux popottes, autrement dits chapeaux de ménage, qu'on reconnaît du premier coup d'œil ?

Il y a dans les grandes maisons de mode, pour les nœuds seulement, des ouvrières spéciales qui ont un rare talent, quelquefois du génie. Je me souviendrai toujours d'un chapeau de tulle noir, orné d'un simple nœud de ruban de velours orange, placé au sommet de la tête. Il y avait bien, en tout, pour huit francs de velours et de tulle ; néanmoins, le chapeau en avait coûté quatre-vingt, chez une grande faiseuse. Il les valait. Ce nœud, très simple

pourtant, c'était tout un poème, un chef-
d'œuvre d'originalité, de désinvolture, de distinction et de grâce. Donc, quelque adresse de
main que vous ayez, ne croyez point atteindre
facilement à une telle perfection.

Ce que surtout vous ne sauriez apprendre
de vous-même, c'est la pose des plumes. Il
faut que ces plumes soient fixées, afin de ne
pas tourner à tous vents, et cependant il ne
faut pas qu'on sente le point qui les arrête.
Enfin, elles doivent être posées dans le sens
qui convient à votre visage, je dirai même, de
toute votre personne. C'est en quoi réside le
chic suprême, comme diraient nos jeunes
femmes dans le train.

Donc, comme à tout prendre, les chapeaux
ne coûtent pas fort cher, du moins dans les
maisons de second ordre, où l'on trouve, parfois de très jolies choses, je vous conseillerai,
chères lectrices, de voir, de chercher, d'essayer beaucoup de chapeaux, de ne pas acheter,
avant d'avoir trouvé celui qui convient tout à
fait à votre teint, à la ligne de votre profil, et
surtout au caractère de votre physionomie.

Une femme sérieuse portera plutôt le chapeau fermé, sauf en été, aux eaux, aux bains
de mer, où elle portera le chapeau rond, si
cette forme lui sied. Seulement si sa beauté
est grave, elle saura lui donner le cachet
sérieux. Ainsi, elle observera, dans la décoration du chapeau, l'effet de la ligne horizontale

ou verticale selon la coupe de son visage ; mais elle s'abstiendra des lignes obliques et des contrastes, qui, toujours, ont un caractère de liberté et de fantaisie. Au contraire, si votre type est plutôt gracieux, coquet, léger, vous adopterez, sans crainte de faire un discord, les formes évaporées.

Avez-vous de la vivacité dans l'allure. de la décision dans la physionomie, les coiffures masculines vous siéront à ravir. Le ton cavalier de votre coiffure. contrastant avec la petitesse de votre main, de votre pied, avec la finesse, la souplesse de votre taille, imprimeront à l'ensemble de votre personne une expression capiteuse. Un aspect martial donne toujours du piquant à la grâce d'un être frêle.

Il importe aussi essentiellement que le chapeau soit en harmonie avec le reste de la toilette. Depuis longtemps déjà, les femmes élégantes ont un chapeau qui rappelle, soit par le fond, soit par les ornements, la couleur et le genre de la robe.

Ainsi un petit feutre viril s'alliera avec la redingote ou la veste à la française.

Une robe claire, légère, onduleuse, veut un chapeau léger, de nuance pâle. Pendant long-temps, la mode voulait que les femmes élégantes eussent un chapeau assorti à chaque robe, ou plus souvent de même étoffe. La mode, en ce moment, est au disparate absolu. Bientôt, sans doute, elle rendra des décrets opposés.

Au résumé, tous les principes que nous avons posés pour l'arrangement des cheveux doivent être suivis dans le chapeau ; et il en est du chapeau comme de toutes les autres parties de la toilette : la symétrie, l'unité de couleur ont le caractère sérieux et même sévère. Les lignes brisées, obliques, les oppositions, les irrégularités sont toujours des accents d'indépendance, de jeunesse, de caprice.

En vous conformant à ces principes généraux, ainsi qu'aux lois qui régissent la couleur, vous serez toujours sûre d'être coiffée avec élégance et distinction.

Permettez-moi, en terminant, une citation de l'illustre Chevreul, si connu par sa découverte de la loi des couleurs, et qui ne dédaigna pas d'aborder le chapitre des chapeaux féminins.

« Un chapeau noir à plumes, à fleurs blanches ou roses ou rouges, convient aux blondes. Il ne messied pas aux brunes, mais sans être d'aussi bon effet. Celles-ci peuvent ajouter des fleurs ou plumes orangées ou jaunes.

« Le chapeau blanc mat ne convient qu'aux carnations blanches ou rosées, qu'il s'agisse de blondes ou de brunes. Il en est autrement des chapeaux de gaze, de crêpe, de tulle : ils vont à toutes les carnations.

« Pour les blondes, le chapeau blanc peut recevoir des fleurs blanches, ou roses, ou surtout bleues. Les brunes doivent éviter le bleu, préférer le rouge, le jaune, l'orangé.

« Le chapeau bleu clair convient spécialement aux types blonds ; il peut être orné quelquefois de fleurs jaunes ou orangées, mais non de fleurs roses ou violettes. La brune qui risque le chapeau bleu ne peut se passer d'accessoires oranges ou jaunes.

« Le chapeau vert fait valoir les carnations blanches ou doucement rosées. Il peut recevoir des fleurs rouges ou blanches et surtout roses.

« Le chapeau rose ne doit pas avoisiner la peau ; il doit en être séparé par les cheveux, ou par une garniture blanche ou verte, ce qui vaudrait encore mieux. Les chapeau rouge plus ou moins foncé, n'est conseillé qu'aux figures trop colorées.

« Évitez les chapeaux jaunes et orangés.

« Se montrer fort réservée vis-à-vis du chapeau violet, qui est toujours défavorable aux carnations, à moins qu'il n'en soit séparé non seulement par les cheveux, mais par des accessoires jaunes, qu'une brune seule pourra risquer avec des accessoires bleus ou violets. »

La mode si capricieuse a aujourd'hui quelque peu dérangé tout cela. Le noir ou les tons neutres dominant dans le fond des chapeaux, en hiver surtout, la couleur n'y apparaît que sous forme de plumes, rubans, fleurs.

XXV

LES HARMONIES DU SOULIER

Aujourd'hui la chaussure : le bas et le soulier, ont pris une grande importance dans l'élégance féminine.

Je n'ose dire qu'en aucun temps ce luxe ne fut poussé aussi loin. Car déjà, sous Louis XII, Louis XIV et plus encore sous Louis XV on apportait un luxe et une recherche extrêmes dans cette partie du vêtement, aussi bien masculin que féminin.

En réalité, c'est la chaussure qui achève la correction d'une toilette.

En écrivant ces lignes, je ne m'adresse point à nos coquettes parisiennes, qui, de tout temps, ont compris l'importance, parmi leurs moyens de séduction, d'une chaussure attractive, piquante, voire même ensorcelante, mais à nos provinciales moins affinées, moins coquettes peut-être. Rendons leur cependant cette justice que, grâce à la grande facilité des voyages, elle se parisianisent sous ce rapport comme sous beaucoup d'autres.

Déjà j'écrivais dans mon premier volume :

« Ce n'est pas dans la broderie, ou dans la richesse de l'étoffe, — il en faut si peu, — que réside le luxe réel de la chaussure. C'est dans la perfection, le fini de l'exécution. Il est tel soulier qui donne de la grâce, de la distinction, au pied le plus ingrat, le plus vulgaire, car le pied a son expression comme le reste du corps : certains pieds ont de l'esprit, de la coquetterie ; ils expriment, ou le caprice, ou la constance, ou la vivacité. Il y a les pieds nerveux et les pieds mous, les pieds larges et courts, les pieds longs et minces ; il y a le pied arabe, très cambré, le pied anglais, généralement plat ; le pied andaloux, très nerveux, le pied français, lequel est comme la synthèse des plus jolies formes de pieds. »

L'art du bottier ou du cordonnier consiste, par la forme seule, par la disposition de l'empeigne ou de la cambrure, à rapetisser un pied trop long ou rétrécir un pied trop large, tout en lui laissant sa souplesse, et surtout sans causer ni gêne, ni cors, ni meurtrissure. Est il rien de plus douloureux que des chaussures qui blessent, et, en même temps, de |plus disgracieux qu'une démarche entravée par des souliers ou trop courts, ou trop étroits ? La juste mesure, c'est la perfection : voilà un axiome qui peut s'appliquer à toutes choses, mais surtout au soulier. Savoir prendre exactement la forme du pied, en réformer les défauts sans le blesser, tel doit être le but d'un cordonnier consommé en son art, je dis art, et non métier ; attendu que tout métier devient un art, quand il atteint au suprême degré de la perfection.

Il est, à Paris, un certain nombre de ces artistes : leurs chaussures auront juste autant de centimètres que celles qui sortent d'une autre maison ; cependant, par leurs parfaites proportions, elles paraissent beaucoup plus petites. Sans doute, le prix en est élevé ; mais comme ces chaussures ne se déforment point, grâce à la solidité des étoffes et des cuirs employés, et que, par conséquent, elles durent le double, on y trouve encore une économie.

Je tiens à combattre ici un absurde préjugé au sujet du pied féminin : c'est que la petitesse exagérée du pied est une beauté.

Est-il rien de plus affreux que le pied des grandes dames chinoises : un pied, ou plutôt, un moignon qui ne peut les porter ?

Sans doute, un petit pied bien fait est une beauté, en ce sens qu'il indique l'affinement de la race, mais s'il est tellement petit qu'il soit disproportionné avec le reste du corps, c'est là une anomalie, qui peut être curieuse, amusante, piquante même, mais ce n'est plus une beauté.

Rappelons une fois encore cet axiome déjà cité : Le bon goût, c'est le bon sens. Or, je ne sache rien de plus contraire au bon sens comme au bon goût que de chercher à se faire un pied invraisemblable, c'est-à-dire qui soit en disproportion avec le corps qu'il doit supporter. Sans doute, cette vanité qu'on tire à exhiber un tout petit pied tient à ce que les extrémités vulgaires indiquent généralement des natures communes ; mais ce n'est pas une raison pour tomber dans un excès ridicule en se torturant, en s'estropiant presque. J'ai vu des pieds, même de jeunes filles, que des souliers trop courts avaient complètement déformés. Les doigts, qui n'avaient pu se développer normalement, faisaient comme un bourrelet, rentrant en dessous. Et les cors et les œils de perdrix qui causent de si cruelles souffrances, quel aspect présentent-ils sur ces pieds si blancs, si délicats?

Donc, en dépit de vos opinions préconçues, mes chères lectrices, je vous dirai que, d'après les lois de la plastique, un pied doit être chez la femme, le septième de sa hauteur, c'est-à-dire, que la taille moyenne de la femme étant de un mètre soixante-dix, la moyenne de son pied doit être de vingt-quatre à vingt-cinq centimètres. Au dessous, comme au dessus de cette proportion, il n'y a plus harmonie, beauté parfaite.

Certes, je ne suis point une admiratrice des grands et des gros pieds ; mais lorsqu'ils sont tels, nous devons nous efforcer de les faire paraître plus petits, au moyen de fines chaus-

sures, et non en les serrant, en les raccourcissant ;
attendu que le pied, ainsi comprimé, mar-
tyrisé, devient affreux. Quoi de plus disgracieux
d'ailleurs qu'un pied boudiné dans une bottine
ou un soulier trop juste ? Enfin, l'aisance de la
démarche n'est-elle pas une grâce bien supérieure à la petitesse d'une extrémité qu'on voit
à peine ?

Je veux bien, je le répète, admettre avec vous,
ma chère lectrice, et avec votre mari, auquel
vous voulez plaire, qu'un tout petit pied,
bien posé, est une mignonne chose, et que
nous devons nous efforcer de l'embellir, comme
toutes les autres parties de notre corps. Il
convient donc, pour qu'un pied paraisse plus
petit, de l'incliner un peu vers le sol, au
moyen d'un talon qui l'exhausse, et qui, en
même temps, donne de la cambrure, de la
grâce au cou de pied. Si vous êtes petite, ce
talon vous grandira. Mais je m'élève absolument contre la hauteur exagérée de certains
talons Louis XV qui sont essentiellement anti-
hygiéniques, antirationnels, contraires à l'élégance, à la plastique.

Ce talon Louis XV qui avance beaucoup sous
la plante des pieds est surtout à éviter, parce
qu'il déplace l'axe du corps, et produit sur les
centres nerveux une influence nuisible à la
santé de la femme. Enfin, lorsque ce talon est
trop exhaussé, il la force à porter le buste en
avant, ce qui est loin d'être gracieux, le port na

turel de la femme étant de dégager la poitrine et de dessiner la cambrure des reins.

Consultez à ce sujet votre docteur : je suis certaine qu'il sera de mon avis, et vous interdira cette mode ridicule dans son exagération. Donc, si vous êtes affligée d'un pied trop grand ou disgracieux, vous n'avez d'autre moyen de le réformer que de recourir à l'art d'un excellent cordonnier.

Le choix d'un bon cordonnier est d'une importance capitale. Quoique je vous recommande en toutes choses l'économie, je vous conseillerai de vous priver plutôt d'un colifichet, d'un bijou, et de vous commander d'élégantes chaussures, au lieu d'acheter, dans le premier magasin venu, des chaussures de pacotille toutes faites. Mais avant de vous adresser à ce cordonnier, il faut être certaine qu'il possède une forme qui fera valoir la finesse de votre pied, ou qui l'affinera sans le blesser. Il faut être renseignée également sur la qualité de ses cuirs et de ses étoffes. Il existe de si grandes différences dans la qualité des cuirs. Les cuirs durcis par la dessiccation du temps sont imperméables, ne se déforment jamais, s'usent peu. Je vous conseillerai même d'en commander toujours plusieurs paires à la fois, attendu que si vous sortez par la pluie, il est important de les laisser sécher complètement avant de les remettre. Ainsi ménagés, ils durent beaucoup plus. Sans doute, la mode change aussi pour les souliers : les bouts en sont, tantôt carrés, tantôt pointus, tantôt arrondis ; mais ces changements ne sont pas très fréquents, attendu que les changements de formes entraînent, pour les grands fabricants de chaussures, des frais considérables. On peut donc faire quelques provisions, sans crainte de revirements trop brusques de la mode.

Enfin, il en est du soulier et de la bottine, comme de toutes les autres parties du vêtement. Il ne faut pas qu'il produise de discord.

En ce moment, pour le jour, ce sont les bottines de chevreau très fines, ou d'étoffe noire, claquées chevreau et vernis, qui sont à la mode. Il n'y a guère qu'en été où l'on se permette, pour la campagne ou les bains de mer, des bottines d'étoffes claires, encore faut-il qu'elles soient de tons neutres, comme le gris ou le beige.

Une bottine noire donnerait un ton dur et triste avec une robe de faille grise ; mais aujourd'hui qu'on porte une foule de charmants et très élégants souliers qui découvrent les bas, ce sont les bas qui doivent être assortis à la robe.

Pour les toilettes d'intérieur, comme pour les toilettes de bals ou de soirées, les souliers se font en étoffes assorties à la robe. Les prévoyantes savent bien en réserver un morceau pour le soulier ou pour la bouffette rappelant la garniture.

Toutefois, les petits souliers mordorés, de vernis, ou de chevreau mat, peuvent aller avec toutes les toilettes, à peu près, sans être, cependant, aussi élégants que le soulier d'étoffe. Ils conviennent à celles qui, n'ayant pas leur voiture, préfèrent, par raison d'économie, rentrer à pied, le soir. Pour celles-là, un autre conseil très pratique, contre l'humidité ou la gelée. C'est une chaussure qui nous vient d'Amérique, peu élégante assurément, mais qui réunit l'avantage de la chaleur et de l'imperméabilité : les snow-boots, qui sont en laine, claqués de caoutchouc.

En résumé, toute femme élégante soignera d'une façon toute particulière sa chaussure et ses gants ; car c'est surtout aux soins qu'elle apporte à ces accessoires qu'on reconnaît la distinction. En effet, quelle que soit la magnificence de votre toilette, si vous êtes mal chaussée et mal gantée, vous ne passerez jamais pour une femme élégante, parfaitement *select.*

XXVI

LES GANTS

Les gants ont donc, malgré le peu de place qu'ils occupent dans la toilette, une importance réelle dans la mise d'une femme élégante.

Il est rare que les gants achetés tout faits aillent absolument bien. Aussi recommandé-je également à ma coquette, même au point de vue de l'économie, de faire faire ses gants sur sur mesure par un bon gantier.

Comme il y a autant de formes de mains qu'il y a de personnes, que les proportions en sont aussi variables que celles du pied, et qu'elles ont aussi leur expression personnelle, le gant banal, confectionné par pointures, ne saurait rendre ni cette expression ni ces proportions.

Rien n'est plus laid, j'allais dire plus difforme, que les gants trop justes. Et, lorsque vous les enlevez, comme ils ont arrêté momentanément la circulation, la réaction se produit : le sang afflue à vos mains qui apparaissent rouges et gonflées.

Rien, surtout, n'est moins artistique. Consultez les portraits des peintres les plus fameux : Ingres, Van Dyck, Rubens. etc. ; et vous verrez que dans leurs tableaux, les gants d'hommes ou de femmes ne sont jamais aussi collants. Ces artistes n'auraient garde de peindre les gants en forme de boudins, tels qu'en représentent certaines gravures de mode. En outre, ces gants sont toujours dans les demi-teintes, comme pour ménager les tons clairs du visage. La mode, au reste, l'a compris : les gants de Suède, aux teintes douces, sont les plus élégants, du moins pour les toilettes de jour.

Sans doute, pour le soir, avec des toilettes claires, on portera des gants très clairs et même blancs ; cependant, ne voyons-nous pas aussi pour le soir, se porter, avec des toilettes claires, des gants noirs, très longs. C'est un contraste piquant qu'adoptent les femmes qui visent à l'originalité, et qui, d'ailleurs, selon la nuance de la robe, est parfois assez heureux.

Un gant foncé rapetisse la main, par cette raison que toute forme très éclairée paraît augmenter de volume, tandis que l'obscurité en diminue l'importance.

Donc, si vous avez la main forte, portez toujours à la ville des gants sombres ou de nuances tempérées. Et, le soir, n'arborez les gants clairs que si votre toilette vous y oblige.

Ayez surtout, je le répète, un bon gantier, qui sache mouler votre main si elle est parfaite, ou qui sache, au besoin, en atténuer les défauts, et cela, sans nuire à la souplesse des articulations.

Enfin pour la beauté et la blancheur de votre main, un détail qui a sa valeur : en commandant des gants de peau de Suède, demandez à votre gantier que la peau soit glacée en dedans. Vous ne sauriez croire à quel point ce léger détail blanchit, adoucit, satine la peau des mains.

Essayez donc, si vous ne le faites déjà, de commander vos gants : vous ne les payerez pas une fois plus cher que dans un magasin de nouveautés, et ils dureront certainement le double. La haute élégance se trouve donc ici combinée avec une réelle économie.

XXVII

LES JOLIS ACCESSOIRES

Une jolie femme, ou celle qui aspire à le devenir, ne doit porter sur elle que des choses fines et distinguées. Aussi tous les accessoires de la toilette féminine : l'éventail, l'ombrelle, les bijoux doivent-ils être l'objet d'une méditation, d'une attention toute parti-

culière. Ils ponctuent, ils soulignent le goût, si
je puis m'exprimer ainsi. Une robe, un chapeau
parfait peuvent être l'œuvre de la couturière
ou de la modiste, tandis que le choix de ces
menus objets décèle une élégance toute personnelle.

L'ÉVENTAIL

« Quelle grâce ne donne pas l'éventail à une
femme qui sait s'en servir ! écrivait Mme de
Staël. Il serpente, il voltige, il se resserre, il
se déploie, il se lève, il s'abaisse selon les circonstances. Oh ! je veux bien gager que dans
tout l'attirail de la femme la plus galante et la
mieux parée, il n'y a point d'ornement dont elle
puisse autant tirer parti. »

En Espagne surtout, l'éventail joue un rôle
important dans les manœuvres de la galanterie.
Que de rendez-vous donnés, que d'aveux mimés
par la manière dont se ferme ou se déploie
l'éventail ! Et tout ce que cache ce voile élégant et badin : les œillades passionnées, les
baisers du bout des lèvres, les pudeurs hypo-
crites !

Nos grand'mères possédaient un ou deux
éventails. Aujourd'hui, le ton de la mode veut
qu'on ait un éventail pour chaque toilette. Je
n'y vois, pour ma part, aucun inconvénient,
si votre fortune vous permet d'avoir autant de
jolis éventails que de robes. Autrement, je

conseillerai, comme en toutes choses, d'avoir peu et beau, beau, non dans le sens qu'on attache généralement à ce mot, qui, pour la plupart signifie riche, mais artistique et distingué. Deux ou trois éventails, et même un seul qui aille avec toutes les toilettes, alors un véritable objet d'art, un éventail ancien, par exemple, ou un sujet moderne peint par un artiste, ou encore un bel éventail de plumes d'autruches, monté sur écaille blonde.

On fait maintenant, dans ces différents genres, des choses exquises, mais il faut savoir les trouver ; et ce n'est pas en courant les bazars de la nouveauté que vous découvrirez le chef-d'œuvre qui convient à votre fine beauté.

OMBRELLES. PARAPLUIES

L'ombrelle a, dans l'élégance féminine, au moins autant et même plus d'importance que l'éventail, par ses reflets sur le visage et sur la toilette, qu'elle ne doit pas heurter, mais achever, pour ainsi dire.

Tout ce que la femme porte sur elle ou tient à la main, doit, je le répète, révéler ses goûts d'élégance et son sens artistique. L'ombrelle étant un complément de cette œuvre d'art, qui est la toilette d'une femme, doit donc porter le cachet de sa distinction.

Généralement on l'assortit à la robe ; cependant on en porte aujourd'hui, qui font de délicieux effets de contraste : l'ombrelle rouge, par exemple, prête au visage une teinte lumineuse, exquise ; elle jette une note vive parmi la verdure, si l'on se promène au bois ; elle s'harmonise avec une foule de toilettes, surtout avec les toilettes noires, blanches, vertes.

Que de femmes sont des coloristes innées ! Jamais, certes, elles n'ont étudié la théorie des couleurs ; et, néanmoins, on reste stupéfait, parfois, des harmonies qu'elles savent inventer, improviser, combiner. Leur goût les inspire mieux que ne pourraient le faire les plus profondes études sur la matière. Ainsi, je me rappelle avoir vu, passant dans une voiture découverte, une femme tout en blanc, un lainage crème, vaporeux, aux plis souples, ondoyants, et sur cette toilette, une grande ombrelle verte, d'un vert inoubliable, sans aucune garniture. On eût dit une grande feuille étendue, d'un arbre inconnu. C'était charmant, et cependant quoi de plus simple ? Je n'ai pas vu le manche de l'ombrelle, mais cette suprême élégance, n'avait pas dû coûter plus d'une vingtaine de francs. La mode est, depuis quelque temps déjà, aux grandes ombrelles, et avec raison. Que nous sommes loin de ces petites ombrelles marquises, larges un peu plus que la main et qui n'abritaient que le visage ! Il est vrai que c'était de purs bijoux, des manches d'ivoire

vert artistement ciselés et des dentelles de
grand prix, point d'Angleterre, ou vrai Chantilly, posées sur des soies assorties aux toilettes. Sans doute elles avaient leur coquetterie ; mais elles n'ont jamais eu, à coup sûr,
la grâce orientale de ces grandes ombrelles
garnies de dentelles ou de volants souples,
dont le mouvement suit celui de la voiture et
enveloppe la belle indolente d'un clair obscur
si séduisant, demi-teinte lumineuse, atténuant,
fondant les vivacités et les ombres du visage.

Le manche de l'ombrelle, comme celui du
parapluie, devra sortir de l'ordinaire ; et,
veuillez bien suivre mon raisonnement : si vous
avez un joli manche, vous ne l'abandonnez pas
quand l'ombrelle ou le parapluie sont usés :
vous le faites recouvrir ou, ce qui est mieux
encore, vous procédez vous-même à cette
opération, vous ou votre femme de chambre.
Pas n'est besoin d'être fort habile pour arriver
à un résultat parfait. Rien n'est plus simple,
plus facile : après avoir enlevé l'étoffe passée
ou usée, vous l'étendez sur l'étoffe nouvelle ; en
entrecoupant. Vous êtes stupéfaite du peu
d'étoffe qu'il vous faudra : chaque ombrelle ou
parapluie ayant huit lés, il vous suffira d'un
métrage de la largeur de quatre lés pris à la
base. L'économie est de peu d'importance, c'est
vrai : mais vous avez pu vous procurer une
étoffe excellente, en l'assortissant absolument

à votre toilette ; et cette ombrelle, très jolie,
vous fera double usage.

LES BIJOUX

Pendant longtemps, j'ai eu, comme la plupart des femmes qui visent à la haute élégance,
une prévention contre les bijoux faux. J'en
suis un peu revenue ; je mets en dehors le
chrysocale ou les bijoux en plaqué : rien n'est
plus affreux ; mais on fabrique aujourd'hui de
fort beaux bijoux en or ou en argent avec des
imitations de diamants, rubis, émeraudes,
saphirs. Quant aux autres pierres précieuses,
elles ne sont pas d'un prix si élevé que les
femmes, même les moins fortunées, ne puissent y atteindre. Vaut-il mieux ne porter que
des bijoux authentiques, en pierres de moindre
valeur, que des bijoux en pierres précieuses
fausses ? Il est aujourd'hui des imitations si
parfaites, d'un éclat si merveilleux, qu'un
bijoutier seul peut distinguer, à première vue,
un bijou vrai d'un bijou faux, si ce dernier
offre un travail semblable, bien entendu. Je
connais même une très grande dame qui, pour
sauver un ami d'un désastre inattendu, n'hésita
point à vendre ses magnifiques joyaux à un
grand joaillier, qui les fit exécuter en faux
avec une exactitude si parfaite, que ni son mari,
ni ses amies ne s'en aperçurent jamais. Sans

doute, de semblables bijoux coûtent encore un prix fort élevé, et, comme toujours, je vous conseillerai, ma belle lectrice, de préférer un ou deux bijoux très beaux à toute cette verroterie; mais il est dans les conventions absurdes du monde qu'une femme, dans une certaine condition, doit posséder des diamants, sous peine de déchoir dans l'estime de ses rivales en élégance et en beauté. Et puis, en réalité, ces joyaux étincelants embellissent par l'éclat qu'ils apportent dans la toilette et prêtent au visage. Alors, puisque l'illusion produite par le faux est aussi complète, pourquoi vous refuser le luxe de ces charmantes et étincelantes parures, qui ajoutent une élégance de plus à votre mise. J'irai même plus loin : faisant abstraction de mes anciens préjugés, alors même que ces imitations ne seraient pas aussi parfaites, quel déshonneur y a-t-il à porter des bijoux faux, si ces bijoux sont jolis, seyent à votre visage, ajoutent une grâce, une harmonie à l'ensemble de votre toilette?

C'est en faux, soit ; mais cela sied-il? Si oui, la question est jugée.

Toutefois il ne faudrait pas en conclure que je vous engage à porter des bijoux d'apparence vulgaire; ces banalités sont hideuses, et ce n'est certes pas ceux-là que je vous conseille. Il faut nécessairement que le bijoux, cette gracieuse inutilité, soit distingué, si ce n'est par la matière première, que ce soit, du moins, par

la composition, le travail, l'harmonie du dessin
et de la couleur.

Même parmi les bijoux vrais, très vrais, et
même fort coûteux, il est de fort vilaines
choses que, pour mon compte, je ne voudrais
porter à aucun prix.

Enfin, il y a diamants et diamants. Que de
différence surtout dans les perles, les rubis,
les émeraudes! Ce qu'il faut chercher surtout,
ce n'est pas seulement la transparence, mais la
finesse de l'éclat. La lumière du diamant et
du rubis doit jaillir en pointes aiguës comme
des étincelles, comme des feux véritables.

Assurément, rien n'est charmant comme un
bijou très fin, très coquet, artistique surtout.
Il en est qu'on aime à l'égal d'amis, tant ils
vous donnent de jouissances, tant on leur est
reconnaissante de l'appoint qu'ils apportent à
votre parure. Regarder avec un dédain philo-
sophique ces trésors concentrés de lumière
et de couleur, dont votre beauté peut s'en-
richir, c'est là un stoïcisme qui n'est point
dans la nature féminine.

Généralement, le diamant se place au premier rang des pierres précieuses; mais depuis
qu'on en a découvert de nouveaux gisements,
il a moins de valeur, et le rubis tend à le
supplanter. En effet, est-il rien de plus beau, de
plus décoratif, de plus chaud, de plus étincelant que le rubis? Sans doute, il ne peut
s'allier indifféremment à toutes les toilettes

comme le diamant ou la perle ; mais comme coloris et comme feux, il n'est aucune pierre comparable au rubis oriental. Les plus beaux viennent de Ceylan, de l'Inde, de la Chine.

Si l'on veut classer les gemmes selon leur beauté, voici, à mon avis, l'ordre qu'on doit leur assigner :

Rubis, diamant, émeraude, saphir, topaze, opale, perle, turquoise, grenat de Syrie, améthyste, aigue-marine, corail, lapis lazzuli, tourmaline, ambre, toutes les variétés de l'agathe. Parmi ces variétés, il en est une d'un vert tendre, très doux, et avec laquelle on compose de jolis bijoux peu coûteux, vraiment distingués : c'est l'œil-de-chat.

De tous temps, on a attaché à ces différentes pierres des idées superstitieuses, comme si elles avaient des rapports mystérieux avec les sentiments.

Tandis que l'émeraude est une promesse de bonheur, l'opale, qui est la sensitive du règne minéral, inspire une crainte vague de n'être pas aimé. Dans le bleu si doux du saphir, qui ne découvrira un sentiment de pureté et de tendresse ? N'y a-t-il pas, dans l'aigue-marine, comme une mélancolie, et dans l'améthyste, une tristesse douce, alors que le rubis semble entonner un chant triomphal ?

Qui n'a été plus ou moins embarrassé dans le choix d'un cadeau, d'un bijou, surtout au moment des étrennes ? Si vous consultez l'expression que l'on prête à ces pierres, expression plus ou moins réelle, c'est une indication qui pourra vous guider.

Les plus charmantes parures que l'on puisse offrir aux jeunes filles sont en perles blanches et en turquoises montées à la russe. Comme montage, toutes les fantaisies sont permises, à la condition, toutefois, que ces modèles soient gracieux, légers, distingués.

Chez les Russes, fort superstitieux, chaque mois se trouve placé sous le règne d'une pierre précieuse ; et ils attribuent à telle ou telle pierre, une influence occulte sur la destinée de ceux qui naissent dans ce mois. Ce sera donc une attention originale et même délicate, admettant la superstition russe, que d'adopter, pour votre cadeau, la pierre en rapport mystérieux avec le mois où est née la personne à laquelle vous offrez le bijou.

Le grenat qui, pour les Slaves, symbolise la constance, appartient au mois de janvier.

L'améthyste, symbole de sincérité, au mois de février.

Le rubis, synonyme de courage et de loyauté, s'offrira en mars.

Le diamant et le saphir, innocence et repentir, se partagent le mois d'avril.

L'émeraude, emblème de l'amour heureux, vient en mai.

L'agathe, qui est la pierre de juin, est un présage de longue vie et de bonne santé.

En juillet, la cornaline apporte la joie et le bonheur.

En août, réside la sardoine ou sardonyse, emblème de la félicité conjugale.

La chrysolithe préserve de la folie ceux qui naissent en septembre.

L'aigue-marine serait un signe de malheur pour le mois d'octobre, si l'opale, qui est aussi la pierre d'octobre, ne venait conjurer le funeste présage.

La topaze, qui est signe de prospérité, appartient au mois de novembre.

Enfin décembre est le mois heureux entre tous, car c'est le mois de la turquoise, symbole d'amitié, de tendresse, et de la malachite, présage de succès dans toutes les entreprises.

Sans doute, ces rapports fantaisistes, comme toutes les superstitions, n'ont aucune base raisonnable ; mais ils prêtent à votre cadeau un petit cachet d'exotisme, qui peut être, sinon fort intéressant, du moins amusant.

En dehors des riches joyaux en or ou en argent, ornés de pierres précieuses, il est encore une foule de bijoux de fantaisie qui peuvent avoir leur valeur, si le dessin en est fin et soigné. La plupart des imitations de bijoux anciens en médailles vieil argent sont tout à fait vulgaires. On en trouve cependant qui sont artistiques et vraiment coquets : tels, certains colliers ou boucles de ceintures, porte-éventails et châtelaines. Sans doute, ces accessoires ne se porteront pas avec une toilette sérieusement élégante; mais avec une toilette de genre, quelque peu négligée, ces sortes de bijoux peuvent se porter et produire même un excellent effet. Je suis,en fait de parure,absolument éclectique : je ne repousse rien de parti pris; j'admets tout ce qui peut donner à la toilette un cachet d'originalité et, à la fois, de distinction.

Je terminerai ce chapitre en recommandant à mes coquettes lectrices de ne pas abuser des bijoux. Un bijou placé à propos, soit dans les cheveux, soit au corsage, rehausse la beauté et donne de la richesse à l'ensemble de la toilette· mais la profusion est de très mauvais goût.

Actuellement, dans les bals et soirées, on remplace volontiers la fleur artificielle de corsage, que la pelisse peut froisser, par des plumes que fixe une broche de diamants, de rubis ou d'émeraudes, selon la teinte de la toilette; c'est fort élégant, beaucoup plus même que la guirlande ou le piquet de fleurs artificielles, et cela dure éternellement : c'est donc une véritable économie. A défaut de plumes, on place une broche, plusieurs même, si elles sont de style semblable. Elles produisent, gracieusement disposées, un effet des plus riches et des plus agréables. Les femmes qui vont beaucoup dans le monde trouveront une grande commodité et une notable économie à ce genre de parure.

Mais je le répète, il ne faut point abuser des

bijoux, surtout s'ils sont faux : vous exciteriez à juste titre les moqueries.

Un seul bijou très fin sera toujours beaucoup plus distingué que la trop grande abondance, alors même que ces trop nombreux bijoux seraient d'un haut prix. Il faut de la sobriété dans l'éclat, sous peine de produire un effet vulgaire.

Enfin, si vous avez la main belle, le poignet fin, joliment modelé, si le galbe du bras est pur, si la ligne du cou est noble, élégante et flexible, croyez-moi, ne mettez ni bague, ni bracelet, ni collier, qui rompraient ces lignes harmonieuses, masqueraient des beautés bien plus rares que les plus rares bijoux.

Quant aux boucles d'oreilles, je les prohibe complètement. Une oreille mignonne, rose, d'un dessin délicat, aux fins enroulements est, par elle-même, un incomparable joyau. Percer cette oreille pour y pendre un morceau d'or, plus ou moins bien travaillé, c'est nous rapprocher du sauvage. Jolie, vous l'enlaidissez ; laide, vous attirez le regard sur une imperfection. C'est une mode destinée à disparaître ; elle est presque aussi ridicule que celle qui règne parmi quelques tribus encore barbares, de se percer le nez ou les lèvres pour y suspendre des anneaux. Si une femme a les oreilles percées, qu'elle porte ses boucles d'oreilles ; mais si la chance a voulu que ses parents aient été assez intelligents pour se refuser à ce petit acte de sauvagerie, qu'elle ne s'avise pas de le commettre.

Certaines femmes ont encore le mauvais goût de charger leurs mains de bagues, rien n'est plus prétentieux, moins « select ». Il est certaines mains, auxquelles les bagues vont bien ; d'autres, au contraire, qu'elles enlaidissent affreusement. Comme tous les autres bijoux, il est indispensable que la bague, bijou très restreint, ait un cachet remarquable, moins encore par sa valeur intrinsèque, que par la délicatesse du travail, la finesse de la monture.

XXVIII

AMEUBLEMENT

Premier axiome : l'appartement d'une femme doit porter l'empreinte de son goût personnel.

Second axiome : il faut que son cadre, c'est-à-dire tout ce qui l'entoure, soit d'une distinction parfaite, en harmonie avec son visage, son type, son caractère.

Troisième axiome : dans l'ameublement, comme dans la toilette, rien ne doit être absolument disparate ; tout en laissant le plus large champ à la fantaisie, il faut s'appliquer à harmoniser les couleurs et les lignes, sans cependant viser à une trop exacte symétrie, aujourd'hui passée de mode.

Jamais peut-être, à aucune époque, le luxe de l'ameublement n'a été aussi généralisé : même parmi les classes les moins favorisées de la fortune, jamais on n'a apporté autant de soin et de recherche dans la décoration des appartements.

Il m'est arrivé, l'automne dernier, de tomber dans l'intérieur d'un modeste notaire de campagne ; et j'ai été littéralement stupéfaite du bon goût apporté dans cet ameublement de province.

C'était une vieille maison, peut-être une ancienne demeure seigneuriale, dont tous les débris avaient été savamment utilisés, restaurés, mis en valeur. Les cheminées, surtout, en marbre ancien, sculpté, étaient fort belles. Elles n'étaient point surmontées de la banale pendule de nos pères, mais d'un bronze, véritable objet d'art, entre deux hauts vases cloisonnés du Japon, également anciens. Quelques bibelots rares, disposés sans tenir compte de la symétrie bourgeoise d'antan ; les sièges, de forme point banale, étaients recouverts de fines tapisseries, aux tons anciens. Les hautes fenêtres aux rideaux drapés avec goût sur de grands stores en guipure de Venise, avaient fort grand air. Ces doubles rideaux ne laissaient pénétrer dans la pièce qu'une lumière discrète, atténuant les teintes trop vives de certains détails.

La salle à manger, que je traversai, m'étonna plus encore. C'était une immense salle à manger de vieux château, aux boiseries sévères. Une sobre panoplie, des assiettes et des plats réellement anciens, étaient disposées avec goût sur les murs.

J'eus la curiosité de voir la maîtresse de la maison. Elle me fut présentée. Je dois dire qu'elle me parut assez banale dans sa mise, comme dans ses manières. Cependant, sans s'en douter, peut-être possédait-elle au plus haut point le génie de la décoration.

Je lui adressai quelques compliments sur l'arrangement de son intérieur. Je lui fis quelques questions, auxquelles elle répondit avec tant d'afféterie, que je ne désirai pas poursuivre plus loin mes investigations. Cela, pour vous prouver, chères lectrices, à quel point le luxe de l'ameublement se répand jusque dans les bourgades les plus reculées.

À Paris, c'est, avec la toilette, le plus grand souci de nos élégantes. On éprouve, en effet, une joie intime et vive à faire soi-même son nid, à le tapisser comme l'oiseau, à le décorer selon son goût. Pour une femme douée d'imagination et d'adresse c'est une occupation pleine de charme et de poésie. Chaque jour elle saura l'embellir de ces mille petits raffinements luxueux, qui ne coûteront guère que son temps et ses soins. Son intérieur sera le reflet d'elle-même. Elle saura mettre son goût raffiné dans la disposition des couleurs, dans le choix des étoffes, sa coquetterie dans les draperies, sa grâce dans la décoration de ses paniers cache-pots, remplis de fleurs ou de plantes vertes, artistement disposées, sa mobilité dans la variété qu'elle sait répandre autour d'elle, sa féminité un peu frivole dans tous ces riens charmants.broderies ou peintures,de nuances si douces,dans ces larges abat-jour de dentelles ou de soies claires, si joliment fanfreluchées ou pomponnées, dans ces délicieux petits chefs-d'œuvre, qui chaque jour éclosent sous ses doigts de fée.

Avant de donner mes idées personnelles sur l'ameublement, qu'on me permette une ou deux citations intéressantes.

Autrefois, il y a peu de temps encore, la symétrie, une symétrie stricte, présidait aux arrangements décoratifs.

« La raison qui fait que la symétrie plaît à l'âme, dit Montesquieu, c'est qu'elle lui épargne de la peine, qu'elle la soulage et qu'elle coupe, pour ainsi dire, l'ouvrage par la moitié.

« La symétrie absolue qui préside à la structure du corps humain comme à celui des animaux a pu nous faire croire, en effet, que la symétrie était en toutes choses une loi primordiale de la beauté. Mais cette régularité symétrique n'est qu'une prévoyance de l'admirable nature qui double tous nos organes pour les fortifier, les étayer par ce jeu parallèle et simultané, et pour parer aux accidents qui pourraient nous priver de l'un deux.

« Bien au contraire, tout ce qui est décoration dans la nature est antisymétrique. La plus grande diversité préside à tous les tableaux qu'elle nous présente : Est-il deux grains de sable ou deux brins d'herbe semblables ?

« Au reste cette parfaite symétrie recherchée de nos pères est de plus en plus abandonnée. L'œil n'exige pas la juste correspondance de deux parties semblables. Il se contente de deux analogues.

« Une plaque en faïence, d'une tonalité claire, peut devenir symétrique à une aquarelle de même taille, montée sur de grandes marges, parce qu'il y a analogie de dimensions et de coloration. La parité n'est donc pas indispensable, et certaines différences, à condition de n'être point outrées, peuvent même accentuer utilement le caractère pittoresque de la décoration.

« L'arrangement symétrique n'est pas nécessaire partout. Autant il donne un air de repos et de dignité aux appartements de réception, autant il serait froid et déplacé dans un cabinet d'études, de retraite ou de conversation, dans un atelier de sculpteur ou de peintre, dans un boudoir. Même chez un homme d'un esprit méthodique, la régularité ne serait pas longtemps possible dans une pièce où il travaille en compulsant des papiers, en consultant des livres, des cartes, des plans, des gravures. Un artiste qui se recueille, avant de se mettre à l'œuvre a besoin d'être entouré d'objets variés et nombreux favorisant la liberté de son esprit, par l'inattendu de leurs rapprochements, par l'étrangeté de leurs contrastes : çà et là des moulages en saillie sur un mur sombre ; l'œil glisse sur de vieilles tentures et s'arrête sur des armes dont la ciselure étincelle. La monochromie des plâtres ou des merles fait valoir les colorations environnantes. Une ancienne armoire à peintures, à fers forgés, laisse voir de vieux livres reliés en parchemin, des verres singuliers de galbe et de couleurs, des faïences. Une étoffe d'Orient est négligemment jetée sur le dossier d'une chaise du moyen âge ; une plante fleurit verte et rose, dans son cache-pot de porcelaine, sur un bahut de chêne noir ; un bouquet se rafraîchit dans un verre d'eau. Sur un coussin de velours gît une bordure oubliée, fanée, tandis que des gravures jaunies par le temps s'échappent d'un portefeuille qu'elles ont crevé de leur poids ou déformé.

« Dans un boudoir un aimable désordre est un effet de grâce. Là, il n'est pas besoin que les sièges soient pareils, que la causeuse soit vêtue de la même soie que les fauteuils ; il n'est pas besoin que telle miniature accrochée près de la la glace ait son pendant de l'autre côté. »

On le voit, un maître en l'art de la décoration, Havard, admet franchement que la fantaisie, la fantaisie seule puisse, doive présider à nos ameublements.

XXIX

LA CHAMBRE A COUCHER

C'est surtout dans la chambre à coucher, en cet intime sanctuaire, que se révèle la femme. Et cependant, cette pièce surtout doit être sobre de draperies et de bibelots, autant de réceptacles pour ces poussières si nuisibles à la santé.

La chambre à coucher, autant que possible, doit être spacieuse, élevée de plafond, car il faut que vos poumons respirent un air pur, suffisamment oxygéné. Vous savez, ma belle lectrice, que la combustion et la rénovation du sang par l'oxygène est la condition *sine qua non* d'une bonne santé. Or, nous devons tout sacrifier, même l'élégance, à l'hygiène ; attendu que la santé, d'où dépend notre beauté est la première des élégances.

Donc, la chambre à coucher, surtout, doit être tenue avec la plus minutieuse propreté.

Je ne vous conseillerai pas pour cette pièce des tentures de laine, qui s'empoussièrent si facilement, recèlent toutes sortes de microbes. Vous choisirez de préférence une étoffe serrée lisse, satinée ; ainsi le satin, sur lequel la poussière glisse, avec doublure de soie glacée, ou de satinette. Une mousseline, une simple gaze de coton passée légèrement sur les draperies suffit alors pour en enlever la poussière, sans les déranger et sans en ternir l'éclat. Il y a des tons de satin exquis, avec des reflets superbes, aux lumières surtout.

Cherchez dans les tons verts ou rosés : vous en trouverez d'idéalement jolis, doux, suaves et si propres à l'œil.

Cette chambre, d'un ton vert très doux, conviendra à une blonde.

Mais pour une brune pâle, la chambre bouton d'or, voilée de Malines, est d'un effet ravissant. Une jolie brune habillée de blanc, dans cette chambre, couleur de soleil, est d'un effet réellement suggestif.

Puis, cette autre chambre tendue de broché à rayures Louis XVI, maïs et mauve ; au plafond, sur le lit, sur le couvre-pied maïs pâle, de grandes fleurs d'iris, en même temps que l'odeur de l'iris vous enveloppe, comme d'une caresse douce.

La chambre rouge, toujours somptueuse, est devenue cependant un peu banale. Elle est encore possible avec de très beaux meubles, une grande richesse dans la décoration.

« Il est aussi des bleus très doux, très suaves. Le bleu étant une teinte froide, doit être réservé à l'innocence : il conviendra surtout aux chambres de jeunes filles.

Le velours violet ou bleu saphir, ou le satin

topaze pour les chambres de celles qui se résignent à n'être plus jeunes.

En dehors de la soie, du satin, **il existe une** foule d'étoffes, de cretonnes surtout, aux dessins infiniment variés, aux clairs ramages, destinées spécialement à la décoration des chambres à coucher. Il en est de fort jolies, de très originales, de très distinguées.

Toutefois, si votre fortune ne **vous permet** pas d'aborder la soie, prenez plutôt que de la cretonne devenue bien ordinaire, et qui, d'ailleurs, emmagasine la poussière, des étoffes en tissu végétal, qui rendent à peu près l'effet de la soie, et qui sont d'un prix accessible à toutes les bourses. On trouve en ce genre des dessins, style Louis XVI, très fins, qui sont d'un effet ravissant, surtout si vous les doublez de soie légère, ce que vous pouvez vous permettre, ayant dépensé fort peu pour les rideaux. Je vous dirais bien, ainsi que le conseillent les hygiénistes rigoristes : pas de rideaux du tout; mais vous ne m'écouteriez pas. Et, en effet, une pièce intime, sans aucune draperie, c'est trop froid, trop sec. En hiver, il semble qu'on y gèle.

Il est bien entendu cependant, que je prohibe absolument le baldaquin, qui vous supprime une partie de l'air respirable : un simple décor, très élégant, très **artistique**, genre Louis XV ou Louis XVI, est d'un effet charmant, surtout si les étoffes sont belles ; et **vous** ne **vous** trouvez pas enveloppé par ces longs plis lourds, étouffants, qui, quoi qu'on fasse, recèlent toujours des poussières miasmatiques. Enfin, comme pour ce simple décor, il faut très peu d'étoffe, c'est une économie.

Toutefois, malgré mes strictes recommandations concernant les draperies qui, lorsqu'elles sont trop abondantes, alourdissent l'air, en empêchent la libre circulation, je veux bien cependant vous faire part d'une récente observation, qui vous rassurera au sujet des rideaux dont vous aimez surtout à envelopper la tête de votre lit, moins nuisibles qu'on ne pense à la réparation que procure le sommeil. Peut-être devrais-je la garder pour moi; mais vous êtes, je l'espère, assez sage pour n'en point abuser.

Un savant, très observateur, a envoyé récemment à l'Académie de médecine un mémoire, dans lequel il démontre que le sommeil, pour être profond, et par conséquent, très réparateur, ne doit pas se faire dans un milieu trop aéré, trop chargé d'oxygène. Il donne à l'appui de sa thèse que l'oiseau, pour dormir, met son bec sous son aile; que le chien plonge son museau entre ses pattes. Instinctivement, si nous couchons dans un lit placé contre le mur, nous tournons la face du côté du mur. Certains paysans juchent leurs lits aussi près que possible du plafond. Un assez grand nombre de dormeurs se couvrent la tête de leur couverture ou s'enveloppent de leur drap.

Cela se conçoit : l'oxygène, en activant la combustion du sang, active la circulation ; et par cette raison, le sommeil est moins paisible moins profond, moins réparateur.

Assurément, c'est là une observation qu'il est inutile de divulguer ; aussi nos prudents docteurs se sont-ils abstenus de signaler le mémoire de mon savant. Ce n'est pas, en effet, lorsqu'on mène une campagne contre les bouges insalubres, qu'on doit démontrer qu'il n'est pas besoin de beaucoup d'air respirable pour dormir.

Il faut de l'air oxygéné, fréquemment renouvelé durant le jour. La parfaite aération de nos appartements est un des premiers préceptes de l'hygiène. Or, dans la classe moyenne, la femme qui n'a pas de boudoir se tient dans sa chambre à coucher la plus grande partie du jour. Elle y a, sous la main, tous les objets d'un usage journalier. Elle s'y plait, d'ailleurs, au milieu de ses chers souvenirs ; car c'est là qu'elle place les portraits des êtres aimés, les jolies miniatures des aieules poudrées, des grands-pères en catogan, avec le bel habit brodé, les manchettes et le jabot d'Alençon, et les fines aquarelles, et les doux pastels, et les paravents de peluche, et les tables Louis XIII ou Henri II, où repose la boite à ouvrage, les coffrets de cristal, remplis des bijoux de tous les jours, les bonbonnières en vieux Saxe, avec leurs bergères en paniers roucoulant avec des bergers en culottes courtes, et tous ces menus objets charmants que sa main enveloppe à tout instant, caresse de ses doigts roses et délicats.

Faut-il un tapis cloué dans une chambre à coucher? C'est élégant, c'est douillet; et cependant je ne le conseille pas. Une carpette assez vaste, maintenue par les meubles, qu'on puisse enlever et battre fréquemment est de beaucoup préférable ; car l'hygiène avant tout. Or rien n'abrite mieux les microbes que les tapis, à haute laine surtout. Il est donc indispensable d'enlever cette carpette au moins une fois par semaine, afin de pouvoir nettoyer complètement le parquet, le cirer même : la cire, l'encaustique, étant des microbicides de premier ordre.

Pas trop de meubles, et, je le répète, pas trop de bibelots, ces nids à poussières. Une chaise longue, basse, où vous aimerez à étendre votre gracieux nonchaloir. Quelques fauteuils, quelques chaises : que le nombre en soit proportionné à la grandeur de la chambre. Mais tous ces meubles seront de forme exquise, recouverts d'une étoffe en harmonie avec la décoration générale. Les chaises seront légères, gracieuses, originales, sans nuire, pourtant, à la commodité; car, avant tout, par-dessus tout, les sièges d'une chambre à coucher doivent être commodes, confortables, douillets. Un joli bureau, assez grand pour y pouvoir serrer toutes vos notes par catégories ; car je veux faire de vous, madame, avant tout, une femme d'ordre. Néanmoins, ce bureau de marqueterie ou de vernis Martin sera un meuble coquet. C'est là que vous écrirez, chaque jour, vos petits bleus et vos lettres parfumées.

Devant les fenêtres, de hautes plantes vertes, et, si vous voulez, dans de mignons vases, baroques et jolis, des herbes menues, mais pas de fleurs. Le parfum des fleurs, de certaines fleurs surtout, peut être dangereux pendant le sommeil. Dans la chambre à coucher, pas d'autre parfum que le vôtre, celui de votre choix : iris ou verveine, lilas de Perse, ou préférablement l'essence de cédrat qui est vivifiante et rafraîchissante.

Si les fleurs sont absolument prohibées pendant la nuit, sous peine de vous éveiller le matin avec la tête pesante, souvent avec une migraine, cependant une fleur ou deux gracieusement posées au coin de votre table ou de la cheminée, sans symétrie, car la symétrie des vases est devenue chose affreuse par sa banalité ; donc, une rose, quelques branches de réséda ou de mimosa, entourées d'un feuillage léger, voilà qui est frais, coquet, élégant, surtout en hiver, où les fleurs sont rares.

Il n'est plus question, aujourd'hui, d'armoires à glace dans les chambres à coucher. On a des armoires à trois panneaux, mais préférablement de fins buffets, avec incrustations d'ivoire. Cependant il y a de fort jolies armoires à glace, dont le style n'est pas banal, soit en bois de rose et thuya, soit en palissandre ciré et ébène. Au reste, si vous possédez une armoire à glace, et si votre budget ne vous permet pas de la remplacer, il vaut encore mieux la conserver, surtout si elle est en harmonie avec le reste de l'ameublement.

Si vous avez un lit de fantaisie, soit en laque, soit en vernis-martin, l'armoire ou le meuble destiné au linge peut également être d'un bois de style ou de fantaisie.

Au cas où votre appartement trop exigu ne vous permettrait pas d'avoir un cabinet de toilette, vous ne pouvez introduire dans votre chambre à coucher qu'une table de toilette élégante : soit une toilette qu'on ferme à volonté, soit une toilette duchesse, recouverte d'une mousseline ou de tulle malines, dont les draperies seront retenues par des nœuds coquets. De chaque côté, pour éclairer le soir cette toilette, seront apposées des appliques qui se déploient, se lèvent ou s'abaissent à volonté. Enfin, il faut que les objets qui ornent cette toilette soient d'un goût exquis, d'une propreté parfaite. Vous dissimulerez derrière la mousseline le seau et le broc qu'on ne doit jamais voir.

Mais il est de beaucoup préférable, de beaucoup plus confortable et distingué, d'avoir une pièce spéciale, si petite soit-elle, pour en faire votre cabinet de toilette.

12.

XXX

LE CABINET DE TOILETTE

Il est des cabinets de toilette de tous genres : de très élégants, de somptueux même, qui sont de véritables boudoirs, et dans lesquels des femmes, appartenant au meilleur monde, n'hésitent pas à recevoir leurs amies intimes.

Au xviiie siècle, le cabinet de toilette, peint par les plus grands maîtres de l'époque : Watteau, Boucher, Fragonard, était une pièce ouverte même aux *amis*, pendant qu'on coiffait, poudrait, mouchetait ces coquettes marquises.

Il est vrai qu'alors on se lavait très sommairement, un peu plus cependant qu'au siècle précédent, où l'on ignorait, même dans les plus hautes classes, l'usage des bains. « Mille ans sans bain ! s'écrie quelque part Michelet. »

Donc, comme on se lavait fort peu, les cabinets de toilette étaient plutôt des boudoirs, où l'on faisait de galantes conversations.

Mais aujourd'hui, où les mœurs anglaises ont pénétré chez nous, on se lave à grande eau : le tub y est apporté chaque jour pour le bain à l'éponge, lorsqu'on ne peut prendre un bain entier.

Notre siècle est réellement le siècle de l'eau.

Ces ablutions tenant une place très importante dans la toilette des femmes, on remplace, généralement, la toilette duchesse, par une vaste table de marbre, très longue, où sont disposés tous les jolis instruments d'acier, les flacons de cristal, les boîtes à poudres en vieux Chine et les fines éponges, toutes choses indispensables à la toilette d'une jolie femme.

Les brocs, seaux, etc., sont dissimulés dans une armoire spéciale, ou transportées dans un cabinet voisin, de moindre importance. Toutefois, dans la classe moyenne, à laquelle nous nous adressons, il est bien rare qu'on ait de la place pour deux cabinets de toilette, alors qu'il est souvent difficile d'en avoir un. Cependant on le trouve dans toutes les maisons nouvelles, le loyer ne dépassât-il pas 2.000 francs.

Comment faudra-t-il décorer ce cabinet de toilette? Lorsqu'il est en même temps salle de bains, les murs sont revêtus de porcelaines au clair émail; il en est de ravissantes. Assurément, c'est ce qu'il y a de plus joli, de mieux approprié à la destination et surtout de plus propre, peut-être même de meilleur marché; car, si votre cabinet de toilette est tendu d'étoffe, en toile de Jouy, par exemple, ou en andrinople, il faudra bien, de temps à autre, enlever ces tentures pour les nettoyer : or, le nettoyage, la dépose et la repose seront nécessairement fort coûteux, à moins que vous ne vous occupiez vous-même de ce soin avec votre femme de chambre.

Si vous ne pouvez vous procurer une élégante toilette, ou l'une de ces grandes tables de marbre, si fort à la mode, vous pouvez facilement confectionner vous-même cette toilette ou cette table. Une table quelconque, de dimension appropriée à l'étendue de la pièce, soit en chêne, ou simplement en bois blanc, vous suffira, si vous savez la recouvrir et l'orner de hauts volants d'étoffe semblable à celle des tentures; et sur cette table, vous placez une housse de fine toile, garnie de valenciennes ou de toute autre dentelle. Dans un cadre de bois blanc, vous ajustez une glace, et vous recouvrez ce cadre d'un plissé d'étoffe ou de mousseline sur transparent. Sans doute, vous avez quelque chose de simple, mais encore de suffisamment coquet, surtout si vous n'admettez personne à vous y rendre visite.

C'est dans ce cabinet de toilette que vous placerez de préférence, s'il est assez spacieux, l'armoire à linge, plutôt que dans la chambre à coucher; puis la grande armoire à coulisses où vous rangez vos robes. Au cas où vous n'auriez pas de place pour ces armoires, vous faites simplement disposer, à une certaine hauteur, d'assez longues planchettes, en dessous desquelles vous installez des porte-manteaux. A ces planches, vous suspendez de longs rideaux tombant jusqu'à terre, qui glissent sur une tringle très étroitement appliquée aux planchettes, de façon à ce que la poussière ne puisse atteindre vos robes. Mais encore, les très belles robes seront enfermées dans de grands et très longs sacs, dont je vous apprendrai, plus loin, à vous servir.

Dans ces cabinets de toilette moins luxueux, tout sera nécessairement moins riche, mais tout, cependant, doit y être étincelant de propreté.

La cuvette, au lieu d'être en argent, ou en porcelaine de Saxe ou de Sèvres, sera en faïence claire, aux décorations originales.

Avant de quitter le cabinet de toilette, je ne saurais trop m'étendre sur la nécessité d'entretenir votre gracieuse personne avec la plus minutieuse propreté, propreté qui est, à elle seule, une coquetterie, une élégance, une distinction.

La peau humaine est un véritable appareil respiratoire et expiratoire. C'est par les mille trous de ce fin réseau, si compliqué, que notre corps élimine les impuretés dont il doit se débarrasser chaque jour, à toute minute, sous peine de résorption malsaine sur nos organes intérieurs. Que de fièvres, que de maladies contagieuses, une exquise propreté peut ainsi conjurer ! Si l'on ne peut prendre de grands bains, tout au moins, se servira-t-on du tub, immense cuvette en zing, au milieu de laquelle on se place, mettant une cuvette à sa portée pour y mouiller son éponge.

Quelques personnes font ce lavage général et quotidien à l'eau froide. Assurément cette hydrothérapie, quand on peut la supporter, est excessivement hygiénique et tonique : elle fortifie le système nerveux, préserve des refroidissements et surtout des rhumes en hiver. Mais en hiver, précisément, ces lotions froides sont fort pénibles. Il est même certaines organisations absolument réfractaires à ces ablutions glacées : la respiration est coupée, le cœur cesse de battre. En ce cas, elles sont nuisibles et même dangereuses. On les remplacera par l'eau tiède, de vingt à vingt-cinq degrés ; l'effet en est également tonique et bienfaisant. On s'essuie aussitôt après, avec des serviettes-éponges très sèches et l'on fait, si l'on veut, une friction rapide à l'eau de Cologne.

Dans tous les cas, votre cabinet de toilette, en hiver, au moment où vous faites vos ablutions, sera doucement chauffé. Pour les épidermes impressionnables, il serait préférable de se remettre au lit, pendant quelques instants, pour s'assurer une parfaite réaction.

XXXI

SALON

Après la chambre à coucher, c'est le salon qui révèle la femme de goût, qui porte la marque de son élégance, de sa personnalité. Le salon, c'est son vrai cadre.

Combien de salons sont réellement distingués ? Combien pèchent par une désespérante banalité ! Cependant ces salons d'autrefois, dont tous les meubles étaient semblables de forme et de couleur, tendent à disparaître. Mais alors on tombe assez fréquemment dans l'excès opposé : on y apporte une recherche parfois ridicule ; on place dans son salon une foule d'objets qui ne doivent point y figurer, une foule de bibelots, ou chinois, ou japonais, ou anciens, ou soi-disant tels, et qui n'ont, en réalité aucune valeur artistique. Il ne suffit pas, en effet, qu'un meuble, ou un vase, ou un bibelot vienne d'Asie, ou ait été fabriqué à une date plus ou moins éloignée, — j'admets même que la date en soit authentique, — pour que ces objets aient une valeur artistique. Une foule de ces prétendues trouvailles sont excessivement vulgaires. Le Chine ancien est assez rare, plus rares encore le fini et le bon goût de sa composition. Quant aux vieux buffets et à ces affreuses faïences de villages, qu'on nous présente comme des spécimens de notre ancienne menuiserie ou faïencerie, je trouve que tout cela est hideux, à force d'être grossier et primitif.

Il est encore une foule d'objets baroques, imitant l'ancien, et qui sont fort laids. Je dis, imitant l'ancien ; car depuis notre engouement pour les vieilleries, l'industrie nous fabrique une foule de meubles anciens, parfaitement imités d'ailleurs. Les buffets et les tables, passe encore; mais les sièges sont loin de valoir, comme goût artistique et surtout comme confort, nos meubles modernes.

Certes, il est parmi les meubles anciens, des modèles qui sont de vrais chefs-d'œuvre, très finis, très fouillés, exquis, et surtout admirablement conservés ; mais ils sont fort rares : la plupart du temps, ils sont disloqués, détraqués, vermoulus. Je préfère, pour mon compte, des tables, buffets, sièges, parfaitement imités, solides et bien établis, à des meubles véritablement anciens, dont la restauration coûterait fort cher, et qui jamais n'auront la même solidité.

Ces meubles anciens, d'ailleurs, d'un style et d'un ton sévères, seront mieux à leur place, dans la salle à manger et dans le cabinet de travail. Pour le salon, nos meubles et nos tapisseries modernes, aux formes si gracieuses, aux coloris si riches, seront préférés.

Sans doute, à une époque où l'on était moins pressé de vivre et de fabriquer, où le luxe n'était admis que dans une classe très restreinte, l'artiste avait le temps de sculpter, de fouiller son œuvre. Il pouvait y consacrer des années, toute une vie même; mais aujourd'hui que la machine, dans beaucoup de ces fabrications, a remplacé la main de l'homme, que l'on sculpte le bois à l'emporte-pièce et par des tours à vapeur, on ne trouve plus guère, à moins de les payer un prix exorbitant, ces meubles, qui sont de véritables objets d'art, par l'originalité du dessin et le fini de l'exécution. Il est à remarquer même que tous les grands fabricants de meubles, qui visent à la perfection artistique se ruinent, tandis que les fabricants de camelote édifient de rapides fortunes.

Aussi, n'en déplaise aux amateurs d'antiquailles, nous avons aujourd'hui d'aussi beaux meubles, comme dessin et comme élégance, et des tissus plus admirables, par la variété et la richesse des coloris.

Je connais telle maison où chaque pièce du mobilier est un chef-d'œuvre. Le goût, d'ailleurs, n'est-il pas plus affiné, le sentiment artistique, plus général? S'il en était autrement, il faudrait nier le progrès dans les arts et dans l'industrie.

13

Il y a deux sortes de salons bien tranchées les salons d'apparat, imposants, majestueux, avec de belles boiseries peintes en plusieurs tons. Je prohibe les peintures blanc et or : c'est riche, si l'on veut, mais bien banal, et surtout, trop froid. De plus, le blanc ne fait pas ressortir les toilettes du soir, qui sont généralement claires.

Quand j'ai dit, tout à l'heure, richesse des coloris, j'aurais dû dire plutôt, harmonie; car c'est toujours dans l'harmonie des couleurs que réside la véritable élégance.

Un salon doit être, si je puis m'exprimer ainsi, une symphonie de couleurs. Rien de heurté, de choquant pour les yeux. Les boiseries seront, je le répète, de plusieurs tons. Tous les tons pâles du vert et du rose, mais des tons rompus, attendu que les tons simples sont toujours criards. Les murs seront divisés par panneaux, autant que possible : c'est plus décoratif. Ces panneaux encadrant de belles peintures, c'est fort beau assurément; mais alors on s'interdit de placer sur ces panneaux, aucun tableau, aucune glace, on s'interdit surtout le changement, la variété. Des tons unis en soierie, si vous le pouvez, sinon en papier imitant l'étoffe. Il y a en ce genre des imitations parfaites. Ces panneaux, vous les encadrez d'un galon de soie ou de laine, qui fait illusion, et donne à votre tapisserie une véritable élégance. Les dessus de portes seront peints comme autrefois, de ces charmantes et vaporeuses compositions, imitant les Boucher, les Lancret, les Watteau.

On apporte, maintenant, dans les plafonds, une grande richesse de décoration, avec un luxe de pâtes préparées, qui ne sont pas toujours d'un goût distingué. De tels plafonds pèchent généralement par un peu de lourdeur. La délicatesse et la simplicité dans les ornements et dans les tons les rendent plus élégants.

Les glaces, dans un salon, sont à leur place. La glace de cheminée, si elle n'a pas un très beau cadre, devra être ornée d'un décor rappelant la disposition des fenêtres. Ces décors enveloppant le haut des glaces sont d'un effet moins banal que des frontons dorés, si beaux soient-ils. C'est surtout plus douillet, plus chaud à l'œil.

Comme le salon de réception n'est pas aussi constamment occupé que la chambre à coucher ou le boudoir, un tapis y est nécessaire : il lui communique un air d'opulence confortable. De quel ton sera ce tapis? Laissez-moi vous dire, d'abord, ce qui me semble être, en ce genre, le type de la suprême élégance et du haut confort. Vous restreindrez ensuite l'idée première selon votre bourse.

Le parquet du salon, comme, celui de l'antichambre sera recouvert d'un tapis rouge uni, d'un ton smyrne ou d'un ton rouge tirant sur le vieux rose, que ce tapis soit ou vrai smyrne ou simple moquette. Sur cet opulent et magnifique fond rouge, vous jetez des tapis, des galeries, des carpettes orientales; tapis, galeries, carpettes merveilleuses, où s'entre-croisent des dessins compliqués et mystérieux, de tons si variés, à la fois si étincelants et si doux, qu'on dirait des pierres précieuses jetées à pleines mains sous vos pieds. Quels grands coloristes que ces orientaux! Comme ils savent jouer avec la gamme des couleurs, des demi-tons, des contrastes!

Parmi les anciens tapis d'Orient, on trouve de purs chefs-d'œuvre, où la couleur, par son éclat et, tout à la fois sa profondeur, prend une expression véritable, une expression qui s'adresse, non seulement aux yeux, mais à l'imagination, au sentiment. Sur le fond uni très chaud, ces tapis éclatants se détachent comme de vrais tableaux.

Quant aux tentures des fenêtres, vous devez y apporter un soin tout particulier. Il faut chercher vous-même, réfléchir. Vous ne devez point vous en rapporter aveuglément à un tapissier, qui vous demandera fort cher pour vous installer une banalité, un dessin connu, des tentures comme on en voit partout. Sans doute, ainsi que je l'écrivais dans *Pour être aimé*, il existe des tapissiers vraiment artistes, qui ont le sentiment, le génie de la décoration; mais, comme tous les très grands artistes, ils sont rares. Néanmoins, presque tous les tapissiers se posent en artistes, et, cotant leur talent un prix très haut, ne se gênent pas pour enfler immodérément leurs notes.

Donc, si vos ressources sont restreintes, voici ce que je vous conseille, et je connais même de très grandes dames, affligées de cent bonnes mille livres de rentes, et qui ne font pas autrement. Sans doute, cela donne bien quelque peine, quelque tracas; mais comme ces installations sont faites, généralement, pour un temps assez long, ne vous hâtez pas trop de fixer votre choix ; car il ne s'agit pas là d'une robe ou d'un vêtement que vous devez porter une ou deux saisons, mais de tentures, de meubles, qui vous accompagneront la plus grande partie de votre vie et qui resteront sous vos yeux à toutes les heures du jour. N'achetez que lorsque vous aurez trouvé absolument ce que vous cherchez, c'est-à-dire quelque chose qui vous plaise tout à fait et surtout longtemps. Jugez quel serait votre ennui, si, le lendemain du jour où ces tentures seraient installées, vous alliez les prendre en dégoût. Enfin ne faites pas de fausses économies, en achetant des tissus de pacotille. Ce sont des emplettes qu'on ne fait qu'une ou deux fois en sa vie. Achetez donc, tout de suite, beau et bon.

Lorsque vous aurez le tissu, au lieu de le confier à un tapissier qui vous en soustraira une partie, étriquant plutôt vos draperies que de ne pas prélever un bénéfice sur ces étoffes qu'il n'a pas fournies, adressez-vous à un tapissier à la journée. Cela se trouve aisément à Paris : quelques-uns sont adroits, intelligents. S'ils ne se sont pas établis, c'est qu'ils manquaient de fonds nécessaires. Avec ce modeste artiste, si vous avez vous-même le goût de la décoration, vous pouvez réaliser, à peu de frais, des merveilles.

Ce sont les tentures qui donneront le style à votre salon : styles Louis XIV, Louis XV, Louis XVI, Empire, etc., etc. Préférez-vous un salon fantaisiste : rideaux de deux tons, relevés à l'Italienne? Avec ce décor, tous les accessoires pourront porter le cachet du laisser-aller, du caprice ; tous les meubles, même les plus disparates, peuvent y figurer : fauteuils écrasés, avec rampes de peluche, grands sofas persans ou indiens, petites chaises légères, dorées ou laquées. Il est, maintenant, des formes de chaises si élégantes, si coquettes ! Tout doit être solide pourtant. Est-il rien de plus désobligeant, non seulement pour le visiteur trop lourd, qui peut s'y effondrer, mais pour la maîtresse de maison, qui voit suspecter la solidité de ses meubles?

Si le salon est vaste, on placera au milieu une borne à trois ou quatre places, d'où s'élèvera une magnifique plante décorative, un palmier, par exemple, dont le feuillage retombera gracieusement, paraissant abriter les causeurs,

Je ne parle point des jardinières Louis XVI, des jolis meubles en vieux Boule, des gros vases étrusques ou japonais, ou des jolis porte-bouquets de Sèvres, de Saxe, aux tons si fins, et qui tous contiennent des fleurs ou des plantes vertes. Mais, de grâce, pas de fleurs, ni de plantes artificielles, rien n'est plus abominable et ne sent davantage les visites aux magasins de nouveautés.

Le style Louis XIV, plus pompeux, entraîne un tout autre ensemble de décoration : de la richesse étoffée, des dorures, de la symétrie, en un mot, le moins de fantaisie possible.

Quant au style Louis XVI, il est éminemment délicat, distingué; l'élégance en est douce, sobre, fine. Un salon où ce style serait observé en tout, avec quelques raretés authentiques, soit en meubles, soit en étoffes, qui serviraient de type pour le reste, serait une exquise merveille, au point de vue, surtout, de la distinction.

Une fort jolie mode, aujourd'hui, ce sont les stores à l'Italienne tombant derrière les grands rideaux, et dont les vagues soyeuses atténuent le jour trop cru, ne laissant pénétrer dans la pièce qu'une lumière adoucie, qui noie les angles, assombrit les teintes trop vives, estompe les tons trop durs, fond les lignes parfois trop sèches de votre visage, madame, efface ces vilains sillons, votre désespoir, les affreuses rides.

Il est de charmants objets, fort élégants, qui peuvent, qui doivent même trouver place dans un salon.

N'oubliant jamais le but que nous nous sommes proposé dans ce livre, qui est de proportionner votre dépense à votre budget, je vous conseillerai, chères lectrices, de dépenser peu pour ces accessoires, et même, autant que possible, de les confectionner vous-mêmes, tels par exemple, les paravents, les coussins. On en peut faire de si jolis avec des coupes de peluches, de velours, d'étoffes chinoises ou japonaises ou persanes. Quant à ces draperies de chevalets, à la mode aujourd'hui, pourquoi ne sauriez-vous les draper, en vous y appliquant, tout aussi bien qu'un tapissier? Et ces grands abat-jour de soie pâle et de dentelles, qui coûtent fort cher, car la nouveauté se paie, vous pouvez les établir à si bon compte! Et les écrans, si vous savez peindre un peu! Et ces grands paniers de plantes diverses : avec un panier de quatre ou cinq francs et quelques mètres de large ruban, vous ferez une chose exquise; en soutenant les coques avec du laiton, vous les enrubannerez tout aussi gracieusement que nos premières bouquetières.

Vous avez aussi de coquets bibelots, reçus en étrennes, de riches coffrets, de charmants chevalets miniatures pour photographies, de précieuses bonbonnières, etc. Si vous n'avez pas de boudoir, c'est dans le salon que ces fines élégances doivent trouver place. Mais il faut que ce soit réellement joli. Il existe en ce genre une si grande variété de petites ordures ! La médiocrité même est insupportable.

Aujourd'hui, la banale table de milieu est prohibée ; les personnes qui en ont encore, les relèguent dans un coin ou de côté. Ces menus objets devront être disposés, soit sur cette table, soit un peu partout.

Sur les fauteuils et sur les sièges on ne jette plus, comme autrefois, des guipures d'art ou ces filets brodés à la main ; mais de fines étoffes orientales, soies ou mousselines brodées.

Vous draperez de même votre piano. Cette draperie, qui est élégante, assurément, a cependant un grand inconvénient ; c'est d'assourdir les sons. Les pianophobes en mettraient plutôt deux, afin de les éteindre tout à fait.

Comme il faut, dans un salon, le soir, beaucoup de lumières, il y faut, d'abord, un lustre qui soit en harmonie de proportion et de style avec le salon. Le salon de fantaisie admettra tous les genres. Puis, beaucoup d'appliques : des appliques rappelant le style du lustre. Il faut enfin des lampes, et dans les salons de haut style, des lampadaires. Ces majestueux lampadaires, surmontés d'immenses abat-jour, sont d'un luxueux effet. Les grandes lampes à pied, à tiges très hautes, ont aussi leur élégance, et étant très élevées, elles éclairent mieux. Il en est de fort belles avec pied et tige d'onyx. On

comprend la faveur avec laquelle elles ont été
accueillies, dès leur apparition. Là, encore, la
mode joue de ses tours : aujourd'hui, nos
lampes courtes et ventrues nous paraissent
bien mesquines, bien bourgeoises.

A moins d'une cheminée monumentale d'un
grand et beau style, toutes les cheminées,
aujourd'hui, sont munies d'une planche recouverte d'étoffe, velours ou peluche, à laquelle
est fixée un large bandeau, soit de tapisserie,
soit d'une broderie sur velours ou peluche. On
peut y draper encore de belles étoffes.

L'inévitable pendule à sujets de nos pères est
tout à fait bannie de la cheminée et même du salon. Un très beau buste en marbre, ou un bronze
de prix la remplace. De chaque côté, de hauts
vases qui peuvent être symétriques, mais non
point ces vases connus qui visent à l'effet, et
que vendent en *occasions* les magasins de nouveautés. Enfin de beaux candélabres, de forme
artistique, originale, seront toujours de mode.

Sur la cheminée, on peut placer encore de
très jolis et très fins bibelots, non pas entassés,
mais détachés et bien présentés.

Enfin, pour terminer, il faut que tout, dans
cette pièce, le vrai cadre de la femme élégante,
soit beau, affiné, et que, dès le seuil, on puisse
deviner que c'est la demeure d'une femme
de goût qui a le sentiment de l'art, d'une
femme éminemment « select ».

XXXII

LE BOUDOIR

Aujourd'hui, le petit salon ou le boudoir devient une pièce essentielle pour les réceptions intimes. Dans les appartements un peu luxueux, on trouve presque toujours cette seconde pièce, beaucoup plus petite que la première et y faisant suite ; quelquefois elle communique au salon par une grande baie ornée de belles draperies que l'on soulève et qu'en baisse à volonté. D'autres fois, elle est fermée par une boiserie mobile qu'on enlève les jours de grandes réceptions ; d'autres fois encore, ces pièces sont séparées par des cheminées surmontées d'une glace sans tain. Devant cette glace on peut abaisser un store à volonté. Un boudoir bien clos me semble préférable.

C'est là que vous vous tenez pendant le jour, c'est là que vous recevez habituellement. Il y fait plus douillet, plus intime, plus tendre.

A côté de la cheminée, votre fauteuil de prédilection ; et à côté du fauteuil, une jolie table, avec tous les objets qui vous sont utiles à tous les instants : la tapisserie commencée, l'éventail, la glace à main, la bombonnière, la boîte à poudre finement ciselée, le joli petit flacon, le porte-bouquet avec les fleurs que vous préférez.

Dans cette pièce qui vous est toute personnelle, vous pouvez donner essor à tous vos caprices de décoration, et même, si vous l'avez, à votre goût immodéré pour les bibelots, pourvu toutefois, que ces bibelots soient fins et coquets ; j'y vois donc foisonner toutes vos fantaisies de jolie femme.

Quelque chose d'exquis encore, vu tout dernièrement : c'est le sac vide-poche, ou porte-mouchoir suspendu à la cheminée, par exemple, et à votre portée. Vous pouvez fort bien confectionner vous même ce délicat chef-d'œuvre. Un cornet de peluche de nuance éteinte, vieux mauve, vieux vert ou vieux rose, avec un revers bordé de galons d'acier ou d'or ou de vieil argent, en dessous duquel tombe un foisonnement de vieilles dentelles. De ce vide-poche, on voit sortir le tout petit mouchoir brodé et parfumé. Ces petits rien luxueux sont infiniment jolis à voir et dénotent vos goûts affinés.

La glace de la cheminée est à demi voilée d'une draperie plus légère, plus fantaisiste que celle du salon.

La planche de cheminée, comme celle du salon, sera couverte d'une tapisserie ou de peluche assortie aux tentures et garnie, ou d'une frange ou d'un joli drapé. Rien n'est plus facile que de recouvrir soi-même, sans le secours d'un tapissier, ces planches, dont les étoffes se fanent assez vite, soit par les objets qu'on y dépose, soit par la chaleur du foyer.

Dans ce petit salon vous aurez aussi un joli bureau pour votre correspondance. Si vous êtes musicienne, vous y placerez un piano coquettement décoré. Les rideaux de vitrages seront en dentelles plus légères que celles du salon ; vous y pouvez mettre des rideaux brodés à fond de tulle noir, avec de grands stores qui atténuent la lumière, ou encore des stores à l'Italienne à demi abaissés sur de hautes plantes vertes.

Un sofa très bas, d'un joli dessin, recouvert d'une étoffe originale, d'une soierie orientale douillette, si votre bourse vous le permet ; car, je le répète à satiété, votre goût pour l'élégance ne doit jamais vous entraîner à des dépenses excédant vos ressources. Si vous savez vous y prendre, vous vous créerez, sans beaucoup de frais, un petit coin très coquet, où vous vous plairez, où vos amies aimeront à venir causer avec vous de ces mille riens qui intéressent tant les mondaines.

Qu'on me permette encore une citation de mon premier livre : « Il importe que cet intime, exquis sanctuaire fasse pressentir le caractère de la divinité qui l'habite. Vous vous plairez, charmante capricieuse, à changer souvent de place tous ces jolis sièges aux teintes douces,

aux formes originales. Donc, un jour le boudoir
est tout symétrie ; le lendemain, il vous plaît
d'y jeter un gracieux désordre. Ces deux vases
exactement pareils, placés en face l'un de
l'autre, sur votre console, vous en mettrez un
sur le coin d'une table, il contiendra des violettes de Parme et du réséda ; l'autre, d'où
s'élance une gerbe de mimosas, égayés de
boutons de roses, sera placé sur la cheminée,
isolé, sans pendant. »

Ainsi, tandis que votre salon de réception gardera toujours un certain décorum, votre boudoir pourra prendre toutes les allures de votre
imagination fantaisiste. Ici, un guéridon de
laque ancienne, surmonté de fines japonaise-
ries ; là, des étagères de formes bizarres, où
vous accumulerez, si bon vous semble, vos
ravissants et menus bibelots. Devant les croi-
sées, dans les coins, des jardinières de différentes formes, où vous entasserez des profusions
de fleurs : les fleurs sont vos gracieuses sœurs,
elles doivent vous escorter et vous encadrer.

XXXIII

LA SALLE A MANGER

Passons maintenant à la salle à manger qui doit être, sous le rapport de l'opulence, en harmonie avec le salon.

La décoration de la salle à manger sera plutôt sombre ; et quelle que soit sa richesse, la sobriété est la première condition de son élégance.

De hautes boiseries, surmontées d'étoffes peintes : ce genre de tentures étant aujourd'hui très répandu, on trouve des étoffes spéciales de fort bon goût et peu coûteuses. D'un prix moindre encore, sont les papiers imitant admirablement ces étoffes. Cependant les papiers, imitation de cuir de Cordoue sont aussi chers que certaines étoffes et d'un effet très lourd, surtout si l'on veut disposer des assiettes et des plats sur les murs.

Les boiseries très hautes, qui tiennent, par conséquent, dans cette pièce une place très importante, devront être traitées avec un soin tout particulier. Vous demanderez au peintre décorateur qu'il échantillonne devant vous les tons dont il devra les peindre. Si vous vous décidez pour une teinte foncée, toujours préférable pour une salle à manger, vous trouverez des effets très riches et très harmonieux dans ces quatre tons : violet manganèse, vermillon glacé, brun Van Dyck et or, ou encore, vert olive et vieux rouge, rehaussés d'or.

On ne fait plus guère de plafonds unis et tout blancs : ils sont toujours décorés et teintés dans une nuance rappelant, en plus clair, celle des boiseries.

Les vieilles tapisseries, dans de beaux encadrements d'ébène, ont fort grand air ; mais les petites bourses, dont nous nous occupons, ne peuvent atteindre à ce grand luxe. Nous conseillerons donc des étoffes à fond plutôt uni, avec ornements emblématiques ou héraldiques, très détachés, d'or mat, ou de teintes très fondues, le regard ne devant être absorbé que par les faïences et les tableaux ; et même, si vous avez beaucoup de tableaux et de faïences à placer sur les murs de votre salle à manger, mieux vaudrait encore les fonds unis : un drap de teinte neutre, encadré d'un ton plus foncé, ou un papier drapé.

Comme tableaux, on place de préférence, dans les salles à manger, les natures mortes : fleurs, fruits, gibiers ; encore n'en doit-on pas abuser, et faut-il que ces sujets de peinture, devenus bien vulgaires, aient une valeur artistique. Mieux vaut, assurément, l'absence complète de tableaux, que ces vilaines choses, ultra-banales qui semblent sortir d'une usine de peinture, comme j'en ai vu s'étaler dans des salles à manger qui avaient cependant des prétentions à l'élégance. Quant à moi, je préfère un seul tableau de valeur, deux ou trois faïences de prix, qu'une profusion d'horreurs ou même de médiocrités.

Une belle chose en appelle nécessairement une autre aussi belle et même plus belle, qu'avec le temps et des recherches, vous parviendrez à vous procurer. Je le répète, au risque de vous fatiguer, je voudrais que, dans votre intérieur, si modeste soit-il, il ne se trouvât aucun objet vulgaire, que tout y fût, au contraire, marqué au coin d'un goût parfait.

Quant aux meubles, il y aura nécessairement une gradation de richesse indiquée par vos ressources. Il est de très beaux buffets ou crédences de formes très originales, de très belles tables aux pieds finement fouillés. Ces meubles, en noyer ou en chêne sculpté, tendent à rappeler une époque où l'on travaillait le bois avec un art véritable. Appliquez-vous à rechercher les dessins originaux, à éviter la banalité. Le chêne sculpté va très bien dans une salle à manger, quoiqu'il soit déjà quelque peu démodé. Il est remplacé par le noyer dont le grain, plus fin que celui du chêne, donne des polis plus parfaits, des moulures plus délicates.

L'acajou moucheté avec champ de palissandre fait aussi un joli mobilier de salle à manger.

Quant aux sièges, ils doivent rappeler comme bois et style, les buffets, tables, crédences. Il faut choisir, de préférence, les chaises à dossiers rembourrés, pas trop élevés, afin de ne pas gêner le service. Il est essentiel, avant tout, que ces sièges présentent une absolue solidité, un parfait confort, attendu que rien n'est plus désobligeant pour vos convives, surtout si les dîners se prolongent, que d'être mal assis, sur des sièges qui ne sont pas d'aplomb, ou qui craquent à vos moindres mouvements.

Dans une grande pièce, la table carrée, de mode aujourd'hui, a meilleur air; mais si la pièce est petite, mieux vaut la table ronde, qui permet de placer un plus grand nombre de convives, et rend le service plus facile.

Si le parquet est défectueux, vous pouvez le couvrir entièrement d'un tapis; toutefois avec des meubles vieux chêne, le parquet vieux chêne est préférable. Il convient, en ce cas, d'étendre simplement une carpette moelleuse sous les pieds.

Entre les repas, la table sera recouverte d'un beau tapis de velours ou de peluche, avec un beau chiffre au milieu, si la table est ronde, ou dans l'un des coins, si la table est carrée.

On remplace quelquefois la suspension par

le lustre hollandais; mais pour éclairer convenablement une table, rien ne vaut la suspension garnie de lumières.

La suspension en métal vieil argent est préférée aujourd'hui à l'ancienne suspension en cuivre doré ou en bronze clair. Ce ton s'allie mieux en effet à celui du vieux bois : c'est plus sévère, de meilleur goût.

Mais quand vous avez un nombreux couvert, la suspension, même à douze bougies, ne suffit point. Il faut aussi un grand candélabre ou une lampe à haute tige à chaque bout. Une jolie mode, depuis quelque temps, ce sont ces bougies, placées devant chaque convive, avec des abat-jour rouges, recouverts de dentelles blanches. L'effet en est charmant. Mais c'est là une jolie fantaisie que l'on ne peut se permettre dans un grand dîner de cérémonie, et qui passera vite probablement.

La cheminée monumentale en bois sculpté a grand genre. La décoration ne peut en être mièvre ; il faut alors, comme chenêts, des landiers proportionnés aux dimensions de la cheminée.

Le poêle en faïence artistique a cet avantage de chauffer plus uniformément et plus rapidement la pièce.

Dans la salle à manger aussi, de hautes plantes vertes sont d'un très bel effet décoratif. Placées dans la jardinière qui s'étend devant la verrière ou la large fenêtre hollandaise, elles donnent le soir l'illusion d'une serre, et la pièce semble plus profonde.

A défaut de ces verrières, si vous n'avez que des fenêtres ordinaires, vous pouvez les décorer également de verres de couleur. On trouve maintenant, en ce genre, des verres fort élégants, qui, par l'originalité des tons et des dessins, sont de véritables objets d'art, et rappellent, par leurs gemmes chaudes et étincelantes, le coloris des tapis d'Orient.

Il en est, de teintes atténuées, qui sont infiniment doux à l'œil. Rehaussés de cabochons plus vifs, ils acquièrent une richesse, une magnificence vraiment suggestive, hypnotisante.

Meubler et décorer avec un goût parfait une salle à manger, c'est là, assurément, un point capital. Mais il faut savoir y joindre les élégances du couvert, ainsi qu'une chair fine et succulente.

Un dîner peut être abondant et exquis; mais s'il est mal présenté, il perdra la moitié de sa valeur. Rien, à mon sens, ne rehausse un dîner comme les recherches du service.

Ne parlons même pas du linge, qui sera toujours irréprochable, d'une blancheur éblouissante, et calendré, cela va sans dire ; c'est une bien faible dépense, et qui permet de donner aux serviettes un dessin arrêté. Le couvert en est bien plus brillant.

La beauté des porcelaines et des cristaux

ne peut être qu'en proportion de votre fortune.

Un joli service de table est une élégance véritable, et plutôt que ces terres de fer de mauvais goût, vous devez préférer une belle porcelaine toute blanche, ou décorée d'un mince filet d'or, ou de deux filets noir et or, rouge et or, vert foncé et or, à ces assiettes, comme à ces plats, où sont jetées des fleurs mal dessinées et mal coloriées. Nous laissons aux grandes fortunes les porcelaines de Sèvres ou de Saxe et la vaisselle plate.

Si vous voulez sortir de la banalité des services à filets, il en est de fort jolis, avec des dessins sobres, dans les teintes ivoires, noires et or, ou de belles faïences avec bordures imitées de l'antique, grisaille et rouge. C'est fort beau, d'un prix abordable; c'est plutôt cependant de la vaisselle de château. A Paris, la porcelaine finement décorée sera préférée.

Quant aux services de verres, ils sont aujourd'hui variés à l'infini. Les verres mousseline sont certainement très fins, très jolis, mais ils se cassent trop facilement. Les très beaux cristaux sont fort coûteux. Toutefois il en existe maintenant qui sont d'un très bel effet et d'un prix modique.

Sans doute, mes belles lectrices, vous savez toutes, plus ou moins, mettre un couvert; et je ferais peut-être montre d'un pédantisme inutile, en voulant vous donner des conseils à ce sujet.

Permettez-moi seulement quelques recommandations indispensables.

La première est d'accorder à chaque convive une place suffisante, afin qu'il ne soit pas gêné dans ses mouvements. Rien n'est de plus mauvais goût que d'entasser dans une salle à manger plus de convives qu'elle n'en peut tenir. Il faut bien calculer, pour chacun, un espace de cinquante centimètres au moins.

On recouvre d'abord la table, d'une couverture de laine ou de coton épais, bien tendue, sans pli, sur laquelle on place la nappe, en ayant soin que le milieu, ordinairement marqué par un chiffre, soit exactement placé sous la suspension. Cette nappe doit recouvrir entièrement le molleton, et ne jamais traîner à terre. Les assiettes seront disposées régulièrement, la fourchette à gauche, la cuillère et le couteau à droite. Sur l'assiette, se pose la serviette, joliment et simplement pliée. Il est en ce genre quelques formes qui produisent dans l'ensemble un charmant effet. Mais plus de ces pliages compliqués et prétentieux qui transforment la serviette en fleur, en animal, en chapeau et même en pantoufle. C'est là une recherche frisant le grotesque et qui, heureusement, est tout à fait passée de mode.

Dans les grands dîners, chaque convive a quatre verres, au moins. Le plus grand sert pour le vin ordinaire, le plus petit pour le madère ou les vins de dessert, le moyen pour le bordeaux ou le bourgogne et la coupe pour le champagne. Un soin très important, c'est de placer entre chaque convive, alternativement, une carafe d'eau et une bouteille de vin, et de deux en deux couverts des salières jumelles; car rien n'est plus fastidieux, dans un grand dîner, que d'avoir à réclamer à tout instant, l'eau, le vin ou le sel : ces éléments indispensables doivent être à la portée de chaque convive. N'oublions pas le petit porte-bouquets, contenant une rose ou un bouquet de violettes. C'est une attention aimable et en même temps une coquetterie décorative. On le fixe encore, si l'on veut, à la carte-menu.

Toutes mes lectrices connaissent les élégances de cette carte-menu devenue une si jolie chose, que certaines personnes les collectionnent. Je ne m'y appesantirai donc point.

Le milieu de la table sera occupé, soit par une belle corbeille de fleurs, soit par un beau panier de fruits élégamment monté.

Le service à la russe est à peu près, aujourd'hui, le seul admis. La table est couverte par des fleurs, des fruits, des desserts. Si votre milieu de table est un panier de fruits, les deux bouts seront ornés de fleurs ; et aux quatre coins, vous placerez des compotiers garnis de compotes diverses.

Une très belle disposition, qui produit beaucoup d'effet, c'est la disposition en ligne.

Ainsi, au milieu, la corbeille de fleurs, et de chaque côté, deux pyramides de fruits montés sur compotiers, et disposés sur la ligne du milieu. Dans la saison des fruits rouges et des raisins, l'effet en est des plus décoratifs. Les sucreries et petits fours sont présentés symétriquement, sur des assiettes à pied, garnies de papier dentelle. Une nouvelle mode fort élégante et qui, selon moi, remplace avantageusement ces cordons de cristal remplis de fleurettes à tiges courtes, violettes ou jacinthes, dont l'aspect est un peu maigre et prétentieux, ce sont les fleurs avec leurs tiges et leurs feuilles jetées négligemment sur la nappe, ou disposées en cordon autour du dessert. Un cordon de roses rouges ou de roses mélangées est du plus riche, du plus original et du plus gracieux effet.

Le faste suprême, mais fort coûteux, c'est une table presque entièrement couverte de la même fleur : une table de roses, une table de violettes, une table d'orchidées, une table toute blanche de muguets et de lilas, une table bigarrée de tulipes jaunes et rouges ; c'est là une idéale parure. La table n'est-elle pas dans la salle à manger un autel où se succèdent les sacrifices ?

Aujourd'hui, aucun des plats composant les deux ou trois services ne paraît sur la table. Dans les dîners très élégants, on s'abstient même de présenter les pièces. Chaque pièce est découpée à la cuisine et aussitôt passée. Les mets sont ainsi servis à la suite les uns des autres, ce qui permet de les manger chauds.

Quant au vin, on ne place sur la table que le vin ordinaire. Les vins fins sont servis par les domestiques qui, avant de verser, annoncent la provenance du vin à chaque convive.

Les domestiques doivent servir en gants de fil blancs.

Aujourd'hui le service se fait avec une grande rapidité. Les interminables dîners sont heureusement passés de mode. Pour les abréger encore, on sert généralement, au salon, le café et les liqueurs. J'avoue que cet usage ne me plaît point. C'est d'abord une inutile complication pour le service ; pendant qu'on est à table, pourquoi ne pas en finir? Et comme à Paris, généralement, ces grands dîners sont suivis de réception, comme les invités supplémentaires sont quelquefois en avance ou arrivent en ce moment même, n'est-il pas singulier que vous preniez, devant eux, du café, sans leur en offrir. Enfin, ces tasses qu'on vous présente au bout des doigts, et qu'on ne sait ensuite où déposer, sont un sujet d'embarras, d'encombrement. Un mouvement maladroit peut occasionner des taches sur les belles toilettes. Dans de telles circonstances, quel plaisir peut-on trouver à prendre une tasse de café, tandis qu'en restant à table, c'est le complément agréable d'un bon dîner?

14

Les menus seront aussi pour la maîtresse de maison l'objet d'un soin tout **particulier**. Là, encore, reparaît ma doctrine : qualité doit primer quantité. Un plat fin, recherché, succulent, beaucoup plus coûteux, par conséquent, sera néanmoins préférable à une abondance de mets vulgaires, semblables à ceux que vos convives peuvent manger chez eux, tous les jours. Notre élégante saura bien découvrir les bonnes et jolies choses que nos artistes culinaires inventent chaque jour.

Toutefois, ici se place une question qui mérite d'être discutée sérieusement.

La cuisine actuelle est-elle réellement en progrès? Question délicate, bien difficile à résoudre.

Nos anciens rois étaient de très fins gourmets. Soit indifférence ou indolence de la part de l'impératrice ou de l'empereur, je me suis laissé dire, que nulle part on ne mangeait plus mal qu'à la cour de Napoléon III.

On s'applique, il est vrai, à décorer les mets de noms pompeux, on s'ingénie à les présenter avec un art des plus affriolants, mais sont-ils meilleurs, mieux apprêtés, plus succulents qu'autrefois. Quant à moi, je nie absolument ce progrès ; nous ne prenons plus le temps de déguster. La moyenne de nos cuisiniers ou de nos cuisinières ne prennent plus eux-mêmes, les soins nécessaires à la confection de ces mets exquis, où nos aïeux et nos aïeules mettaient leur gloire. Aujourd'hui nos grands restaurateurs intitulent leurs cuisines des laboratoires, et peut-être, entre-t-il encore plus de sophistication que de chimie dans leurs préparations.

Il est quelques mets, cependant, essentiellement parisiens, qui ont obtenu et obtiennent toujours des succès mérités. Ce sont les salades, par exemple. Qui ne se rappelle le succès de la salade Francillon? Exquise, cette fameuse salade, dont Dumas n'a pas dédaigné de nous donner la recette sur la scène du théâtre français. Il y a encore la salade russe, la salade hongroise, la salade espagnole, la salade algérienne.

Si je parle autant salades, c'est que toutes les jeunes femmes en sont friandes. Puis, ce sont les glaces, qu'elles adorent également, très variées aussi dans leur composition. Il y en a de délicieuses. Et les sorbets au kirsch, au marasquin, et les marquises au champagne. Enfin toutes ces menues chatteries, dont raffolent nos Parisiennes : fruits glacés ou déguisés, petits fours si délicats et si jolis. La confiserie, comme la pâtisserie, c'est indiscutable, ont fait, et font chaque jour de très grands progrès.

Toutefois ce perfectionnement de la confiserie peut-il être considéré comme un progrès de l'alimentation, au point de vue hygiénique surtout? Ces sucreries sont jolies, mais fades; elles sont incrassantes, empâtent la bouche et affadissent l'estomac. Selon moi, il y a mieux à faire. J'y reviendrai au chapitre de la cuisine.

Tous ces raffinements de table entraînent à de vraies dépenses, surtout si l'on va aux maisons en renom. Mieux vaut se restreindre sous le rapport de la quantité et que la qualité soit irréprochable. Assurément, quand on n'a que quelques amis, on peut les fêter sans faire de si grands frais, quoique tout doive être, en toutes circonstances, bien préparé et élégamment présenté.

Je dirai plus : alors même que vous êtes seule avec votre mari et vos enfants, vous devez apporter tous vos soins à leur montrer que vous vous occupez d'eux avec sollicitude ; d'abord, pour vos enfants, afin de leur donner le goût des choses délicates et soignées ; puis, pour votre mari, auquel vous prouvez ainsi que vous avez souci de son bien-être, que vous avez, par dessus tout, le souci de lui plaire. Et s'il trouve chez lui une bonne table, bien servie, des attentions douillettes dont il prendra si facilement l'habitude, il aimera son intérieur et ne cherchera pas de distractions au dehors.

Mieux encore, il faut que vous l'intéressiez à tous ces soins, lui demandiez son avis, quelquefois son aide, que vous le chargiez de découvrir de jolies choses pour orner ce nid à deux. Je connais même des maris plus passionnés que leur femme pour la décoration de leur *home*.

XXXIV

L'ANTICHAMBRE

Peut-être aurais-je dû commencer par l'antichambre, puisque c'est la première pièce de l'appartement. Je l'ai réservée pour la dernière, parce que, à mon sens, c'est la moins importante.

Si elle est petite, elle doit être meublée avec la plus grande simplicité. C'est dans l'antichambre qu'on dépose ses vêtements : les manteaux, les pardessus, les parapluies. Les tentures seront donc de couleur sombre, peu salissante, soit en étoffe, soit en papier. La rayure, qui fait paraître la pièce plus haute, est le dessin généralement adopté. Ce qui est beaucoup plus luxueux comme tenture, ce sont les vieilles tapisseries, et même les imitations encadrées de bois noir.

Dans l'antichambre, une glace assez grande est nécessaire : avant d'entrer, visiteurs et visiteuses aiment à s'assurer que rien n'est dérangé dans leur toilette ou leur coiffure. Je dis visiteurs; car ces messieurs qui se plaisent à railler notre coquetterie ne négligent pas non plus, avant d'entrer, de donner un coup d'œil au miroir, de passer la main dans leurs cheveux, et, dans leur moustache, le petit peigne d'écaille. Combien d'hommes sont encore plus coquets que les plus coquettes d'entre nous !

Comme meubles d'antichambre, il faut d'abord un porte-parapluies, muni de porte-manteaux. Il en est de dessin très artistique, mais assez coûteux. A défaut du porte-parapluies-porte-manteaux, notre élégante saura se procurer dans un prix moindre, le grand cornet japonais ou chinois, où l'on met égoutter les parapluies. Puis de jolis porte-manteaux de bois noir en nombre suffisant.

Sur la table recouverte d'un tapis, vous disposerez une coupe pour les cartes, un buvard, une écritoire, pour le cas où les visiteurs voudraient laisser un mot.

Tous ces objets doivent être d'une simplicité élégante et sévère.

Quelques sièges, une ou deux banquettes pour les domestiques qui attendent leurs maîtres. Une jardinière devant la croisée, avec une plante verte. Si vos ressources vous le permettent, là encore une verrière qui voile le jour, imprimera à cette entrée quelque chose de sombre, de mystérieux, comme l'entrée d'un temple. Cette demi-clarté, d'ailleurs, fera valoir l'élégance plus claire de votre salon.

Si vous ne pouvez placer dans l'antichambre un tapis semblable à celui du salon, vous y mettrez une carpette d'une teinte sombre.

Les encoignures pourront être joliment décorées de bibelots étranges, baroques, qui ne pourraient trouver place ailleurs. On y dispose encore des colonnes torses supportant des bronzes ou des terres cuites. Toutefois, là, comme partout, il faut éviter le fouillis, la recherche prétentieuse; car c'est une pièce où l'on ne fait que passer : il est préférable de n'y point trouver de ces tire-l'œil, comme ces statues polychromes ou ces nègres faisant office de lampadaires : tout cela est d'assez mauvais goût, à moins que ces cariatides ne soient de véritables objets d'art.

XXXV

LES CHARMEUSES

Dans « *Pour être aimée* », n'avons nous pas déjà reconnu la beauté moderne comme supérieure à la beauté antique, qui résidait uniquement dans la perfection de la forme : harmonie des proportions, pureté de la ligne, rondeur des modelés, noblesse des attitudes? De nos jours, la beauté réside surtout dans l'expression, la grâce, le sentiment, l'intelligence, l'intensité de vie.

En outre, il y a la beauté naturelle et la beauté acquise. « Il est deux sortes de beautés, écrivait Mme de Girardin : celle que l'on reçoit et celle que l'on prend. »

La beauté naturelle est cet ensemble de lignes qui sollicite, charme et captive le regard.

La beauté acquise est la beauté empruntée à l'art de se coiffer, de se vêtir, de réformer les méfaits de la nature. Cette beauté-là, toute femme de goût peut l'acquérir. Je dirai plus : celle qui sait s'habiller, se ganter, se chausser, se meubler, qui a le goût des exquisités et qui en a l'esprit, qui apporte dans sa tenue, ses gestes, sa manière de marcher, de parler, de tenir sa maison, un cachet de distinction et d'élégance, sera plutôt réputée jolie femme que telle autre réellement belle qui ne saurait pas encadrer sa beauté, la mettre en relief, qui négligerait sa mise, commettrait des fautes de goût, qui, en un mot, n'aurait pas conscience de son pouvoir, de sa valeur.

Donc, j'affirme que pour être belle, il suffit de le vouloir ; et toute femme qui connaît sa véritable mission, *doit* le vouloir.

Voilà à peu près ce que j'écrivais déjà dans mon premier volume. Mais il y a encore différentes manières d'être jolie, d'être belle. Grâce aux ressources de la toilette et de la coquetterie, on peut modifier, moduler à volonté le caractère, l'expression de sa beauté.

Une charmeuse, celle qui fait de l'art de plaire, la grande occupation de sa vie, le but même de son existence, saura trouver, sans qu'on le lui enseigne, ces modifications, ces modulations. A ces femmes de génie, je n'ai rien à apprendre ; mais il en est d'autres qui demandent à être guidées.

Ainsi notre charmeuse pourra être, tour à tour et à volonté, capiteuse ou mélancolique, suggestive ou sentimentale, attachante ou simplement étourdissante.

Pour atteindre à ces effets multiples et compliqués, l'expression du regard, du sourire, des attitudes ne suffit point ; il faut qu'elle sache préparer son cadre, et modifier, selon le but qu'elle veut atteindre, ses coiffures ou ses toilettes. La couleur ambiante et les effets de lumières jouent aussi un grand rôle dans ces transformations.

Quelques exemples traduiront mieux ma pensée.

LA CAPITEUSE

Notre charmeuse, ou celle qui aspire à le devenir, est-elle blonde ? A-t-elle l'expression du visage vive et provoquante, avec les joues pâles, les lèvres rouges, des reflets fauves dans la chevelure, la nuque ronde et ferme, nuancée d'ambre? Elle pâlira ses joues davantage, avivera ses lèvres, soit en les humectant, soit en y passant un opiat; elle donnera à ses cheveux une coloration plus ardente, et sur sa nuque, qu'elle découvrira, elle disposera, en un désordre voulu, des bouclettes menues, leur donnant un aspect rétif. Si c'est le soir, elle placera dans ses cheveux frisottés un nœud ou une fleur rouge; la robe de tulle rouge, avec un décolleté très bas, découvrira ses épaules neigeuses; de longues manches de tulle, flottantes, montreront ses bras très blancs; une ceinture de moire rouge enserrera sa taille flexible, pas trop mince. Si l'attache du cou est pure, si les bras sont beaux, aucun bijou.

Et cette blonde qui, habillée de bleu ou de gris, ou de mauve, ou même de rose, ne serait que fadasse, prend, dans cette toilette vive un accent étonnant.

Mais, qu'est-ce que tout cela coûtera? Une centaine de francs, tout au plus, surtout si vous avez appris à faire vous-même vos robes. Or, de tous les corsages, le plus facile est celui qui convient le mieux à cette toilette, c'est-à-dire le corsage froncé en éventail devant et derrière. Les épaulettes seront formées par un gracieux nœud de moire ou de satin rouge.

La brune aux yeux noirs, au regard intense, si elle a le teint pâle, pourra mettre, avec le même succès, la même toilette. Il en est, toutefois, dont les traits seraient durcis, le teint jauni, et même rougi, de couleur brique, par le rouge. En ce cas, il faudrait le remplacer par le jaune paille ou bouton d'or. Dans les cheveux, deux plumes noires, posées à la Méphisto, retenues par un petit peigne d'or, bizarrement ciselé, ou des épingles d'or, ou des bijoux ornés de topazes, si l'on n'a pas de diamants.

Ce sont là des toilettes exquises en leur simplicité, riches même, par leur coloris, et que toutes les femmes peuvent aborder, voire même, exécuter elles-mêmes.

Ces toilettes sont essentiellement capiteuses.

LA SUGGESTIVE

Qu'entendre par ce mot suggestif, aujourd'hui appliqué à tout propos ?

Le mot suggestion, autrefois, se prenait surtout dans une mauvaise acception : suggérer de mauvais desseins.

Depuis les expériences d'hypnotisme, où l'on fait exécuter, par un sujet, un mouvement déterminé, au moyen de la suggestion, ce mot, devenu à la mode, est appliqué, dans la littérature du jour, à tout effet qui soumet ou annihile la volonté. La beauté suggestive est donc celle qui retient votre attention malgré vous, qui vous suggère des pensées d'amour ou tout autre attrait impérieux, au quel vous ne pouvez vous soustraire. C'est l'obsession de l'esprit ou du cœur, par un genre de beauté particulièrement attrayant ou pénétrant : ainsi, tel regard vous frappe au cœur et s'y incruste. Le souvenir de ce regard vous poursuit, vous obsède.

Tel son de voix, tout à coup, fait vibrer en vous certaines cordes, vous cause une impression que vous ne connaissiez pas, que vous ne pouvez définir : il reste dans votre oreille, dans votre mémoire. Y penser, c'est l'entendre encore ; et ce souvenir vous cause la même émotion.

Assurément, il y a des beautés naturellement troublantes et suggestives ; mais telle toilette, tel effet de couleur ou de lumière, peuvent donner à un visage qui, jusqu'alors, a passé inaperçu, cet attrait singulièrement troublant et suggestif.

Quelquefois, un seul détail de toilette suffit à produire cet effet. Exemple :

Une femme brune au teint d'ambre pâle, avec un corselet de velours ponceau ou amarante, brodé de jais, garni de dentelles noires, c'est-à-dire la veste espagnole ou figaro, prendra, par la seule couleur de ce petit vêtement, une allure méridionale, un peu exotique, qui frappera et retiendra l'attention.

Une femme blonde, en robe de satin merveilleux crème, très onduleuse, avec des franges d'herbes vertes, parsemées de quelques nénuphars, et une coiffure rappelant la garniture de la robe, prendra l'attrait suggestif d'une Ophélie en robe de bal ; ou encore, la robe blanche toute simple, de la Marguerite de *Faust,* ou tout autre costume rappelant des souvenirs historiques ou romanesques, en harmonie avec la nature et le style de sa beauté. Parfois même, il suffit, pour produire un vif attrait, pour accrocher et retenir l'attention, d'un simple détail de toilette : une plume, un piquet de fleurs, un ruban, une mèche de cheveux disposés avec art ou plutôt avec chic.

LA MÉLANCOLIQUE

Certaines femmes plaisent par l'expression mélancolique de leur visage. Une jeune femme mélancolique éveille la curiosité des cœurs tendres. Et parmi les hommes, il en est plus qu'on ne croit, qui sont susceptibles d'être touchés, remués profondément par cette sorte de sensibilité. L'homme aime à protéger ; il redoute la domination féminine, il y voit même, ce qui est absurde, un amoindrissement de sa virilité, comme si, en somme, ce n'était pas toujours lui qui est dominé. Toutefois, la femme un peu triste, maladive même, qui semble implorer sa protection, son appui, le touchera plutôt qu'une virago, ou une femme heureuse. C'est une de ses faiblesses : sentir son cœur tyrannisé par un être frêle, sans songer que rien n'est plus dangereux pour son indépendance que ces faibles et charmantes despotes.

Cette tristesse, cette mélancolie commencent par éveiller sa curiosité. Quel est le motif de cette tristesse? Quelque déception de cœur cause-t-elle cette mélancolie? En tous cas, elle a besoin de consolation, elle appelle un consolateur. Combien de femmes sont ingénieuses à faire vibrer chez l'homme qui, la plupart du temps, n'est qu'un grand enfant sensible, la corde de l'attendrissement! Donc il en est, parmi nous, de fort habiles, qui s'entendent à merveille à prendre des airs désabusés et mélancoliques. Je ne dis point que, chez elles, ce soit pure comédie; mais belles ennuyées, elles ont un penchant à la tristesse, ou même indépendamment du tour de leur esprit, il est dans leur visage certains linéaments, certains contours des lèvres ou des paupières qui expriment la mélancolie, comme d'autres expriment la gaîté.

En outre, il est tels décors, telles toilettes qui accentuent ces expressions et ces attitudes : les étoffes aux couleurs effacées, des mauves, des héliotropes pâlis, des verts tendres, assoupis, des bleus éteints ou profonds.

Si c'est le jour, une lumière douce, tamisée par de triples rideaux, dans un boudoir où règne une somnolence de chapelle, et, en des vases élancés, sortes de vases mystiques, des fleurs mourantes, exhalant un parfum d'exquise rêverie.

Si c'est le soir, une lumière discrète, atténuée par des abat-jour de dentelle.

Enfin des déshabillés de soie blonde, avec des rubans mauves ou de bleu très pâle, ou de teintes grises; il y a dans le gris des gammes d'une finesse exquise. Tout ce qui touche cette belle attristée, tout ce qui l'entoure est d'une élégance adoucie, particulièrement distinguée: distinguée dans sa coiffure lisse plutôt qu'ébouriffée, dans ses airs de tête un peu inclinés, dans ses poses graves, dans son sourire qui ne va jamais jusqu'à l'éclat de rire, dans ses attitudes prostrées, comme si le poids de la vie l'écrasait. Elle laisse tomber ses phrases d'un air las, d'une voix dolente, très douce, comme oppressée, entrecoupée de soupirs, de réticences, qui sont comme des mystères ajoutés aux mystères de sa tristesse, au mystère de ses yeux de sphinx fatigué.

La charmeuse mélancolique avec son regard enveloppant, qui semble implorer la pitié et l'amour, est une femme adorable à laquelle un homme, qui a dans le cœur quelque tendresse, ne sait pas résister.

LA POÉTIQUE

C'est ordinairement sans le savoir, par un hasard de la nature; car il est rare aujourd'hui qu'une femme pose pour la poésie. C'est un genre absolument démodé. Nos grand'mères qui s'étaient exaltées à la lecture de la littérature de leur jeunesse, étaient des femmes poétiques. Le lyrisme éclatait dans leurs regards, dans leurs poses, dans leurs toilettes : manches très bouffantes, sortes d'ailes, qui semblaient se modeler sur l'emphase du romantisme, chignons hauts, en coup de vent, ceintures à longs bouts flottants, se soulevant dans les mouvements onduleux de la démarche.

Si, aujourd'hui, nous les imitons un peu dans leurs toilettes, nous sommes bien loin, hélas! de les suivre dans leurs aspirations poétiques. Notre langage, mâtiné d'argot naturaliste, ne ressemble guère à la langue littéraire de 1830.

Cependant il est encore quelques jeunes femmes ou jeunes filles que je ne saurais trop encourager, et qui, refusant d'entrer dans le train, aspirent à conserver la grâce poétique que leur a départie la nature. A Paris, cette jeune fille-là serait peut-être introuvable; car les idées positives ont envahi toutes les classes de la société. Mais il se peut qu'au fond de quelque vieille province, dans un château gothique, on découvre encore quelques sujets de l'espèce, c'est-à-dire des natures rêveuses, au large front, à l'œil plein de nobles flammes, qui, tout en soignant leurs fleurs, ou brodant leurs tapisseries, sont poétiques sans s'en douter. Qu'y a-t-il cependant de plus beau, de plus pur, de plus religieux même, que cette élévation de l'esprit vers les mystérieuses beautés de la nature, vers les sereines régions de l'idéal ?

La femme ou la jeune fille poétique aura une façon simple, gracieuse de s'habiller, de parler, de marcher, de regarder.

Assurément, nous sommes loin de la robe blanche de mousseline de nos grand'mères ; mais il est des robes très simples, très peu coûteuses, en lainage, voile ou cachemire de l'Inde, aux plis très souples, des soies blanches, légères : surah, satin merveilleux d'un blanc doré, blond, et qui composent des toilettes, à la fois exquises et peu coûteuses. Des jupes toutes plissées, dont le plissé ondule et chatoie à tous les mouvements, une ceinture à longs flots, d'une teinte pâle, une grande collerette ou pèlerine de dentelle, une fleur dans les cheveux ou au corsage, composent un ensemble jeune, gracieux, essentiellement poétique, et, surtout, à la portée de toutes les bourses.

Notre charmeuse poétique a nécessairement une belle voix, d'un timbre troublant, passionné. Aussi ne l'entend-on jamais chanter des chansons de café-concert, comme il est de mode d'en chanter aujourd'hui, dans des salons même collet-monté, en les soulignant de petits gestes canailles. Certes, je ne prohibe pas absolument ce divertissement quand il reste dans la mesure du bon goût, je ne prétends point vous ramener, divines lectrices, aux romances ultra sentimentales d'antan, genre tout à fait antédiluvien ; mais il est des mélodies délicieuses, originales, d'un charme émouvant, pénétrant, et qui s'adaptent admirablement à la note poétique de toute votre personne.

Son appartement a la même simplicité exquise, mais par le charme rayonnant de sa beauté, de son regard baigné d'un fluide lumineux. elle éclaire, elle embellit tout ce qui l'entoure : ce n'est pas sa toilette, ce n'est pas son cadre qui la fait valoir, c'est elle qui pare sa toilette, c'est sa distinction vraie qui donne de la valeur à tout à ce qui l'entoure.

On le voit, la charmeuse poétique ne ruinera jamais son mari. Par la nature de son esprit, elle est au-dessus des recherches coûteuses de l'élégance. Sa coquetterie est une coquetterie de l'âme, si je puis m'exprimer ainsi.

Donc, madame, restez poétique si vous l'êtes de naissance ou appliquez-vous à le devenir, sans y mettre toutefois aucune afféterie, et vous verrez quel sera votre succès.

LA SENTIMENTALE

La femme naturellement sentimentale est
sérieuse, un peu dolente. Son regard est habituellement replié, comme celui des personnes
qui ont l'habitude de regarder plus souvent
dans leur cœur que dans la vie. Elle a l'attitude
un peu languide de la mélancolique, et le gracieux nonchaloir de la poétique ; car elle tient
à la fois de toutes deux : c'est une concentrée
plutôt qu'une exubérante. Son infini besoin
d'affection se lit dans son sourire attendri, dans
son regard profond, enveloppant, aux orbites
accusées, dans sa prunelle changeante, le plus
souvent bleue, ou d'une indéfinissable teinte
grise inclinant vers l'améthyste. Ses fines paupières ont une manière de s'abaisser et de se
relever indiquant les tendresses méconnues
qui lui oppriment le cœur. D'adorables teintes
bleutées estompent et attendrissent les tempes
et le dessous des yeux.

Elle est infiniment séduisante et attachante.
Toute femme, à un moment donné, peut devenir sentimentale, et en s'y appliquant quelque
peu, le devient à volonté, et cela sans qu'on
puisse l'accuser de jouer la comédie. Il suffit
d'un chagrin de cœur, ou seulement d'un vif
désir de ramener à elle un mari infidèle. Elle
saura bien alors, sans qu'il soit besoin de le lui

apprendre, donner à son visage le caractère attendri, l'expression veloutée et enveloppante qui sied à cet état d'âme.

Elle apportera, dans ses toilettes d'intérieur surtout, un négligé, un abandon gracieux. Ses jupes auront des ondulations fuyantes ; elle s'habillera, de préférence, de bleu très doux, tirant sur le gris, avec une note restreinte de rouge vif : soit un gilet très étroit, soit une fleur, soit un rubis au doigt, ce rouge laissant, pour ainsi dire, transparaître la flamme intérieure et profonde qui la brûle : le bleu, symbole d'amour pur ; le rouge, de passion ardente.

Il est dans les bleus et les rouges, des teintes qui s'harmonisent admirablement, et produisent un effet très attirant. Le blanc également, rehaussé d'un nœud seyant à la teinte de ses cheveux comme à la coloration de son visage. Le mauve, l'héliotrope, toutes ces demi-teintes lui conviendront mieux que les tons heurtés ou chatoyants.

Son appartement sera décoré d'une façon sobre, élégante ; les tentures, les draperies resteront dans les tons effacés, avec, par-ci, par-là, quelques vifs rehauts indiquant, comme dans la toilette, le feu qui couve sous la cendre.

Son parfum sera pénétrant et doux, personnel. Elle n'en changera point. Sa nature, où dominent l'attachement, la constance, repousse tous les mouvements du caprice ou de la fantaisie.

L'ÉTOURDISSANTE

La femme enjouée, mobile, est aussi une charmeuse, quelquefois très attachante par la multiplicité de ses aspects, de ses expressions. Véritable kaléidoscope vivant, elle amuse d'abord, puis intéresse, puis captive. Un grand nombre d'hommes, qui aiment à trouver dans la femme, un être inférieur, sont vivement attirés par la femme-enfant, c'est-à-dire la femme capricieuse, dont l'esprit ne peut se fixer. Ils trouvent plaisir à satisfaire ces inexplicables caprices, qui leur semblent charmants, tant qu'ils sont épris, mais qui leur deviennent odieux, insupportables, dès qu'ils cessent d'aimer. Que de femmes établissent leur empire d'une façon durable, par cette tyrannie dans les petites choses, qu'elles ne cherchent pas, d'ailleurs, à expliquer autrement que par le vague et énigmatique « *parce que* », argument sans réplique.

Ses toilettes étourdissantes sont en harmonie avec son caractère : elles varient selon son caprice du moment, sans qu'elle puisse en donner le motif. On la voit passer des toilettes sombres aux toilettes les plus claires, des plus sobres aux plus tapageuses, selon son humeur changeante comme l'onde.

La charmeuse étourdissante, ou qui veut le

devenir, change aussi de coiffure à tout instant. Comme elle est coquette, elle sait leur donner une grâce, un chic qui la rend piquante, originale. Il faut bien le dire, ces changements, vis à vis de certains esprits masculins, qui, eux aussi, aiment la variété, **suffisent à les** attirer, à les charmer.

Il en sera de même pour l'ameublement, dont elle variera à tous moments **la** disposition, changeant les meubles de place ou la disposition des draperies. Elle est éminemment bibelotière ; son intérieur est égayé par une foule de bibelots **rares, bizarres, baroques** même ; car son esprit, son goût capricieux se plaît aux originalités, allant même **jusqu'à** l'excentricité.

L'insouciance est **le fond de cette nature** mobile, facile à distraire. Toutefois, si elle veut conquérir l'affection durable de son mari, il importe, au plus haut point, qu'elle parvienne, en faisant un effort, à se recueillir quelquefois ; que la femme, par moment domine l'enfant ; qu'elle sache se montrer sérieuse et s'occupe des soins de son intérieur, d'où dépend le bien-être des siens ; qu'elle sache aussi faire le sacrifice de quelques caprices trop coûteux, qui pourraient deséquilibrer le budget du ménage ; car, nous le répétons sans cesse, de cet équilibre bien entendu dépend, non seulement notre bonheur propre, mais celui des êtres qui nous sont le plus chers :

notre mari et nos enfants, nos enfants surtout, dont l'avenir tout entier pourrait être compromis par notre frivolité, notre imprévoyance.

Soyez donc assurée, chère capricieuse, la plus étourdissante des charmeuses, que parmi toutes les variétés de votre humeur, celle qui touchera et attachera le plus votre mari sera de vous montrer sérieuse quelquefois, et économe quand il le faudra.

LA VRAIE CHARMEUSE

Il est certaines femmes, plus nombreuses qu'on ne pense, femmes de beaucoup d'esprit et de bon sens, qui savent ordonner leur vie avec une grande sagesse, tout en conservant l'apparence de mondaines futiles, entièrement occupées de leur plaisir et de leur coquetterie. A celles-là, nous n'avons rien à apprendre, nous leur envoyons simplement l'hommage de notre admiration ; mais il s'agit de convertir à nos principes d'ordre et d'économie ces jeunes têtes, encore mal équilibrées. qui entrent dans le monde avec toutes sortes d'aspirations plus ou moins vaniteuses, qui croient que tout leur est dû, qui n'admettent pas qu'on résiste à un de leurs désirs, qui, pour obtenir un bijou convoité, ou pour égaler leurs rivales en élégance, se condamnent à des privations réelles, qu'elles font partager à leurs enfants. La coquetterie, poussée jusqu'à ceite extrémité, est un vice véritable, contre lequel toute femme doit réagir, si elle ne veut s'exposer à des tracas, des soucis, qui pourraient altérer, non seulement la paix de son intérieur, mais sa beauté. En effet, pour conserver sa beauté, il faut, avant tout, la paix de l'âme, la sérénité du cœur, une vie exempte de ces noirs soucis qui troublent le sommeil, plissent le front, contractent la bouche, et avançent ainsi l'âge des rides. C'est surtout à notre frivole, étourdie et étourdissante charmeuse que s'adresse ce sermon ; car avec sa gracieuse tête de linotte, qui tourne à tous vents, il y a tout lieu de craindre que, folle de son corps charmant, gâtée par son mari, gâtée par le monde, tout en riant, en dansant, en se parant, elle ne se laisse entraîner vers d'irrémédiables catastrophes. Elles sont nombreuses, ces adorables séductrices auxquelles on ne peut rien refuser.

Cependant, à propos de ces catastrophes si fréquentes aujourd'hui, combien de maris sont aussi coupables que leurs femmes. Souverains maîtres de la fortune, de par la loi, souvent ils dédaignent d'initier leurs femmes, ces éternelles mineures, à la situation exacte de leurs affaires. Parler sérieusement avec cette enfant, n'est-il pas préférable de lui cacher une vérité qui l'inquiéterait peut-être ?

— Mais enfin, disait un jour devant moi, une femme à son mari, qu'elle voyait parfois soucieux, quels sont, au juste, nos revenus?

— Que t'importe ! l'entendis-je riposter avec impatience, fais le plus d'économies possible, le reste ne regarde que moi.

Or, la femme ne tint pas grand compte de cette vague réponse, et continua à dépenser sans compter, voyant d'ailleurs que son mari ne se gênait point pour satisfaire ses propres caprices. Il s'ensuivit, à quelques années de là, un naufrage complet. Ce sont aujourd'hui des disparus, qui expient, dans les bas-fonds parisiens, leur manque d'ordre, de prévoyance, d'entente surtout dans l'administration de leur fortune, une fortune qui, au début de leur mariage, se chiffrait par plusieurs millions.

Par cela seul qu'un mari met sa femme au courant de ses affaires, il lui prouve qu'il ne la traite pas en enfant, en irresponsable. La femme, alors, se sentant élevée par cette confiance, voudra s'en rendre digne en montrant de la sagesse dans l'administration du ménage.

Certes, ce n'est pas à vous, chère lectrice, qu'il est besoin de démontrer que toutes les femmes ne sont pas des êtres essentiellement futiles. J'affirme, bien au contraire, qu'elles seront, bien plus que le mari, surtout si elles sont mères, prêtes aux abnégations, aux sacrifices.

La vraie charmeuse, celle dont le rôle s'impose à tous les instants, dans les mille détails de la vie, c'est la femme qui tout en ayant le soin, le souci de sa beauté, de sa réputation de haute élégance, tout en tenant dans le monde la situation que lui assignent son rang et sa fortune, sait compter et conduire sa maison avec une sage économie. C'est là surtout que se déploient les ressources du génie féminin : l'ordre, un ordre élégant dans son intérieur, dans son *home*, comme disent les Anglais. J'emploie ce mot à dessein, parce que le *home* en Angleterre, c'est véritablement le sanctuaire de la femme. Tout y est ordonné, coordonné en vue du bonheur du mari, de l'avenir des enfants, du confort de tous. Cette charmeuse-là est presque toujours sûre de prendre un grand ascendant sur l'esprit de son mari et de conserver son affection.

XXXVI

TOUS LES DESSOUS

Après vous avoir donné, ma chère lectrice, des conseils pour tous les dehors de votre personne, de votre maison, de votre vie, pour tout ce qui se voit, tout ce qui vous pare, tout ce qui attire les regards et peut les charmer, je ne croirais pas ma tâche terminée, si je ne traitais aussi des élégances cachées, c'est-à-dire de celles qui sont réservées à l'intimité du ménage ou qui touchent de plus près votre charmante personne, celles qui vous procureront assurément les plus douces, les plus intimes jouissances. Mais parlons d'abord de la santé, comme étant l'une des premières conditions de la beauté. Conserver sa santé, c'est à la fois conserver sa beauté et prolonger sa vie ; car la beauté ou l'harmonie esthétique des formes et surtout l'éclat du teint sont le reflet de l'harmonie qui préside aux fonctions organiques. Il s'agit donc avant tout de fortifier et d'assurer cet harmonieux fonctionnement.

LES DESSOUS DE LA SANTÉ

Sans doute, nous voyons des jeunes femmes pâles, frêles, nerveuses, qui sont jolies, séduisantes, très attachantes par leur faiblesse même, leur langueur, leur impressionnabilité. Il fut même une époque où ces beautés maladives eurent la vogue. Il était de bon ton d'avoir des vapeurs, de se pâmer à tout propos. Mais aujourd'hui, depuis les progrès incontestables de l'hygiène, depuis que la médecine nouvelle a introduit dans l'alimentation de nos jolies nerveuses les viandes saignantes, qu'elle leur ordonne les stations au bord de la mer, les exercices en plein air, de croquet, de lawn-tennis et les rallyes-papers, depuis que nos élégantes sont même devenues des chasseresses, l'anémie est passée d' mode. On préfère généralement aux pâles névrosées les femmes bien portantes, les beautés rayonnantes et fortes. Et certes, on n'a pas tort : la race est déjà suffisamment étiolée par l'existence surchauffée, la vie de fournaise qu'on mène aujourd'hui.

Ainsi que je le disais tout à l'heure, la santé est la première des élégances. Un teint éblouissant de fraîcheur, un teint de lis et de roses, comme disaient nos grand'mères, n'est-ce-pas la première des beautés ? Un visage, sous la peau duquel le sang circule jusque dans les vaisseaux les plus ténus, où la bouche s'épanouit comme une rose de pourpre, où les yeux étincellent de vie, ce visage même, s'il n'est pas régulier, sera néanmoins attirant, séduisant par son éclat, par la vivacité de la physionomie. Il est une expression fort employée qui dépeint bien ce genre de beauté : elle a la beauté du diable, dit-on ; c'est-à-dire, cette fraîcheur qui est un signe de jeunesse, de vitalité, de diable au corps. Voyez le même visage sous l'influence d'un malaise, il prend aussitôt des tons jaunes ou plombés qui le ternissent, le vieillissent, le défigurent. Et, dès que la santé renaît, il redevient jeune ; les yeux sont brillants ; les cheveux, eux-mêmes, sont plus lustrés. Enfin, par tout le corps on se sent une énergie, une souplesse qui semblent défier les ravages du temps. Or, pour une jolie femme, écrivions-nous, la mort morale c'est l'âge où elle cesse de plaire, où l'ongle implacable de la vieillesse marque son visage, éraille ses paupières, creuse des rides sévères là où se jouaient de gracieuses fossettes, dessine, sur ses tempes autrefois si pures, l'inexorable patte d'oie, cette griffe du temps. Pour elle, la mort qui anéantit l'être tout entier est souvent moins douloureuse que celle qui lui enlève sa beauté. Est-il étonnant qu'elle ne puisse se résoudre à vieillir? Et comme nous comprenons ses angoisses devant la première ride et devant le premier cheveu blanc! C'est pourquoi nous venons l'aider à repousser cette horrible vieillesse dont le nom seul assombrit son charmant visage.

Qu'on me pardonne donc, en raison du but, la technicité du langage médical qu'il me faudra parfois employer pour apprendre à mes belles lectrices les moyens de prévenir la maladie, qui est la plus funeste ennemie de sa beauté; car les souffrances physiques se reflètent sur les traits qu'elles allongent, sur le regard qu'elles éteignent, sur la peau qu'elles rident, sur le teint qu'elles ternissent ou couperosent.

La vraie médecine est celle qui s'attache surtout à maintenir tous les organes dans un parfait équilibre et prévenir ainsi toutes les maladies. En général, nous mourons d'accident, avant l'âge qui nous est dévolu par la structure de nos organes et l'agrégation plus ou moins intense de nos tissus. La maladie est le plus souvent un accident. Quand nous sommes en parfaite santé, toutes les fonctions de la vie organique s'accomplissent en nous, sans que nous ayons conscience de ce fonctionnement, sans nous douter de la quantité infinie des rouages de la machine humaine. Le plus important de ces rouages, c'est l'appareil circulatoire. Assurer une bonne circulation du sang, c'est assurer la santé, particulièrement chez la femme, où cette fonction se trouve compliquée par celle de la maternité.

Dans *Pour être aimée*, je me suis longuement étendue sur le système nerveux, sur les différentes formes de la névrose et sur les différents remèdes à y apporter. Mais depuis que j'ai écrit ce livre, le corps médical a fait de nombreuses et concluantes expériences sur un médicament nouveau, qui semble être le spécifique par excellence, contre tous les troubles féminins. Cette anémie, ces névroses souvent inexplicables et inguérissables sont maintenant expliquées et surtout guéries. C'est la reconnaissance qui me fait parler avec un réel enthousiasme de cette merveilleuse médication ; car j'ai été guérie moi-même, et j'ai guéri un grand nombre de jeunes filles, de jeunes femmes. Philogyne, ainsi s'appelle ce produit, élixir de Jouvence, devrait-on dire, car il assure, non seulement la santé de la femme, mais il prolonge sa jeunesse. Le nom du savant docteur qui en a formulé la composition devrait être écrit en lettres d'or sur le livre des bienfaiteurs de l'humanité.

Je vais ici résumer, en éliminant le plus possible les mots par trop techniques, le beau, le logique, le scientifique travail par lequel il a fait connaître sa découverte. Quelques-unes trouveront ce sujet peut-être un peu scabreux dans ce livre de l'élégance ; mais la science n'a pas de sexe.

Lorsque l'enfant devient jeune fille, elle subit une crise, appréhendée par toutes les mères ; car cette crise, dont l'issue est quelquefois funeste, est très fréquemment accompagnée de troubles graves. Un retard trop prolongé, apporté dans la régularisation, la fixation de sa santé, amène assez souvent la congestion pulmonaire chronique, laquelle conduit, plus ou moins rapidement, à la phtisie tuberculeuse.

Dans nos pays tempérés, cette crise apparaît entre douze et quinze ans ; mais lorsque, pour une cause ou pour une autre, elle se trouve retardée, les jeunes filles éprouvent une série de symptômes, souvent très douloureux, en tous cas, alarmants : faiblesses, crampes d'estomac, douleurs de tête, points névralgiques, etc., etc. Des bouffées de chaleur leur montent au visage, des vertiges et des bourdonnements d'oreilles annoncent la prochaine installation de la chlorose. La chlorose est-elle la conséquence ou la cause du retard de cette évolution naturelle, attendue avec tant de perplexité? Les médecins ordonnent généralement contre cet état les ferrugineux, le quinquina, quelques emménagogues ; mais les premiers fort échauffants n'amènent souvent que d'autres désordres. Quant aux seconds, les inconvénients en sont nombreux. Le plus grand est d'être d'une efficacité fort problématique. Que de fois n'ai-je pas entendu dire aux docteurs : « Nous n'avons en thérapeutique, pour favoriser cette crise, aucune médication certaine. » Aussi l'apparition de ce souverain élixir est-elle presque une révolution médicale. En effet, ce médicament d'une efficacité absolue pour le cas auquel il s'applique, en même temps, régularise, loin de les entraver, toutes les autres fonctions; il est d'une innocuité si complète, qu'on peut en mettre, sans danger, quelques gouttes dans sa boisson pour se désaltérer; enfin loin d'être nauséabond, comme la plupart des médecines, cet élixir, admirablement composé, devient, mêlé avec un peu d'eau, agréable et désaltérant. Mais ce qu'il a de plus merveilleux, c'est la rapidité avec laquelle il opère. Nous connaissons des docteurs qui l'administrent à leurs filles, à leur femme, et qui toujours en ont obtenu presque immédiatement l'effet si longtemps, si vainement attendu.

Je dis leur femme, car ce remède ne convient pas seulement à la jeune fille qui se forme. Il convient à toutes les femmes qui éprouvent de ce côté des irrégularités. J'ajouterai même qu'un assez grand nombre, sujettes à une foule de malaises inexplicables, trouveraient une raison de leur état dans l'insuffisance de cette fonction. Dans ce cas encore, la Philogyne est tout indiquée.

Enfin ces crises passagères et périodiques sont fréquemment accompagnées de douleurs vives, quelquefois même intolérables. C'est là surtout que triomphe la médication nouvelle : quelques cuillerées du précieux élixir calment presque instantanément les souffrances.

Toutefois, il est une autre crise, plus redoutée encore que celle qui trouble si souvent l'apparition de la puberté, crise bien plus redoutable en effet ; car la femme n'a plus la vigueur, la vitalité de la jeunesse pour lutter contre les tempêtes du sang. Or, grâce à un emploi sage, parfaitement dosé de la Philogyne, on traverse, presque sans s'en apercevoir, ce passage terrible, appelé l'enfer des femmes. C'est, pour ce moment-là surtout, un modificateur de premier ordre, combattant avec succès tous les accidents qui ont un retentissement si profond dans l'organisme.

En prolongeant la jeunesse de la femme

la Philogyne prolonge également sa vie. Combien de femmes en effet ne peuvent traverser cette crise ! Mais au contraire, si vous pouvez la franchir, si la ménopause s'opère sans trouble, si le sang se replace sans congestionner aucun autre organe, sans produire ces stases sanguines qui amènent tant d'autres désordres : palpitations, dyspepsie, ictères, rhumatismes surtout, c'est une seconde jeunesse qui commence ; et il n'y a plus de raison pour que vous ne viviez point jusqu'à cent ans, c'est-à-dire jusqu'à l'usure de vos organes ; car tant que la parfaite circulation est assurée, toutes les causes de maladies, ou du moins à peu près toutes sont écartées.

Enfin la femme, à cet âge, est fréquemment envahie par un embonpoint qui déforme sa taille, empâte ses traits, la vieillit tout à coup et irrémédiablement ; car si l'on peut avec des soins effacer les rides, on ne peut rendre aux visages alourdis par la graisse la gracilité de la jeunesse. A ce moment surtout la Philogyne est un préventif de l'embonpoint si redouté de toutes les femmes.

Surtout, chères lectrices, ne croyez point qu'en écrivant ainsi, je cède à un emballement irréfléchi. Personne, je dois vous le confesser, n'est plus sceptique que moi en médecine, n'ayant jamais obtenu le moindre soulagement des remèdes que j'ai consenti à prendre quelquefois pour ne pas désoler les êtres chers qui m'entouraient. Je dois même ajouter en toute sincérité que, le plus souvent, j'en obtenais l'effet diamétralement opposé à celui qu'on prétendait produire. Sauf la quinine comme fébrifuge et la Philogyne comme régularisateur du sang, je ne vous recommanderai, certes, aucun autre remède ; et soyez assurées que je me ferais un crime de vous indiquer celui-là, s'il pouvait vous causer le plus léger malaise. Je le préconise, parce que j'ai vu des résultats à confondre les plus incrédules.

De quelles substances, me demanderez-vous, se compose donc cet inappréciable élixir ? Je veux bien vous le dire, mais vous n'en serez pas plus avancées ; il a pour base une variété de chenopodium du Mexique. Comme vous le voyez, rien du remède secret. Admirablement dosé, il a un goût de menthe assez prononcé et très agréable. Usité depuis longtemps déjà au Mexique et dans toute l'Amérique, mais avec un dosage incertain, empirique, il n'y produisait pas toujours cette action immédiate, spécifique, constante, héroïque, en même temps que d'une innocuité absolue. J'insiste, j'appuie beaucoup sur ce point : innocuité absolue. Car lorsqu'il s'agit de cet organe, de cette fonction surtout, on pourrait craindre des résultats dépassant le but, tandis que, tout au contraire, il prévient également la surabondance.

A quel principe attribuer ce mystérieux et

admirable effet ? Est-ce aux propriétés alcalines du chenopodium ou aux principes excitants des autres plantes qui entrent dans sa composition qu'est due l'action secrétoire, dépurative et stimulante de la Philogyne ? Les expériences de laboratoire, actuellement à l'étude, résoudront bientôt cette importante question didactique. Quoi qu'il en soit, cet élixir est bien supporté, même aux plus hautes doses, par les estomacs les plus délicats. Il augmente légèrement la salive et le suc gastrique ; il diminue la fréquence du pouls, a une action diurétique légère ; il agit comme apéritif, facilite la digestion ; et, au contraire des médications ferrugineuses, très échauffantes, il dissipe les échauffements et régularise toutes les fonctions intestinales. Donc, les propriétés de ce nouveau médicament, dont je parle si longuement, parce que c'est le médicament féminin par excellence, participent à la fois de la stimulation et de la sédation.

« La Philogyne, le plus inoffensif des médicaments, disait devant moi un docteur spécialiste très en vogue, est le régulateur par excellence de la santé féminine. Or, quelle est la médication dont on puisse certifier qu'elle réunit ces deux desiderata, si rares en thérapeutique : l'activité curative jointe à l'absence de tout danger. »

De l'avis de tous les grands médecins anciens et modernes, depuis Hippocrate jusqu'à Peter, non seulement toute la santé de la femme, mais toute la femme est contenue dans l'organe de la maternité, et lorsque le fonctionnement en est régulier, parfait, la santé, non seulement physique, mais morale est parfaite.

Je dis morale, car aujourd'hui on n'ignore plus que la plupart des névroses, même mentales sont produites par ce que Michelet appelait : l'orage du sang.

C'est encore cette même cause qui, le plus souvent, altère la pureté de notre teint; et le teint n'est-ce pas la jeunesse, n'est-ce pas l'appoint le plus incontestable de la beauté? Ces fonctions sont-elles irrégulières, insuffisantes, aussitôt surgissent mille malaises qui se répercutent sur votre visage : les traits sont fatigués; assez fréquemment une éruption herpétique marbre les joues, atteint les lèvres ; des boutons d'acné surgissent sur le front ; les rides se forment, se creusent, s'accentuent ; et la couperose, l'affreuse couperose, cette terreur des femmes, commence à envahir les ailes du nez, les joues, le menton, malgré la poudre de riz et les fards qui ne font que masquer fort mal tous ces ravages, qui en favorisent même la marche sournoise. Eh bien ! mieux que tous les cosmétiques, la Philogyne, en dépurant l'organisme, en rétablissant la parfaite circulation du sang, fait renaître l'éclat et la pureté du teint. Toutes les femmes le savent aussi bien que moi : conserver au teint sa pureté, à la peau son grain délicat, c'est conserver à la femme la beauté, la jeunesse.

Nous terminerons donc par la phrase qui a commencé ce chapitre :

La beauté ne saurait exister sans la santé ; or, rien ne peut contribuer plus puissamment à perpétuer la beauté de la femme et la durée de sa vie que ce merveilleux élixir.

Toutefois si je vous recommande la Philogyne comme un excellent médicament, je me hâte d'ajouter qu'il est de beaucoup préférable de n'avoir pas à y recourir. Pour vous maintenir en état de bonne, belle et fraîche santé, pour assurer une parfaite circulation du sang qui entraîne tous les détritus organiques, qui en facilite la combustion normale, qui nettoie, si je puis m'exprimer ainsi, toutes les cellules des humeurs morbides, vous devrez suivre un ensemble de moyens hygiéniques, préventifs de la maladie ou seulement du malaise :

Alimentation savamment combinée des aliments plastiques et des aliments respiratoires.

Ablutions quotidiennes antiseptiques.

Aération fréquente et parfaite de vos appartements.

Exercice intégral.

J'ai traité déjà toutes ces graves questions dans mon précédent volume. Je ne me suis pas suffisamment appesantie toutefois sur l'exercice intégral.

La promenade que je recommandais n'est pas suffisante. La marche n'exerce que les jambes. Aussi rien n'est-il comparable à ces jeux en plein air, déjà cités plus haut, joignant, à la variété des mouvements, l'excitation de l'émulation et de la gaieté. Toutefois, comme on ne peut chaque jour organiser ces parties de plaisir, il est d'autres exercices ayant pour but de développer alternativement tous les muscles et de les fortifier : je veux parler de la gymnastique qui, scientifiquement dirigée, parvient à réformer les corps défectueux ou mal équilibrés. Grâce à des exercices bien compris, le corps peut acquérir les proportions parfaites de l'antique beauté plastique.

Cependant, quand il s'agit des jeunes filles destinées à devenir des femmes élégantes, distinguées, je proteste contre les exercices de force qui développeraient d'une manière exagérée les articulations ou les muscles et grossiraient les mains, une main fine, effilée étant l'une des plus grandes séductions de la femme. Je conseillerai donc de préférence à celles qui n'ont rien à réformer, la Callisthénie, c'est-à-dire un ensemble de mouvements gracieux, ayant pour but d'assouplir les membres, de développer la poitrine, de cambrer les reins prématurément ankylosés par les corsets trop serrés, d'habituer à la démarche comme aux gestes élégants, en un mot, d'enseigner la grâce.

XXXVII

LES DESSOUS DE LA TOILETTE

Portez votre velours en dessous, a dit un homme d'esprit et de goût. La suprême élégance, c'est de porter sous une robe de lainage toute simple un très luxueux juponnage. C'est par ce contraste que l'on prouve sa distinction. Aujourd'hui, on juge une femme, non d'après sa robe et son manteau que l'ont voit, mais d'après les dessous qui, assurément, ne sont pas pour être montrés, mais que la coquette excelle à laisser entrevoir, soit en relevant sa traîne, soit, par un brusque et gracieux mouvement de main, en montant en voiture, en s'asseyant, en dansant. Comment l'indiscrétion a-t-elle été commise? En vérité on ne saurait le dire, mais si courte qu'ait été la vision, une fine observatrice a vu la doublure soyeuse de la jupe, les jupons de surah, de moire, de satin broché, de brocard, avec cascades de dentelles entremelées de rubans clairs ou de ruches mousseuses en étoffe pareille. Elle a vu le bas, si fin qu'il laisse transparaître la peau rosée du cou de pied et de l'aristocratique cheville. Est-il rien de plus coquet que ce nuage flou, soyeux?

Plus la robe est foncée, sévère, plus les dessous doivent éclater en gammes gaies et falbalassées. Une recherche exquise : au lieu de parfumer vos robes, cousez dans vos jupons de petits sachets de jonquille ou de peau d'Espagne.

Quels progrès dans le raffinement des dessous depuis le siècle passé ! Sait-on ce que Marie-Antoinette, obligée par son exemple d'encourager les industries de luxe, dépensait annuellement pour sa toilette ? A peine quinze mille francs. Une de ses robes était doublée de toile à matelas. Elle faisait raccommoder, reborder ses toilettes, repriser son linge, recoudre ses chaussures. Les dessous, dans ce siècle pompadouré, poudré, musqué, étaient rudimentaires. Aujourd'hui, il n'est si petite bourgeoise qui oserait risquer sa réputation de jolie femme en en portant de semblables.

LE CORSET ARTISTIQUE ET LOGIQUE

Parmi les dessous, le vêtement le plus important au point de vue de la plastique féminine, c'est le corset, le corset qui doit, s'il en est besoin, réformer la taille, l'amincir, la cambrer, et, d'après la manière dont il présente la gorge, en augmenter ou en diminuer le volume. Comme pour le corsage, c'est une question de coupe ; car ce n'est pas en se serrant

16.

outre mesure, ainsi que le font beaucoup de femmes, qu'on obtiendra les séductions de la tournure, c'est-à-dire une taille souple, onduleuse sans trop d'abandon, bien prise et de proportions parfaites. Une bonne corsetière, si elle est artiste, saura corriger une taille défectueuse, tout en lui conservant sa physionomie propre. Ainsi, il y a les tailles courtes qui rappellent la beauté grecque : les tailles rondes qui, d'après Balzac, décèlent les penchants voluptueux ; les tailles longues et plates, signe de natures plutôt sentimentales et rêveuses. Un corset peut modifier sensiblement la taille sans en changer le caractère ; il doit la mouler, la maintenir, sans nuire à sa souplesse et surtout sans jamais blesser ni fatiguer, sans la serrer surtout, car un corset trop serré peut amener dans la santé les désordres les plus graves. Un assez grand nombre d'autopsies ont révélé des déformations, des déviations d'organes internes causées par le corset ; estomacs comprimés, effilés, foies étranglés, cœurs refoulés, abaissement des organes de la maternité, rétrécissement des poumons, etc., etc., produisant à la longue des maladies incurables et mortelles.

C'est Catherine de Médicis qui, la première, importa en France le *corps à baleine*. La Révolution française avait balayé baleines, buscs et cuirasses d'acier. Mais le corset ne tarda pas à reparaître, et aujourd'hui comme au xvi° siècle, les femmes esclaves de la mode s'emprisonnent dans une armure qui les étouffe et lentement les conduit à une mort prématurée. Si encore ces tailles de guêpe produisaient à l'œil un effet séduisant ; mais, au contraire, rien n'est plus pénible à voir que ces tailles si minces ; rien n'est moins artistique surtout.

Tandis que si le corset est bien fait, s'il sait unir les conditions de la plastique et de l'hygiène aux exigences de la mode, sans les outrepasser, s'il cambre élégamment les reins, s'il soutient la gorge, la pose dans sa place réelle, s'il ne comprime ni le foie ni l'estomac ni le cœur ni les poumons, s'il laisse à la respiration son entier développement, le corset est plutôt hygiénique que défavorable à la santé.

Nous sommes fort éloignées assurément du corset décrit dans un mémoire de M. de Jouy, et qu'il regarde comme le corset de l'avenir. Permettez-moi de vous citer ce passage assez curieux.

« Dans l'Inde, beaucoup de femmes, et particulièrement les bayadères, font usage d'un corset à la fois élégant et commode, dont l'objet spécial est de conserver au sein sa forme sphérique et son élasticité.

« Chaque globe est renfermé dans un étui fait d'une étoffe qui a été tissée avec l'écorce très fine d'un arbre qui croît dans l'île de Madagascar. Ces étuis, auxquels on a donné la forme des appas qu'ils doivent renfermer, sont d'une couleur analogue à la peau des femmes qui se les appliquent : l'étoffe en est si élastique et si fine, que l'œil trompé croit découvrir une gorge nue ; il en aperçoit les mouvements, qui ont lieu simultanément avec la respiration, et qui attestent la fermeté et la cohésion de ces organes si susceptibles de se ramollir.

« Le toucher, même le plus subtil, ne saurait reconnaître l'enveloppe d'avec la partie qu'elle lui soustrait, pour l'empêcher de se flétrir prématurément. Cette précaution est si favorable à cette fin, que les bayadères conservent la beauté de leur gorge jusqu'à un âge très avancé, c'est-à-dire au delà de leur trentième année ; car c'est réellement dans ces climats qu'il est juste de dire des femmes qu'elles ne sont plus jeunes à trente ans. Aussi les bayadères ne quittent-elles jamais leur corset ; elles le gardent dans leur lit.

« Le corset des bayadères se noue par derrière et ne cause aucune gêne à celles qui le portent. Lorsqu'elles se parent, elles enrichissent l'étoffe qui couvre leur gorge des ornements les plus rares et les plus brillants ; les perles, les rubis et les diamants les plus précieux y sont semés avec autant de goût que de profusion. »

Je ne sais trop si notre pudeur s'accommodera jamais de ce genre de corset. Il faudrait faire table rase de pas mal de préjugés avant d'arriver à remplacer le corset moderne par le corset indien.

Assurément, il est des tailles qui pourraient se passer de corset, surtout dans la jeunesse; mais demander aux jeunes filles, aux femmes élégantes de supprimer le corset serait, je crois, peine inutile. Aussi ne le leur demandé-je pas.

Perfectionnons le corset le plus possible, et au lieu d'en faire un instrument de torture, demandons à nos corsetières d'en faire un vêtement élégant, commode, d'un porter agréable. Ainsi que je l'ai dit en commençant, c'est une question de coupe. Un corset peut amincir, sans serrer. Comme le corsage, le corset qui évase la gorge, la grossit; celui qui la resserre, l'amincit. Les ressorts, au lieu de se rapprocher dans le bas vers le busc, doivent s'en écarter plutôt. Pour donner au contraire plus d'importance à la gorge, on suivra le mouvement inverse.

Essayez-en, chères lectrices, et si vous êtes un peu fortes, vous serez surprises agréablement de l'effet produit par ce changement d'inclinaison qui ne semble rien, et qui cependant modifie complètement la forme et surtout les dimensions de la poitrine.

Enfin, voici un nouveau corset, vraiment artistique et qui se rapproche quelque peu du corset indien, en ce sens qu'il maintient suffisamment la gorge en lui laissant sa forme primitive, sans produire aucun des inconvénients de l'ancien corset qui la comprime, la meurtrit et souvent la brise. On le fait en tulle, un tulle spécial pour corset. Au reste peu importe l'étoffe. C'est à proprement parler une ceinture fortement échancrée sous les seins, de façon à les laisser tout à fait libres. S'ils sont fermes, ils n'ont aucun besoin d'être emprisonnés et soutenus. C'est même un crime de lèse-beauté de leur faire subir ce froissement. Mais s'ils ont perdu leur forme virginale, on fixe au corset, qui remonte vers le milieu comme une ceinture suissesse, une pochette de tulle gracieusement plissée, prenant exactement la forme de la gorge qu'elle doit soutenir. Un ruban passant sur l'épaule, formant bretelle et fixé par derrière, soutient la pochette. Cette bretelle peut être ornée d'un joli nœud.

On peut même nouer soi-même ce ruban négligemment, au défaut du bras. Ce nœud remplira ainsi un creux que les couturières dissimulent souvent par de l'ouate. La gorge, grâce à cet ingénieux corset, conserve ainsi sa forme primitive ; et la robe peut en mouler exactement le gracieux contour. Ce corset, s'il est en tulle, très doux au porter, est en même temps très hygiénique en ce qu'il permet l'évaporation de la transpiration, et laisse complètement libres les fonctions respiratoires.

Dernière recommandation : quelle que soit la coupe du corset, sauf le busc qui doit être assez ferme, afin de ne pas trop appuyer sur le creux de l'estomac, tous les autres ressorts et baleinages doivent être excessivement flexibles, sous peine de nous faire un buste de bois.

On reconnaît qu'un corset est suffisamment serré quand on peut faire partout un pli avec les doigts et passer la main en haut comme en bas.

Quant à la couleur de l'étoffe employée, suivez votre goût. Je crois que le corset noir a fait son temps. Le corset bouton d'or a beaucoup de cachet et de véritable élégance. Je n'aime pas pour les dessous les couleurs trop foncées; c'est moins propre, moins séduisant à l'œil.

LES COQUETTERIES DU BAS

Jamais, à aucune époque, la généralité des femmes n'ont apporté autant de recherche dans ce vêtement qu'on aperçoit à peine, mais qui, si peu qu'on le voie, joue cependant dans l'art de la coquetterie un rôle important. Il y a quelque vingt ans, le *nec plus ultra* de l'élégance était le bas blanc, de fil d'Écosse ou de soie, mais tout uni. Aujourd'hui les broderies qui les ornent en font un objet de luxe véritable. Il en est qu'on paye jusqu'à quatre-vingts francs; c'est de la folie, étant donné, surtout, qu'il faut varier la nuance de ses bas selon chaque toilette : bas de toutes couleurs, pour bals, soirées, visites, bas pour la campagne, les bains de mer, les voyages. Que de jolies choses, parmi lesquelles de mignons chefs-d'œuvre comme tissus, comme broderies ! Mais tout cela est, je le répète, fort coûteux. Pour vous, chères lectrices, qui visez à l'économie dans l'élégance, suivez la mode du jour, qui est au bas noir. Le bas noir fin, en soie ou en fil d'Écosse, a sa raison d'être : il affine la cheville et rapetisse le pied, si vous portez un soulier découvert ; et c'est là, sans nul doute, ce qui lui vaut la faveur de nos coquettes. Autrefois, la gloire de nos mères résidait en un bas blanc, bien tiré, et le bas noir était aussi mal porté que possible. Aujourd'hui la mode a tout changé : le bas blanc est affreux ; le bas noir, au contraire, est exquis. Suivons donc la mode qui, probablement, reviendra aux bas blancs. On affirme même qu'elle y revient déjà.

Un conseil de propreté et d'économie : pour si indégorgeable qu'on vous vende le bas noir, il déteint cependant à la longue, devient d'une fort vilaine couleur violacée ou blanchâtre ; je vous engage à le passer chaque fois au bois de campêche, mais alors il déteint sur le pied, sur la jambe ; or est-il rien de plus odieux que cette teinture qui se dépose sur la peau ? Je vous conseillerai donc, chères lectrices, de ne mettre qu'avec les souliers découverts des bas noirs ; mais avec les bottines ou bottes montantes, pour les courses, promenades, voyages, adoptez plutôt le bas blanc ou de couleur claire : c'est plus sain, plus propre.

LA LINGERIE

Abordons maintenant la lingerie de corps. Comme toutes les parties du vêtement féminin, elle a fait des progrès inouïs. Autrefois le trousseau d'une femme honnête était des plus modestes. Maintenant que le raffinement s'est glissé en toutes choses, c'est un luxe de broderies, de garnitures, de dentelles, qui jadis étaient réservées aux reines et aux princesses. Si l'on fait confectionner ces élégances dans les premières maisons, elles sont ruineuses. Nous engagerons donc notre coquette économe à s'adresser à une maison modeste qui lui vendra les mêmes articles infiniment moins cher. Elle trouvera, chez ces lingères de second et même de cinq au sixième ordre, des modèles tout aussi riches ; et si on le leur recommande expressément, avec le même fini dans le travail. Il en est qui, croyant être plus économes encore, confectionnent, elles-mêmes, avec des patrons et de fines dentelles, une lingerie de fantaisie, assez coquette, grâce au soin qu'elles prennent de l'orner de quelques rubans.

Il nous reste à parler des matinées, sauts du lit, bonnets du matin ; car notre élégante doit avoir assez le respect d'elle-même pour ne jamais paraître en un négligé malpropre et peu soigné, ni devant sa femme de chambre, ni même devant sa glace, ni, à plus forte raison, devant son mari. Elle ne doit jamais déchoir, pas plus aux yeux des autres qu'à ses propres yeux.

Ainsi, le matin, après avoir rejeté la gracieuse résille, elle posera sur ses cheveux encore ébouriffés un de ces petits bonnets, que certaines lingères savent exécuter avec un enlevé si coquet, et qu'il est bien facile de copier, si l'on veut s'en donner la peine. Un petit morceau de mousseline, un mètre de dentelle et quelques coques de ruban gracieusement posées à l'air de votre visage, et voilà un petit chef-d'œuvre de coquetterie.

En été, une matinée en surah de nuance tendre, garnie de malines, ou en mousseline blanche, ornée de valenciennes et de rubans, ou encore une de ces longues chemises de soie à jabot remplaceront la chemise de nuit.

Mais à côté de ce vêtement pratique et économique, que de ravissants peignoirs, jaunes, roses, bleus, lilas, vaporeux comme un nuage d'apothéose, et qui laissent transparaître le lumineux divin de la peau !

En hiver, c'est la robe de chambre douillette, en velours ou en peluche ou en cachemire

de l'Inde moelleux comme de la soie, blanche
ou de nuance claire. Cette robe de chambre
plus négligée, moins luxueuse que la robe
d'intérieur, dont nous avons longuement parlé,
doit avoir, dans sa forme, plus de laisser aller :
elle sera plus lâche, moins ajustée. Ce sont
des vêtements que, sous votre direction, votre
femme de chambre peut fort bien confectionner. Et il y a de si jolis lainages, si souples, à
si bon marché ! Il importe seulement, et c'est
même une recommandation expresse, que la
robe de chambre ou la matinée soit toujours
de couleur seyante à votre teint, et qu'elle ne
fasse pas discord avec la nuance de la chambre
à coucher.

XXXVIII

LES DESSOUS DU MÉNAGE

Dans ce volume, j'ai parlé bien souvent
d'économie. Certes, ce n'est point que par goût
je me sente portée à ces petites mesquineries
de la vie : je dois même avouer que je
les ai en horreur. Mais je ne puis trop le
répéter, au risque de vous fatiguer : lorsque
j'envisage tous les soucis, tous les tracas, tous
les désespoirs causés par la pauvreté, je pense

qu'on ne saurait montrer trop de prévoyance pour éviter ces bouleversements d'existence, où sombrent, non seulement notre repos, notre bonheur, mais trop souvent, hélas ! notre dignité, oui, notre dignité. Rien n'est plus humiliant, rien surtout n'est plus humilié, maltraité, méprisé que la misère. Regardez autour de vous : partout la richesse honorée, glorifiée ; la misère repoussée, honnie, à l'égal d'un vice. Veuillez croire, chères lectrices, que je suis loin d'applaudir à ce triomphe quand même de la richesse, comme à cette cruelle injustice envers la pauvreté. Je n'approuve pas, hélas ! je constate. *Væ victis !* disaient déjà les Latins. Notre vilaine société ne montre que trop qu'ils avaient raison. Malheur aux vaincus de la vie !

Si nous prêchons l'économie à nos élégantes, que nous supposons dans une jolie position de fortune ou du moins dans une position aisée, ce n'est pas assurément que nous ayons l'idée de les pousser à thésauriser, à entasser. Si, grâce à nos conseils, elle arrive au bout du mois ou de l'année à mettre quelque argent de côté, sur un budget sagement établi, c'est surtout afin qu'elle emploie ces économies à se donner ce plaisir, le premier, le plus élevé de tous, celui qui procure les plus douces, les plus grandes jouissances : soulager les infortunes, faire autour d'elle le plus grand nombre d'heureux.

La société, tout le monde s'accorde à le dire,

est à la veille d'une crise terrible. Il y a dans l'air des ferments de révolution, de revendication des pauvres contre les riches ; ceux qui souffrent sont le grand nombre, et ces souffrances, en de certains milieux que vous ne soupçonnez même pas, sont effroyables. Or ce grand nombre commence à comprendre qu'il a pour lui la force. Que fera-t-il, comment renversera-t-il le vieux monde et cette bourgeoisie qu'il abhorre ? La crise est-elle proche? Pendant combien de temps pourra-t-on la reculer? Le meilleur moyen, sans doute, serait de trouver un palliatif à ces misères. Ce sont là de grandes et terribles questions, auxquelles nous devons, au milieu des futilités de notre vie, réfléchir quelquefois. En attendant, notre devoir strict est de soulager le plus possible les infortunes qui nous entourent.

Je m'élève plus encore peut-être contre l'avarice que contre la prodigalité. C'est le plus honteux, le plus nuisible des vices, en ce sens qu'il stérilise la fortune et dépouille en réalité ceux qui manquent du nécessaire. Vous faites, au contraire, œuvre sociale, en dépensant largement vos revenus, en favorisant, dans la mesure de vos moyens, l'industrie et le travail. Enfin, il y a une vraie honorabilité à faire profiter de votre bien-être, en des réceptions agréables, les personnes que vous aimez et estimez. Votre plaisir ne se trouve-t-il pas décuplé, centuplé par celui de vos invités ? Une belle fête, comme une charmante réunion intime, ne procure pas seulement un plaisir de vanité, mais un plaisir composé, multiple, où votre sociabilité, votre goût des arts, où l'amitié, l'amour quelquefois, l'ambition assez souvent apportent leur contingent de satisfaction, de bonheur.

Donc, ma chère lectrice, si nous voulons vous apprendre à compter, ce n'est point pour développer en vous une sordide avarice, c'est, au contraire, afin que vous n'ayez jamais rien à retrancher au luxe artistique de vos appartements, à la richesse de vos toilettes, à la splendeur de vos réceptions, à tout ce qui fait la gloire et la prospérité artistique et commerciale de ce peuple français, le plus élégant, le plus intelligent, le plus affiné, le plus artiste du monde.

NOS DOMESTIQUES

La première chose dont nous devons nous occuper sérieusement, c'est d'établir le bon ordre intérieur de notre maison, sans lequel il n'y a pas de sécurité, de tranquillité, de bonheur possible.

Il y a plusieurs genres de maîtresses de maison :

Il en est qui ne s'intéressent aucunement à leur intérieur, qui, par paresse ou légèreté, laissent tout aller à vau-l'eau, mènent, dans le grand monde, une vie de bohème. Pour celles-là, j'ai bien peur que mes sermons ne soient lettre morte.

D'autres, au contraire, ménagères parfaites, s'occupent de leur maison du matin au soir, veillent à tout, surveillent incessamment leurs intérêts et leurs domestiques. Je n'écris point non plus pour celles-là, dont le perpétuel tatillonnage dégénère parfois en manie.

Il y a enfin, et c'est dans cette catégorie que je range mes lectrices, toutes celles qui sont désireuses d'avoir une maison parfaitement tenue, et qui en sont empêchées par les exigences mondaines de leur vie luxueuse, incompatible, souvent, avec les soins d'un ménage. Élégantes, sortant fréquemment, recevant beaucoup, il est fort difficile, en effet, de trouver le temps d'organiser sa maison et de surveiller ses domestiques.

Comme vous, mes chères lectrices, j'ai fait des écoles, j'ai été longue à m'y mettre. Avant d'être veuve, j'avais six domestiques. Eh bien! tout était si mal organisé, les domestiques se donnant le mot sans doute pour travailler le moins possible, qu'il m'est arrivé plusieurs fois d'être obligée d'aller ouvrir moi-même ma porte. Mais une amie que je consultai dans ma détresse, dont la maison était tenue avec un ordre parfait, où tout marchait comme sur des roulettes, avec une régularité chronométrique, me confia son secret. Je me hâtai de l'appliquer.

Je m'en trouvai si bien que je n'ai plus eu depuis à renvoyer un seul domestique ; mon intérieur est organisé comme une horloge. Je n'ai jamais d'ordres à donner, ni de remontrances à faire, le plus grand des supplices.

Voici le procédé :

Établir un règlement pour chacun de vos domestiques, et auquel il n'est permis de déroger sous aucun prétexte.

Le règlement, n'est-ce pas, en effet, le secret de toute sérieuse organisation ? Voyez l'armée, les couvents, les pensionnats.

Donc, je renvoyai mes six domestiques et je n'en repris que trois, réalisant ainsi une économie de moitié. Cocher-valet de chambre, cuisinière-fille de cuisine, femme de chambre-lingère.

Désirez-vous connaître mes tableaux de service ?

SERVICE DU COCHER-VALET DE CHAMBRE

Jusqu'à huit heures, pansement du cheval ; car j'ai dû supprimer un de mes cochers.

De huit heures à onze heures, faire l'antichambre, le salon, le boudoir. Mettre la table.

A onze heures, prendre les ordres de madame, nourriture du cheval.

A midi, servir le déjeuner, desservir avec la femme de chambre et mettre en ordre la salle à manger. Prendre les ordres de madame pour les sorties. Si madame ne sort pas, être en habit à trois heures pour la réception de madame.

En rentrant, panser le cheval.

Être en habit à sept heures et demie ou huit heures pour servir le dîner. Desservir et ranger la salle à manger.

Dîner.

Laver à l'office les verres, tasses et couverts. Ranger l'office.

Lundi. Nettoyer et battre les tapis.

Mardi. Brosser les murs, passer la tête de loup.

Mercredi. Brosser et battre les tentures.

Jeudi. Faire les carreaux et les glaces.

Vendredi. Faire l'argenterie.

Samedi. Faire les cuivres du salon, de l'antichambre, de la salle à manger.

SERVICE DE LA FEMME DE CHAMBRE

Prendre le service à sept heures exactement.

Soigner les plantes d'appartement.

Préparer le cabinet de toilette.

Entrer chez madame, servir son déjeuner et lui donner les livres de comptes.

Habiller madame.

Préparer la toilette de sortie ou la toilette du soir.

Déjeuner pendant que madame déjeune.

Faire la chambre de madame.

De deux heures à sept heures travailler, soit à la lingerie, soit au raccommodage, soit à la confection des toilettes.

A sept heures, habiller madame.

A huit heures, dîner pendant que madame dîne.

Préparer pour la nuit la chambre de madame.

Si madame sort, habiller madame.

Emporter à la lingerie les robes et les jupons qui ont été mis.

Inscrire la dépense de la journée.

Lundi. Compter les objets pour la blanchisseuse. Recevoir le linge, le compter, le visiter, mettre à part les objets à raccommoder, serrer les autres. Donner à la cuisinière, au valet de chambre, le linge de la semaine.

Mardi. Nettoyer les carreaux et les glaces de l'appartement de madame

Mercredi. Nettoyer les éponges, les brosses, les cristaux de l'appartement de madame.

Jeudi. Nettoyer les cuivres, les bronzes, les objets d'argent de l'appartement de madame.

Vendredi. Couture.

Samedi. Nettoyer et mettre en ordre les armoires à linge, robes, parfumerie, etc.

Dimanche. Se faire donner par les domestiques le linge sale de la semaine.

Faire la liste des objets à commander chez les fournisseurs.

Repos ou sortie.

SERVICE DE LA CUISINIÈRE

Prendre le service à sept heures exactement.

Préparer le déjeuner des domestiques et celui de madame.

Faire la salle à manger et l'office.

Prendre les ordres de madame à neuf heures.

Servir, suivant les ordres, à midi ou midi et demie.

Ne jamais faire attendre les plats.

Servir la femme de chambre pendant le déjeuner de madame.

Déjeuner avec le valet de chambre.

Laver la vaisselle.

Mettre la cuisine en ordre.

Préparer le dîner.

Servir, suivant les ordres, à sept heures, sept heures et demie, ou huit heures.

Laver la vaisselle, faire les couteaux; ne rien laisser de sale ou en désordre avant d'aller se coucher.

Remettre à la femme de chambre le livre de la dépense et les menus pour le lendemain.

Lundi. Laver les vitres, les planches, les tables, l'intérieur des placards et le plancher. Prendre le linge pour la semaine.

Mardi. Aller aux halles.

Mercredi. Faire les blancs et les cuivres.

Jeudi. Aider le valet de chambre à faire les carreaux et les glaces.

Vendredi. Aller aux halles.

Samedi. Faire les blancs et les cuivres.

Dimanche. Faire la liste des provisions à commander, donner à la femme de chambre la liste des provisions de la semaine.

Ce règlement peut se faire pour deux domestiques et pour un seul comme pour trois, ou quatre, ou six.

Assurément, je n'ai pas la prétention que ces règles soient suivies par toutes les ménagères. Mais il en est certainement qui jugeront l'idée pratique en ce qu'elle décharge la maîtresse de maison de la fastidieuse répétition des mêmes ordres.

Il leur sera d'ailleurs facile de modifier ce règlement selon leurs habitudes ou leur situation. Je puis, en tous cas, leur affirmer qu'elles se trouveront bien de la méthode, surtout si dans les premiers temps, elles n'admettent qu'on n'y manque sous aucun prétexte. Le pli une fois pris, elles seront étonnées de voir les choses marcher avec une aussi parfaite régularité. J'eus cependant certain valet de chambre, d'un caractère indépendant, qui s'avisa de trouver que tout ça, c'étaient des taquineries, des manies, et que, l'ouvrage étant fait, la maison en ordre, peu importait que le nettoyage à fond se fît le mardi plutôt que le samedi. Peut-être avait-il raison au point de vue absolu, mais comme en bouleversant l'ordre des nettoyages, il m'obligeait à une surveillance qui m'ennuyait, je fus inflexible, et je le mis à la porte, ce qui fut, du reste, d'un salutaire exemple. Depuis ce temps, le service se fait avec la régularité d'un mouvement d'horlogerie, et mes fonctions de maîtresse de maison ne m'occupent jamais plus de dix minutes par jour pour mes commandes et le choix des menus. Chaque matin, je donne les ordres personnellement, et quand il y a une observation à faire, je la fais directement.

J'ai soin de m'assurer, le plus souvent possible, si les soins indiqués par le règlement sont accomplis aux heures fixées.

Il importe aussi, selon cet excellent précepte : « Une place pour chaque chose, et chaque chose à sa place, » que chaque domestique ait un coin, une pièce, une armoire pour ranger les objets nécessaires à son service respectif, objets dont il est responsable.

Que les tiroirs, armoires, placards, porte-manteaux soient tenus dans un ordre parfait, et que la place destinée à chaque objet lui soit toujours conservée.

Je vous recommande encore, chère lectrice, de visiter de temps à autre, ces tiroirs, placards, armoires et commodes qui sont les pires ennemis du bon ordre, à cause des chiffons, des vieilleries, des ordures qu'on y entasse.

DES ÉGARDS QU'ON DOIT AUX DOMESTIQUES

Assurément la domesticité est devenue une plaie véritable. Dans les grandes villes on rencontre fréquemment chez les gens de service, surtout s'ils sont nombreux dans une maison, une démoralisation profonde : mensonge et vol organisés, hostilité sourde contre les maîtres, se traduisant, dès qu'ils sont entre eux, par les propros les plus grossiers, les plus injurieux. Il y a heureusement de louables exceptions. Mais en général le domestique fin-de-siècle est un triste personnage ; et c'est fatal.

Autrefois, lorsque la société était basée sur la hiérarchie, le respect des castes élevées, le domestique, imbu dès sa naissance de ces préjugés, acceptait cette condition inférieure comme une nécessité sociale. Il en était même qui se trouvaient honorés de servir de nobles personnages, et montraient à leurs maîtres un dévouement sans bornes. Mais aujourd'hui, avec le progrès des idées démocratiques, la domesticité ne s'impose plus. C'est une carrière qu'on choisit, parce qu'on n'a pas d'aptitudes pour une autre plus indépendante. Mais par cela seul qu'on incline à ce servage, c'est qu'on y est porté par l'amour du lucre.

J'entends souvent des maîtres récriminer

contre l'ingratitude de leurs serviteurs. Ce sont des naïfs. En entrant au service, les domestiques abdiquent toute personnalité : volonté et liberté.

Que leur donnons-nous en échange de cet esclavage de toutes les heures ?

Quelques centaines de francs par an. Ne serait-il pas absurde de leur demander, en retour de ce faible salaire, de l'affection, du dévouement, de la reconnaissance ?

Croyez-moi : puisque c'est l'appât du gain qui leur a fait embrasser cette condition, vous n'avez qu'un moyen, un seul de vous attacher vos domestiques et d'être bien servie, c'est de les rémunérer généreusement.

Lésiner sur les gages de vos domestiques est la plus sotte des économies. C'est vous créer un intérieure insupportable, vous exposer à toutes les tromperies, à toutes les moqueries.

Un vieil officier, très emporté, quoique bonhomme au fond, après avoir invectivé son valet de chambre de la façon la plus violente, et le plus souvent pour une bagatelle, sortait un louis de sa poche :

— Tiens, garnement, lui disait-il, maintenant, va boire à ma santé.

Le larbin était ravi, et adorait son maître, malgré ses injustes colères. Toutefois, il ne redoutait pas suffisamment les réprimandes qui amenaient de telles compensations. Aussi, ne vous cité-je pas cet exemple pour que vous l'imitiez.

« Aux qualités qu'on exige d'un valet, connaissez-vous beaucoup de maîtres qui soient dignes d'être valet? »

Beaumarchais de qui sont ces paroles, aurait pu ajouter : « Est-il un valet qui, s'il devenait maître, ne se montrât plus exigeant que le maître le plus difficile? »

Et en effet, il n'est pire maître, dit-on, que les domestiques enrichis.

Il les faut intelligents sans doute, mais intelligents seulement pour leur service. Le jour où vous lirez dans leur regard qu'ils vous pénètrent, qu'ils s'arrogent le droit de vous juger, de critiquer vos ordres, et surtout s'ils se permettent de les discuter, vous n'avez qu'une chose à faire, vous en séparer aussitôt.

Tout en leur témoignant des égards et de l'intérêt, ne vous laissez jamais aller avec eux à la familiarité. La familiarité réveille en eux des idées d'égalité; en quelques-uns, par conséquent, cette familiarité engendre la désobéissance, si ce n'est le mépris. Or, avant tout, vous devez être respectée et obéie; avant tout, dans votre cadre élégant, vous devez rester une parfaite grande dame.

Montrez-vous sévère, mais juste, humaine et bonne; tout en restant ferme, parlez-leur toujours avec une grande douceur, ne les surmenez pas, accordez-leur de temps à autre quelques sorties, quelques petites gratifications, et surtout n'excitez pas entre eux de jalousie en leur laissant voir vos préférences, si vous en avez.

Par exemple, soyez inexorable pour les irrégularités de service, pour un manque de respect ou une infraction à la probité. Enfin soyez sobre de remontrances : plus elles seront rares, plus elles produiront d'effet.

Si je traite aussi longuement ce sujet, c'est que les domestiques, à Paris surtout, sont un des plus grande tourments de la vie, et que dans ces luttes incessantes pour des minuties, votre dignité peut se trouver en jeu.

Il faut aussi savoir récompenser des services, des soins exceptionnels, comme au sortir d'une maladie, ou après une mort. Quand il vous est arrivé une chose heureuse, soit une naissance désirée, soit un mariage, c'est aussi l'occasion d'un cadeau. Vous les associez ainsi à votre joie, à votre bonheur.

Enfin, vous devez exercer votre surveillance avec délicatesse, ne pas les froisser, en laissant percer des soupçons sur leur fidélité, ne pas les importuner en vous montrant trop souvent.

Et cependant, il faut surveiller, surveiller sans cesse ; car il ne faut pas qu'ils puissent vous croire indifférente à ce qui se passe à l'office.

En suivant ponctuellement tous ces conseils, vous aurez de bons domestiques qui s'attacheront à votre maison.

LA CUISINE

Quelque prosaïque que puisse paraître à certaines de mes lectrices le chapitre de la cuisine, il ne saurait être déplacé dans un livre qui traite de toutes les élégances de la femme.

« Dis-moi ce que tu manges, et je te dirai qui tu es, » écrivait Brillat-Savarin.

La cuisine est un art véritable, et le plus important de tous, puisque c'est celui qui assure notre existence, et qui a sur le bon entretien de tous nos organes, l'influence la plus directe : Mangez-vous mal, aussitôt tout votre organisme se déprime ; votre intelligence elle-même se ressent de cette dépression.

Une bonne et savante alimentation doit donc être, Madame, une de vos principales préoccupations, dans votre intérêt comme dans celui des êtres qui vous sont chers.

Je ne puis en conséquence terminer ce livre sans aborder, quoique bien sommairement, ce chapitre, tant au point de vue de l'hygiène qu'au point de vue de l'élégance et de l'économie.

Le plaisir de la table tenait autrefois une place beaucoup plus grande dans la vie des gens riches qu'aujourd'hui, où l'on mange à la vapeur, comme on fait toutes choses d'ailleurs.

La cuisine et ses nombreuses annexes étaient une des parties les plus importantes des demeures seigneuriales. Généralement, ces constructions en forme de voûtes étaient immenses, et ne ressemblaient guère à nos cuisines actuelles où l'on mesure l'espace et quelquefois la lumière.

Les cheminées colossales étaient de véritables fournaises, où brûlaient des arbres entiers, supportés par de gigantesques landiers, devant lesquels rôtissaient d'énormes pièces de viande destinées à la nourriture d'un nombreux personnel.

Le mobilier de ces cuisines était parfois d'une élégance, d'une somptuosité qui en faisaient un séjour agréable.

Ustensiles de bronze artistement ouvragés, casseroles, plats d'argent d'un travail exquis, d'une richesse qui fut poussée si loin, qu'elle dégénéra bientôt en abus.

Les ordonnances de Louis XII et de Louis XIV furent impuissantes à refréner le luxe vraiment déréglé de ces batteries de cuisine.

Dans la classe moyenne également, sur les murs des appartements, s'étalaient une foule d'instruments de cuisine. Le cuivre rutilant était l'orgueil des ménagères.

L'histoire nous raconte même que le garde des sceaux de François Ier n'avait pour salon et pour cabinet de travail que sa cuisine. C'est devant sa somptueuse batterie de cuisine que défilèrent tous les grands seigneurs de cette époque, où l'architecture intérieure des appartements était encore rudimentaire.

Dans la plupart de nos maisons nouvelles quelque peu élégantes, les cuisines sont très proprement et commodément installées. Suffisamment éclairées et aérées, munies de carrelages faciles à laver, d'appareils à gaz ou de fourneaux savamment disposés, ces installations sont conformes aux lois de l'hygiène et de la véritable économie.

Votre devoir, Madame, est de veiller à ce que votre cuisine soit entretenue dans un état de minutieuse propreté, afin que les denrées ne s'altèrent point dans des coins humides, obscurs, où croissent et se multiplient si rapidement toutes sortes de microbes et des moisissures trop souvent vénéneuses.

Par cette même raison, vous devrez défendre les lavages des murs à trop grande eau, lavages qui entretiennent l'humidité et pourrissent les peintures.

Enfin, s'il est bien de nettoyer, il est préférable de ne pas salir. Vous saurez exiger de votre cuisinière ou de votre chef des habitudes de rangement et de propreté.

Dans les grandes maisons, il est d'usage que la maîtresse ne mette jamais les pieds à la cuisine. C'est un tort : la surveillance ne peut être bien faite que par elle.

En engageant vos domestiques, vous devez

les prévenir de cette surveillance, dont vous n'abuserez pas sans doute, mais que vous exercerez de temps à autre, à époques irrégulières ; car il est indispensable qu'ils sentent peser sur eux l'œil de la maîtresse de la maison. Cela seul suffit pour prévenir une foule d'abus.

Ainsi que je l'ai dit plus haut, cette surveillance, qui froisse toujours les gens de service, devra s'exercer avec prudence, tact et discrétion. Quelles que soient chez eux les habitudes de la domesticité, ils ont cependant un amour-propre parfois très irritable ; et ils ont tant de manières de se venger, à la cuisine surtout, sans que vous vous en doutiez !

LES PROVISIONS

La plupart des familles parisiennes mènent un train de maison supérieur à celui de leur état de fortune.

On obtient ce résultat de trois façons.

1° En faisant des dettes. Et vous savez, chères lectrices, si, pour moi, il est un danger pire que celui-là : danger pour votre repos, votre santé, votre avenir, l'avenir de vos enfants. Que signifie cette vanité déréglée, ce besoin de briller quand même ? Sans doute, il est charmant de recevoir, de donner à ses réceptions un grand air d'opulence, mais il ne faut pas que cet éclat extérieur couvre de vilalas dessous, des trucs honteux ou grotesques pour masquer la pauvreté réelle, pauvreté qui finit toujours par percer par l'indiscrétion d'un domestique, d'un prêteur ou d'un fournisseur qu'on ne paie pas ; et alors, ce sont vos meilleurs amis, ceux-là mêmes que vous avez hébergés, qui raillent vos prétentions à l'opulence, et font des gorges chaudes sur votre vanité.

2° En s'occupant exclusivement et personnellement de sa maison.

Il est des ménagères tellement industrieuses et économes qu'elles font vraiment des prodiges : surveillant tout, pesant tout, comptant tout, achetant tout elles-mêmes, elles arrivent à donner un aspect de bien-être. de richesse aux intérieurs les plus modestes.

Quand ces ménagères-là ne sont pas d'effrénées coquettes ou des ambitieuses qui poursuivent un but, ce sont généralement de pauvres mères de familles, qui ont des filles à marier, et qui veulent masquer l'absence de fortune par un certain apparat. Mais cette vie de cuisinière ou d'intendante, par vanité ou par dévouement, ne saurait convenir à la femme dont je m'occupe aujourd'hui.

3° En supprimant, grâce à une bonne organisation, les principales sources de gaspillage.

Généralement vous payez plus cher qu'elles ne valent vos fournitures de table : légumes, fruits, viandes, œufs, poissons. qu'on trouve aux Halles beaucoup moins cher que partout. Or, il n'est pas une cuisinière, si occupée soit-elle, qui ne puisse aller aux Halles au moins deux fois par semaine.

Mais alors il est indispensable que vous soyez renseignée sur le prix des denrées : ce que vous pouvez faire en en lisant la cote dans les journaux. En tous cas, vous ne devez point paraître ignorer les prix, surtout y paraître indifférente. Quand vous réglez vos comptes, vous devez lire attentivement le livre de dépenses, où vous exigerez que le prix de chaque acquisition soit strictement mentionné, faisant des observations, quand il vous semble qu'il y a lieu d'en faire, même pour une somme minime ; car vous ne devez pas plus tolérer un petit vol qu'un gros, sous peine de laisser la porte ouverte à tous les coulages, qui deviennent énormes dans une maison de quelque importance.

À la fin du mois vous faites une récapitulation qui vous indique si vous n'avez pas dépassé la somme que vous avez fixée dans votre budget pour vos frais de table. Si cette somme a été dépassée, vous devez en faire l'observation à votre cuisinière et vous restreindre le mois suivant, afin de rétablir l'équilibre.

Quant à l'épicerie, vous l'achetez par provision d'un mois par exemple. Vous en limitez ainsi la consommation, sans être obligée de recourir à une surveillance de tous les jours

Il y a maintenant des sociétés coopératives d'épicerie qui fonctionnent admirablement, et qui vendent, à meilleur marché même que les grandes épiceries en vogue, des denrées de première qualité. La différence de prix n'est peut-être pas énorme, mais on est assuré du moins contre la falsification.

Je regarde même comme un devoir d'encourager, en s'y faisant inscrire, ces associations de consommation qui rendent de si grands services aux classes peu fortunées.

Et à la fin de l'année, comme vous êtes associée aux bénéfices de la société, vous recevez un dividende. Ce dividende, si vous ne voulez pas en bénéficier vous-même, vous pouvez le distribuer, comme gratification, à vos domestiques, ou le mettre dans la tirelire des bonnes œuvres.

Dans *Pour être aimée*, j'ai traité longuement de l'alimentation féminime, autant pour nos pâles et jolies anémiques et névrosées, que pour toutes celles qui souhaitent de vivre longtemps et de rester toujours belles. J'ai indiqué également le régime à suivre pour les femmes que menace l'obésité, ou qu'afflige une excessive maigreur ; car dans ces deux cas, l'alimentation est la base de tout traitement sérieux ou seulement préventif.

Je me bornerai donc ici, où je m'occupe surtout de l'élégance de la table, à donner quelques menus, sortant de cette banalité que j'aimerais à proscrire de votre vie, ma chère lectrice. Si j'avais carte blanche, je dresserais des menus royaux ; mais je n'oublie pas que je m'adresse à des femmes qui veulent faire très élégant, avec des ressources restreintes.

POTAGE

Consommé surprises.
(Ces surprises sont des quenelles de volaille
qui contiennent une petite jardinière :
pointes d'asperges, petits pois, carottes, etc., etc.)

RELEVÉ

Filets de turbot à la Nantua
(sauce aux queues d'écrevisses).
Servis en casseroles d'argent.

ENTRÉES

Jambon d'York moscovite.
Côtelettes de mouton ou de chevreuil
(selon la saison)
Montpensier Soubise.
Caisses de ris d'agneau, aux pointes d'asperges
et aux truffes
(peu connu, très délicat).

Sorbets au kirsch.

ROT

Canetons de Rouen authentiques, sauce rouennaise
(foies écrasés et fine champagne).
(Dans la saison du gibier, remplacer
les canetons par des faisans.)
Foie gras glacé au Madère.
Salade russe avec légumes frais.

LÉGUMES

Cardons à la moelle, demi-glace.
Glace Salammbô.

Si votre cuisinière sait s'y prendre, ce menu

pour quinze à vingt personnes ne dépassera guère 160 à 180 francs.

Assurément, si vous y ajoutez des truffes, le devis se trouvera facilement dépassé.

Ce qui était autrefois fort coûteux dans les dîners d'apparat, c'étaient les grosses pièces, qu'il était de bon ton d'exhiber ; mais aujourd'hui que le service à la Russe remplace partout le service à la Française, on réalise de notables économies en achetant, au lieu de pièces entières, des fractions de ces pièces, proportionnées au nombre de ses convives.

Autre menu dans les mêmes conditions à peu près.

Seulement, si j'indique ici un plat de moins que dans le menu précédent, et si je supprime les sorbets, c'est à cause des truffes que j'y introduis ; car il importe, quand on offre un plat recherché, de le faire en première qualité et en quantité suffisante. Or les bonnes truffes sont fort coûteuses. Il est même préférable de faire venir les pièces toutes préparées de Périgueux, si vous ne voulez vous exposer à faire manger à vos convives de petites boules ou rondelles noires, plus ou moins rugueuses au palais, et qui n'ont de la vraie truffe du Périgord que la forme et la couleur.

POTAGE

Consommé au velouté.

RELEVÉ

Nid d'hirondelles.
(Imitation. Bouchées très délicates.

ENTRÉES

Filet Portugaise, ou dans la saison du gibier,
Cuissot de chevreuil sauce anglaise à la menthe.
Côtelettes de ris de veau truffées.

ROT

Dinde truffée de Périgueux même,
ou dans la saison du gibier, Perdreaux truffés.
Chaud-froid de homards
garnis de queues d'écrevisses de la Meuse.
Salade Rachel.

LÉGUMES

Gourgnes de Smyrne à la Grecque.
Glace Trois-Nations

Voici deux autres menus plus élégants encore, mais un peu plus coûteux :

POTAGES

Potage Rachel.
Consommé Printanier aux quenelles de volailles.

HORS D'ŒUVRE

Barquettes de mauviettes aux truffes et à la gelée.

RELEVÉ

Truites norvégiennes, sauce vénitienne.

ENTRÉES

Selle de chevreuil, ou, selon la saison,
Cuissot des Ardennes, sauce Chasseur.
Timbale de ris d'agneaux toulousaine.
Côtelettes de pigeons à l'Italienne
ou Salmis de bécassine du Tibre.

SORBETS

Marquises Dantzig.

RÔTS

Poulardes ou faisans truffés, selon la saison.
Surprises Périgord lumineuses
Salade Algérienne.

LÉGUMES

Champignons en caisse **truffés**.

ENTREMETS

Pêches Guillaume le Conquérant
Glace : Le Bouquet.

Même ordre, encore plus élégant, mais ne dépassant pas cependant quatre à cinq cents francs pour 20 couverts.

POTAGES

Excelsior
Américain.

HORS D'ŒUVRE

Croquettes Talleyrand.

RELEVÉS

Faisans braisés au Champagne,
avec garniture de truffes entières.

ENTRÉES

Truite saumonnée, sauce mousseline
ou à la crème.
Jambon d'York à la Persane ou filet Trianon.
Côtelettes d'agneau farcies truffées, à la Nivernaise.
Queues d'écrevisses, glacées à l'aurore
ou
Chaud-froid de perdreaux truffés.

SORBETS

Marquises au Champagne.

RÔT

Poulardes de Bresse truffées.
Pâté de foie de canards de Chartres
Salade Francillon.

LÉGUMES
Artichauts au Clicquot.
ENTREMETS
Pain Montmorency au kirsch
Glace Marie-Louise.

Mais ce n'est pas tout que savoir dresser un menu ; il faut encore être sûre du talent culinaire du cuisinier ou de la cuisinière à qui vous en confiez l'exécution. Un plat vulgaire, bien apprêté, sera préférable assurément aux mets les plus nouveaux, les plus recherchés, mal préparés et mal présentés. Or, rien n'est plus rare qu'un parfait cuisinier : il doit être doué de tact, avoir de la mesure, le sentiment des proportions, et même le génie intuitif, inventif. Francisque Sarcey va jusqu'à prétendre que pour faire une bonne cuisine, il faut y mettre un peu de son cœur.

J'ai connu, dans l'Isère, un notaire de campagne, fin gourmet, bon vivant, dont la table, à laquelle il conviait volontiers ses clients, était renommée à dix lieues à la ronde. Or la cuisinière, c'était sa mère, une de ces bonnes bourgeoises de condition moyenne, une artiste culinaire comme on en rencontrait autrefois en province, et qui ne dédaignait point de présider elle-même à la confection des fins et succulents dîners qu'offrait son fils, et où elle mettait toute sa tendresse, tout son dévouement maternels.

Et je me suis laissé dire que ce notaire,

grâce à l'excellente cuisine de la brave femme, avait fait une rapide fortune de plusieurs millions. Tant il est vrai qu'un bon dîner, arrosé de vins généreux, dispose à toutes les effusions et rend même tous les contrats faciles.

Toutefois, si l'on passe en revue les mets les plus recherchés, les plus finement composés en trouve-t-on réellement d'exquis ? Combien de préparations médiocres pour une vraiment parfaite ! Et ces choses délicieuses au palais conviennent-elles absolument à la nutrition, sont-elles toujours appropriées à notre tempérament, comme à nos fonctions digestives ? Ne causent-elles pas trop fréquemment des malaises, quand elles n'engendrent pas de vraies maladies ?

Selon moi, l'art culinaire est encore en enfance.

Depuis longtemps je m'étonne que dans un siècle aussi scientifique que le nôtre, aussi fertile en progrès merveilleux, la cuisine reste livrée à l'empirisme entre les mains de praticiens fort ignorants ; cet art devrait être une science, et la plus importante de toutes, puisque c'est l'alimentation qui développe, entretient, prolonge la vie, et maintient tous nos organes en parfait état, leur restituant chaque jour les éléments qu'ils ont éliminés en accomplissant leurs fonctions.

J'ai donc la conviction qu'avant peu, nos savants découvriront une alimentation concentrée, quintessenciée, qui répondra aux besoins stricts du corps humain, c'est-à-dire contenant exactement les éléments dont il se compose, sans avoir à nous remplir l'estomac de matières inutiles, encombrantes, d'une digestion difficile, s'assimilant mal ou même pas du tout, et qui, lorsque le chyle parvient à les absorber, ne servent qu'à introduire dans le torrent circulatoire des éléments morbides, auxquelles nous devons la plupart de nos maladies, notamment les rhumatismes, la goutte, les affections du cœur et du foie, on pourrait ajouter : du cerveau, de l'intelligence. C'est à cette dernière et primordiale fonction que l'alimentation de l'avenir s'appliquera à fournir les éléments de choix qui décupleront la puissance cérébrale et nerveuse.

Axiome : il ne s'agit pas de manger bon et beaucoup, il faut manger juste.

XXXIX

LES RECETTES DE VICTORINE

SOINS A DONNER AUX ROBES ET AUX AUTRES VÊTEMENTS

Victorine, mon incomparable femme de chambre, possède de précieux secrets, dont je m'étais bornée jusqu'ici à admirer les résultats économiques. Elle veut bien aujourd'hui me les dévoiler dans l'intérêt de mes jolies lectrices ; car Victorine me lit aussi, et se trouve profondément honorée de voir son nom imprimé en toutes lettres dans un livre avec les éloges que je prodigue à ses rares talents.

Il est de haute importance pour une femme à la fois élégante et économe de donner à tous ses vêtements des soins entendus qui les conservent en parfait état, et prolongent considérablement leur durée.

Chaque fois qu'on quitte une robe, avant de la ranger, vous devez la faire brosser, nettoyer, secouer, autant que possible au grand air, en faire effacer, selon l'étoffe, soit avec la main, soit avec le fer, tous les faux plis ou cassures qu'elle aurait pu contracter. Puis on la suspendra dans l'armoire aux robes. Les jupes seront pourvues de trois attaches, coulisse ou ruban, d'environ 15 centimètres de long, posées à plat, à l'intérieur de la ceinture, une devant et deux de chaque côté, un peu en arrière. Réunies sur le même porte-manteau, elles suspendent la robe absolument d'aplomb ; et l'ampleur de la jupe ne peut prendre aucun de ces vilains plis que l'air n'efface pas toujours immédiatement.

Aux corsages, une attache de même longueur sera cousue au-dessous du col, fixée aux deux coutures des épaules ; on n'est pas ainsi obligé de suspendre le corsage par une manche ou par le cordon de ceinture.

Les robes que l'on ne met pas habituellement, comme les robes de bal, par exemple, et
surtout lorsque la saison des réceptions est
close, devront être introduites dans des sacs de
même longueur exactement que la traîne, afin
que celle-ci puisse s'y placer à l'aise sans se
froisser. Ces sacs seront faits en percale blanche, suffisamment serrée et glacée, de façon à
ce que la poussière glisse dessus sans les pénétrer.

Les mêmes soins sont recommandés pour les
vêtements un peu compliqués, qui devront être
rangés par la suspension plutôt que par le
pliage.

Si l'on a beaucoup de fourrures, la conservation chez le fourreur est une dépense véritable. Il est si simple, si économique surtout
de conserver soi-même ses fourrures et ses lainages.

On destine à cet usage un coffre ou malle à
plusieurs compartiments, et assez long pour
que les vêtements et les jupes puissent s'y étendre dans toute leur longueur, ou du moins le
plus possible.

Dès que viennent les chaleurs, le mois de
juin, par exemple, il faut jeter dans ce coffre
un kilo de poivre concassé et un kilo de cam-
phre en morceaux et d'autres poudres insecticides parfumées, que l'on trouve en quantités
variées dans le commerce.

Après avoir battu, brossé et aéré les lainages

et les fourrures, on les range dans ce coffre.
Il serait préférable, pour les soustraire au contact des poudres qui pourraient y laisser des traces, de les envelopper de linges blancs. Puis on les saupoudre encore par couches des mêmes ingrédients ; et enfin, on ferme hermétiquement ce coffre ou cette malle. En prenant ces soins, vous êtes sûre de retrouver vos vêtements parfaitement intacts quand reviendront les frimas.

Ce coffre, au fond duquel vous laisserez les poussières insecticides, devra servir uniquement à cet usage, en y ajoutant chaque année une nouvelle dose d'insecticides, mais cette fois beaucoup moindre. La dépense de cette conservation sera donc insignifiante, le récipient étant déjà saturé de ces odeurs salubres et préservatrices.

Nous croyons rendre service à nos chères lectrices en leur indiquant quelques procédés de nettoyage pour les soieries, les étoffes de laine, les dentelles, les bijoux, etc..

A Paris, on trouve d'excellents teinturiers qui rendent aux tissus l'éclat du neuf. Mais en province, à la campagne, ces procédés très économiques peuvent être d'un grand secours.

Les taches de boue sur la soie s'enlèvent d'ordinaire très facilement en les frottant simplement et un peu longtemps avec un morceau de flanelle.

Si la tache était d'un nettoyage difficile, à cause

de la nature de la boue, on peut essayer de frotter les taches avec un linge imbibé d'alcool ou esprit-de vin.

Les taches de peinture ou de cambouis seront rapidement enlevées par l'essence de térébenthine, si l'on a soin de ne pas attendre qu'elles soient sèches. Si elles l'étaient, il faudrait d'abord enduire la tache de beurre ou d'huile d'olives avant d'employer l'essence.

Le vinaigre ou l'acide oxalique font généralement disparaître les taches d'encre, surtout si l'étoffe n'est pas de couleur trop tendre. On vend du reste chez les papetiers des bâtons nettoyeurs pour l'encre, à très bas prix, et qui rendent de véritables services.

Les taches de graisse s'enlèvent admirablement avec toutes les benzines. Si l'on n'en avait pas sous la main, on pourrait les enlever également avec de l'ammoniaque ou de l'éther étendu d'eau, ou bien encore avec de la simple essence de pétrole ; mais l'odeur en est fort désagréable.

La craie pulvérisée enlève aussi très bien les taches de graisse sur la soie. On saupoudre la tache de craie, on la recouvre de papier buvard, et sur ce papier, on pose un fer bien chaud. Ne pas le promener, le poser simplement. On procède à l'envers de l'étoffe, qu'on place sur une planche recouverte de flanelle.

On fait disparaître une tache de fruit avec de l'esprit-de-vin ou de l'ammoniaque ; et sur le linge, avec de l'eau de Javel. Mais si vous employez l'eau de Javel, il faut ensuite plonger vivement le linge dans l'eau fraîche et pure et frotter soigneusement toutes les parties touchées par l'eau de Javel.

Quant aux taches de sucre, on les enlève facilement sur la laine avec une brosse trempée dans l'eau, et sur la soie, avec un peu d'esprit-de-vin.

Pour faire disparaître les taches de bougie, on enlève d'abord l'excès de cire, soit avec l'ongle, soit avec un couteau. On verse ensuite un peu d'esprit-de-vin sur la tache, et si la tache n'est pas profonde, seulement un peu d'eau. On frotte de nouveau légèrement et la tache disparaît.

Pour nettoyer à fond une robe de laine noire ou de couleur foncée, bleu-marine ou brune par exemple, après l'avoir démontée à la ceinture, et avoir décousu l'ourlet, on plongera l'étoffe dans de l'eau, où l'on aura fait bouillir du bois de panama. On lavera l'étoffe dans cette eau. On rincera. On la fera égoutter, sécher un peu, et on la repassera à l'envers, encore humide. Elle reprendra la souplesse et presque l'apparence du neuf. On emploie beaucoup aujourd'hui le savon de panamine.

Le nettoyage des lainages blancs : robes, fichus flanelles, couvertures, se fera dans un baquet d'eau froide additionnée d'ammoniaque ou d'essence de térébenthine : six cuillerées à bouche environ pour dix litres. On y ajoute du savon râpé. On laisse tremper une heure ou deux. On brosse l'étoffe sur une planche, afin de ne pas fouler la laine en la frottant. Puis on rince sans tordre, on suspend les lainages pour les faire égoutter. Pour hâter le séchage, on les presse dans un drap, et on laisse s'évaporer le reste de l'humidité. On repasse avant que l'étoffe ne soit trop sèche.

On obtient aussi un excellent résultat, quand les lainages sont de petites dimensions, en les frottant dans de la farine de blé, et en les secouant ensuite. Pour les vêtements d'enfants, par exemple, cette méthode est assez pratique.

Les feutres blancs ou les casquettes blanches en laine seront très rafraîchies en les frottant avec un peu d'ouate trempée dans de la poudre d'amidon ou de la farine ordinaire.

Voici un excellent procédé pour nettoyer complètement les soieries : on commence par dédoubler la soie et défaire les coutures. Dans un vase on fait dissoudre 250 grammes de miel, 200 grammes de savon noir, on ajoute 1 litre d'eau-de-vie, et l'on remue pour bien opérer le mélange.

On étend le morceau d'étoffe sur une table bien propre, et l'on frotte avec soin toutes les parties de l'étoffe avec une brosse trempée dans la préparation, qu'on laisse pendant ce temps sur un feu doux.

Une autre personne prend chaque morceau

au fur et à mesure, et le trempe immédiatement, à plusieurs reprises, dans un grand
vase d'eau froide sans frotter. On en fait autant
dans deux autres eaux successives.

Puis on étend l'étoffe sur une corde quelconque, et on laisse égoutter, en ayant bien soin
de ne pas tordre.

Une fois égoutté, mais non sec, chaque morceau est repassé à l'envers sur une couverture
de laine. Il ne faut pas que le fer soit trop
chaud. On repasse lentement sans faux plis.
Une étoffe de soie nettoyée de cette manière
est presque entièrement remise à neuf.

Les velours se dégraissent fort bien avec les
benzines. Quelques personnes cependant
enlèvent une tache de graisse en posant dessus une tranche de pain grillé très chaude. Il
faut, bien entendu, éviter de frotter.

Le velours mouillé, par exemple, ne doit
jamais être ni essuyé ni brossé. On le secoue
bien, et on le laisse sécher naturellement. Le
poil se redresse de lui-même.

Le velours miroité ou froissé se relève en le
repassant à l'envers, tandis qu'une autre personne le tient étendu, afin qu'il ne pose pas sur
une table.

Une autre manière de procéder qui donne un
résultat plus satisfaisant encore, c'est de poser
l'envers du velours sur une plaque de tôle ou
sur un fer très chaud recouvert d'un linge
mouillé. Ce n'est pas le fer qu'il faut promener

sur l'étoffe, c'est l'étoffe qu'il faut promener sur le fer. Pendant ce temps, une autre personne brosse légèrement le velours froissé qui reprend l'aspect du neuf.

Les dentelles noires redeviennent d'un beau noir après avoir été trempées dans de la bière ou dans une eau largement additionnée de vinaigre. Il faut préalablement les coudre en petits paquets, afin qu'elles ne s'étirent pas, ne se déchirent pas. On les repasse à l'envers sous une mousseline, quand elles sont encore humides, pour éviter le brillant que donne le fer.

Quant aux dentelles blanches, vous les coudrez aussi pour les nettoyer, afin de ne pas les détériorer. Il ne faut ni les frotter ni les laver, mais les faire bouillir dans une forte eau de savon. On les repasse encore humides, à l'envers également ; et si on veut leur donner une teinte écrue, on les passe dans une eau de thé de café ou de foin.

D'autres personnes procèdent ainsi pour les très belles dentelles : elles les font d'abord tremper pendant vingt-quatre heures dans de l'huile d'olive, puis les enferment dans un petit sac de toile qu'on plonge pendant vingt minutes dans une solution très épaisse d'eau de savon bouillante. Ayant rincé le sachet à l'eau tiède, on le passe dans de l'eau légèrement amidonnée. On retire du sac les dentelles pour les étendre sur une planche garnie d'un linge propre. Pour éviter tout retrait, on les épingle, et on les repasse encore humides.

Surtout, chère lectrice, quelque habile que vous soyez, ne raccommodez jamais vous-mêmes vos belles dentelles. Confiez ce soin à des personnes spéciales. Ce travail est un peu coûteux; mais vos dentelles seront remises à neuf, et, grâce à ce soin, vous les conserverez fort longtemps.

Il est encore quelques petites réparations que vous pourrez facilement faire chez vous, avec une réussite parfaite.

Ainsi les chapeaux de paille noire, qui ont pris une vilaine teinte grisâtre ou roussâtre, redeviendront plus beaux que neufs, si vous les badigeonnez avec du vernis noir, le même qu'on emploie pour la chaussure.

Un vieux chapeau de paille brune, ou même de paille blanche, pourra être utilisé et singulièrement rafraîchi, après un ou deux badigeons du même genre, faits avec du vernis mordoré.

Les souliers de bal en satin o.. en peau claire seront rendus presque neufs, en enlevant les maculatures avec de la benzine ou de l'éther.

XL

SOINS DE LA TOILETTE. HYGIÈNE DE LA BEAUTÉ.

Quoique j'aie traité déjà d'une manière toute spéciale, dans *Pour être aimée*, l'art de parer, d'orner, d'embellir tout ce qui se laisse voir du corps humain ou plutôt féminin, le visage, les épaules, les bras, les mains, les cheveux, les pieds mêmes, je ne croirais pas avoir terminé ce petit traité de l'art vivant, de l'art féminin par excellence, si je ne communiquais à mes belles lectrices les récentes observations, innovations, recherches ou expérimentations auxquelles je me suis appliquée pour perfectionner la beauté de la femme.

Ces nouveaux secrets, très simples, d'une application facile, journalière, et surtout peu coûteuse vous pourrez les préparer chez vous et obtenir à très bas prix des cosmétiques absolument hygiéniques, tandis que ceux que vous livre le commerce courant de la parfumerie contiennent presque tous des substances, nuisibles à la santé ou à la beauté; parmi ces pâtes, savons, crèmes, fards ou teintures, il en est même qui sont des poisons véritables et qui, à la longue, peuvent entraîner la mort.

Sans doute, il y a bien quelques parfumeurs vraiment consciencieux, amis de leur art. Mais la plupart visant à une fortune rapide, introduisent dans leur fabrication, au lieu de matières de premier choix, des succédanés peu coûteux, au risque de produire des effets désastreux.

Je m'étais laissé dire, je l'ai même écrit, qu'aujourd'hui la parfumerie était surveillée de très près, et qu'on n'y trouvait plus comme autrefois ces substances métalliques, vénéneuses qui causent de si graves accidents, de si profondes perturbations dans l'organisme. Mais des faits récents m'ont fait changer d'avis ; et je crois de mon devoir de vous mettre en garde contre tels produits mirifiques, aux appellations séduisantes, dont on essaie de tenter votre curiosité et votre coquetterie.

Permettez-moi d'abord de vous citer le jugement porté par Fiévée de Jumont, un éminent spécialiste, dans son intéressant travail sur les fards.

« La peau, dit-il, sous leur influence, perd graduellement sa douceur et son éclat primitifs. Plus de fraîcheur : la beauté est entièrement passée et sans espoir de retour. La physionomie s'altère, et prend une expression triste et soucieuse. Il y a encore de la vie dans les yeux ; mais les muscles de la face ont perdu leur contractilité, d'où le visage morne et terne, au lieu de cette mobilité d'autrefois qui prêtait au langage tant de vivacité, et à la pensée tant d'énergie. C'est ainsi que Ninon devient borgne ; et Aspasie, édentée. »

Et encore ne parle-t-il pas ici des fards contenant du plomb, que la peau absorbe avec une facilité merveilleuse. Une fois passé dans le sang, cet hôte redoutable opère sourdement, lentement, minant chaque organe avant de se fixer.

« C'est du côté du système nerveux, continue Fiévée de Jeumont, que se manifestent d'habitude les principales atteintes. Ainsi les forces se dépriment, et en même temps la sensibilité se pervertit ou s'exalte; puis les symptômes s'accentuant davantage, il survient des contractures, des spasmes, des mouvements automatiques, voire même des convulsions épileptiformes. Heureux encore, si la scène ne se termine pas par quelque catastrophe, telle que le ramollissement de la moelle ou du cerveau ! »

A l'appui de cette opinion, laissez-moi vous narrer une observation personnelle récente :

Une de mes amies, fort mondaine, et qui, quoique jeune encore et fort jolie, recourait à l'emploi de cosmétiques, pour rehausser sa beauté, tomba, presque tout à coup, dans un état de langueur incompréhensible.

Elle dépérissait, perdait l'appétit, digérait mal. Elle sentait ses forces l'abandonner peu à peu. Les docteurs consultés, ne trouvant aucune lésion organique, aucune fièvre, ne pouvaient expliquer cet état.

Elle me fit un jour la confidence qu'elle se croyait affectée d'un cancer à l'estomac. Je me récriai.

Or, un matin, par le plus grand des hasards, je pénétrai dans son cabinet de toilette, au moment où elle « faisait » sa figure, et je la vis se servir d'une certaine crème rosée qu'elle étalait sur ses joues, en l'y faisant pénétrer avec soin, par une friction prolongée.

— Quel est donc ce cosmétique? demandai-je.

Elle me le tendit.

Le pot était joli, finement décoré. Je flairai ce produit, et, douée d'un odorat assez subtil, je découvris à travers un parfum de vanille très prononcé, une arrière odeur de céruse.

— Mais, ma chère, m'écriai-je, vous vous empoisonnez! Voilà la seule cause de vos malaises. Faites analyser cette crème. Je vous parie qu'elle contient des sels de plomb, en quantité très appréciable.

Elle suivit mon conseil. Or, ce tout petit pot, un peu plus large à l'intérieur qu'un dé à coudre, contenait trois grammes de céruse. Et deux fois par jour, mon amie s'en oignait le visage ; et, presque tous les soirs, le cou, la poitrine, les épaules et les bras.

Sur mes vives instances elle cessa l'emploi de cette prétendue crème qui n'était qu'un fard, et de la plus dangereuse espèce.

Pendant quelque temps, elle suivit un traitement dépuratif, et quand je la rencontrai, deux mois après, elle était complètement guérie ; elle avait le teint rose, les lèvres vermeilles, l'œil brillant.

Elle me sauta au cou.

— Ah! ma chère Laurianne, s'écria-t-elle, comment vous remercier! Vous m'avez certainement sauvé la vie ; car ce poison, qui me minait, m'aurait tuée sûrement.

— Et, répliquai-je, vous êtes non seulement guérie, mais rajeunie et singulièrement embellie. Alors, plus aucun cosmétique ne profane ce joli visage?

— Oh ! si peu ! Ceux que vous m'avez indiqués seulement, et qui n'en sont pas. Vous admettez, je le sais, que lorsqu'on n'a plus vingt ans, il faut bien aider à l'illusion, le soir surtout, où les teints, qui ont perdu la transparence lactée de la jeunesse, paraissent noirs à côté d'autres habilement maquillés. Et vous savez si aujourd'hui on s'en prive !

Elle avait raison, hélas !

Aujourd'hui en effet, je le constate, sans l'approuver, toutes les femmes élégantes se maquillent. On voit même de toutes jeunes filles se peindre maladroitement, effrontément, enlevant ainsi à leur visage son plus grand charme, ce fin duvet de jeunesse qu'aucun artifice ne saurait remplacer.

Donc, puisque toutes les femmes se « font » peu ou beaucoup leur figure, quoi qu'en puissent dire les maris grincheux, les docteurs tant-pis et les austères moralistes, il est nécessaire de combattre les graves inconvénients qui peuvent résulter de ce maquillage, au point de vue de la santé surtout.

En réalité, il est certains visages, aux traits un peu durs ou au teint légèrement bronzé qui gagnent énormément à être estompés, éclaircis par des artifices.

Assurément, si l'on ne veut vieillir, *il faut se défendre*. Cette expression populaire est pleine de justesse et d'observation, sous son apparence humoristique. Vouloir rester jeune et toujours belle, voilà le meilleur préservatif contre le déclin de l'âge. *Vouloir* cependant ne suffit pas, il faut *savoir* se soigner.

Les corps gras sont la base de la plupart des cosmétiques de la face : Cold-creams, fards, ou pommade de concombres, laquelle contient moins de concombres que de graisse de mouton.

La vogue était naguère à la glycérine, aujourd'hui, à la vaseline, qui remplace le saindoux dans la parfumerie comme dans la pharmacie.

Je donne la préférence à la glycérine, à la

condition de ne pas l'employer pure. C'est un cosmétique fort doux, soluble dans l'eau, dissolvant tous les corps que dissout l'alcool, et point sujette à rancir. Il possède donc tous les avantages des composés graisseux, sans en avoir les inconvénients, et l'on peut s'en procurer d'excellente à très bas prix.

Voici un mélange dont vous vous trouverez bien :

> Glycérine purifiée, un tiers
> Eau pure, un tiers
> Eau de cologne très fine, un tiers.

Si l'on préfère un autre parfum à l'eau de cologne, on peut remplacer l'eau de cologne par de l'esprit de vin, et parfumer alors ce mélange avec quelques gouttes d'une essence concentrée : soit une faible addition de teinture de benjoin qui resserre le tissu dermique.

Après vous être frictionné le visage, le dessous des yeux et toutes les parties que menace la ride, vous séchez avec la poudre de riz.

Voici encore pour les soins du visage deux autres recettes : une eau de toilette et un cold-cream ; car il faut essayer, chercher le cosmétique qui convient absolument à la nature de votre peau, de votre teint. Vous en serez quitte pour quelques expériences intéressantes et fort peu coûteuses.

COLD-CREAM

Huile d'amandes douces	50 gr.
Blanc de baleine	15 gr.

Eau de rose. . . . .   20 gr.
Teinture de benjoin . . . .   5 gr.
Teinture d'ambre. . . . .   2 gr.

Il importe que le blanc de baleine soit préalablement fondu au bain-marie. A ce moment, on l'incorpore à l'huile en un mélange parfait. Puis on ajoute les trois autres substances, goutte à goutte, à froid, comme on fait pour une mayonnaise.

Vous savez sans doute qu'Elisabeth, reine de Hongrie, dut à une eau merveilleuse, dont on connaît aujourd'hui la composition, de conserver sa jeunesse jusque dans un âge très avancé, et qu'à 70 ans, elle inspira une violente passion au Grand-duc de Lithuanie qui l'épousa. Lui, n'avait que dix-huit ans, ce qui suffit peut-être à expliquer ce fol amour.

EAU DE LA REINE DE HONGRIE

Esprit de vin rectifié. . . . .   1 litre
Essence de romarin de Hongrie . . .   15 gr.
Essence d'écorce de citron. . . . . .   8 gr.
Essence de mélisse et de menthe. .   2 gr.
Esprit de roses . . . .   15 centil.
Esprit de fleurs d'oranger . . . . . .   12 centil.
    Mêlez et filtrez.

Et si avec cette eau, vous voulez faire un vinaigre de toilette, voici comment vous procéderez.

Eau de la reine de Hongrie. . . . . .   1 litre
Teinture de benjoin . . . .   10 gr.
Vinaigre radical. . . . .   50 gr.
    Mêlez et filtrez.

Maintenant ces deux eaux de toilette ont-elles conservé leurs propriétés rajeunissantes? Essayez en... Je ne crois pas pour ma part pouvoir trancher cette question délicate. C'est, en tous cas, une eau de cologne et un vinaigre excellents.

Aujourd'hui, l'emploi de la poudre de riz, qui est une sorte de maquillage, en ce qu'il modifie sensiblement la coloration du visage est si universel, qu'il est, si je puis m'exprimer ainsi, passé dans les mœurs.

On peut d'autant mieux l'avouer, que cette poudre de riz plaît par son nom, son contact, son parfum. Que de femmes même portent dans leur poche, ne s'en séparant jamais, la petite boîte à poudre, un bijou, avec la minuscule houppe!

Encore faut-il que cette poudre de riz soit de qualité parfaite, c'est-à-dire pure de tout alliage nuisible à la peau ou à la santé. Or, dans presque toutes les poudres de riz, il entre des substances étrangères au riz ou au froment, ces substances étant plus adhérentes à la peau, et quelques-unes coûtant moins cher, l'albâtre par exemple, dont les parfumeurs abusent. Sans être vénéneuse, cette poudre est aride, dessèche la peau, et n'a aucune des propriétés bienfaisantes de la poudre de riz ou d'amidon.

Le blanc de zinc, le talc, le bismuth qu'on y joint le plus souvent sont moins nuisibles.

Mais là, comme pour les crèmes, défiez-vous de la céruse, que quelques parfumeurs peu délicats y introduisent.

Le docteur Ward-Cousins a publié un fait d'une gravité exceptionnelle, je le veux bien, mais qui n'en est pas moins effrayant. Une jeune fille de vingt ans, pour avoir fait usage du carbonate de plomb qu'un parfumeur lui vendait comme poudre de riz, sous le nom de Blanc de perle, fut prise d'une paralysie soudaine des poignets et des avant-bras. L'analyse de ce Blanc de perle découvrit la fraude. Le traitement fut long, difficile, on désespéra même de la guérison.

Ainsi, chère lectrice, si vous êtes sujette aux névralgies, aux migraines, depuis l'emploi de telle ou telle crème, de telle ou telle poudre de riz, de tel ou tel fard, n'hésitez pas à faire analyser ces cosmétiques.

Ce qui vaut mieux encore, ce qui vous donnera toute sécurité, c'est de préparer vous-même votre poudre de riz.

Selon moi, c'est la fleur d'amidon de froment qui convient le mieux, surtout comme adhérence, pour se poudrer le visage.

Voici une formule excellente :

95 parties d'amidon de froment
4 — d'oxyde de zinc
1 — de poudre d'iris très fine

Rien n'est plus simple que cette préparation puisqu'elle ne réclame aucune manipulation spéciale, qu'il suffit de bien opérer le mélange.

Une observation au sujet de la manière d'employer la poudre. Beaucoup de personnes croyant la faire mieux adhérer, mettent d'abord sur la peau un corps gras, glycérine, vaseline ou coldcream ; mais outre que cette façon d'opérer a l'inconvénient de faire des épaisseurs inégales, peu agréables à voir, elle est contraire, en principe, à l'hygiène de la peau. Celle-ci, recouverte d'un enduit imperméable à l'air, fonctionne mal. Les pores obstrués ne peuvent livrer passage à la secrétion qui est nécessaire au bon état de la peau et de la santé générale. Avant de mettre la poudre, il faut au contraire, bien essuyer la peau ; puis on la couvre d'une couche assez épaisse de poudre que l'on étend, et que l'on fait adhérer en frottant légèrement avec la main nue dans tous les sens. N'employez un corps gras, sous la poudre, que s'il est nécessaire pour effacer les rides.

C'est surtout dans la pureté du teint, dans la souplesse, la finesse du tissu dermique, que réside la jeunesse ; aussi la ride est-elle le plus mortel ennemi de la femme.

Elles sont de deux sortes : accidentelles et naturelles.

Les rides accidentelles proviennent de chagrins, d'insomnies, de trop fortes contentions d'esprit, de maladies surtout. Les dyspeptiques ont fréquemment les joues sillonnées de rides.

Un moyen de guérir les rides accidentelles, c'est la cessation des causes qui les ont produites : la guérison de la dyspepsie, un régime tonique, et si l'on est maigre, un régime incrassant. Enfin une préparation astringente peut amener la suppression de ces vilains sillons, notre désespoir.

Voici une mixture qui réussit assez généralement :

Sulfate d'alumine	4 grammes.
Eau de roses	200 »
Lait d'amandes un peu épais . . .	50 »

Bien mêler, bien faire dissoudre et filtrer.

On en fait plusieurs lotions dans la journée sur les rides, évitant toutefois de les multiplier au point d'irriter les tissus.

Quant aux rides naturelles, celles que creuse la griffe impitoyable du temps, il est beaucoup plus difficile de les effacer. Aussi le plus sage est de ne pas leur permettre de s'installer sur notre visage. Mais par quels procédés? Tout d'abord l'hygiène morale précédemment indiquée. Pourtant, il y a certaines peaux sèches qui se rident prématurément et profondément, et que la sérénité de l'âme ne suffit pas à maintenir en état de souplesse et de jeunesse. On cite de nos jours une actrice qui a bien près de cinquante ans et qui n'a pas une seule ride. Son secret, le voici :

Un excellent cold-cream qu'elle étend, le soir, sur son visage.

Elle l'y laisse séjourner une demi-heure environ, et l'enlève délicatement avec un couteau à palette. Le procédé est bien simple. Toutefois il présente un danger. Il arrive parfois que le dessous des yeux se gonfle momentanément. N'est-il pas à craindre que ce gonflement, se renouvelant fréquemment, n'amène justement les rides que l'on veut éviter?

Je conseillerais donc de ne laisser séjourner le cold-cream que quelques minutes, et de poudrer aussitôt, afin d'empêcher la peau de rougir.

Bon nombre de coquettes ne se nettoient le visage qu'avec un corps gras. Le savon, au moins tous les trois jours, est nécessaire.

Le savon est le premier des cosmétiques, étant le plus indispensable.

On assure qu'on en doit l'invention à un Marseillais.

Quoi qu'il en soit, Marseille est restée la métropole de la fabrication des savons : mais elle le doit surtout aux huiles végétales que son sol fournit en abondance.

Vous savez sans doute, chère lectrice, que le savon est la combinaison d'un corps gras et d'un alcalin.

Tous les savons, sans exception, sont composés de même. Il n'y entre jamais ni mauve, ni guimauve, ni rose, ni violette, ni laitue, mais seulement quelques gouttes de cet arôme.

Il en est de même pour la couleur : on les teint, simplement, en une couleur appropriée au parfum qu'on leur donne. Quelquefois même ces colorations ne sont pas absolument inoffensives. Je vous engage donc beaucoup à vous servir de préférence de savons blancs ou jaunes.

Comme tous les savons, soi-disant les plus fins, ont tous la même provenance, le bon savon de Marseille, c'est-à-dire celui qu'on fabrique, non avec des graisses plus ou moins épurées, mais avec une huile végétale, est de beaucoup le meilleur. Il est donc très facile, si vous le désirez, de fabriquer vous-même votre savon de toilette et même un excellent savon, très bienfaisant à la peau.

Vous faites dissoudre dans un vase devant le feu, une livre de savon avec un peu d'eau. Quand il est suffisamment ramolli, vous le mélangez avec de la farine de gruau ou d'avoine. Ajoutez-y, si vous voulez, de la poudre d'iris très fine, jusqu'à consistance de pâte épaisse; puis vous faites fondre de nouveau. C'est à ce moment que pour la parfumer, si vous n'y avez pas mis de poudre d'iris, vous pouvez y introduire une essence fine du parfum que vous préférez.

Quand votre mélange est bien opéré, vous disposez en pains. Il est nécessaire de graisser les moules où l'on coule le savon. On peut se borner à en faire des boules.

Un bon savon est surtout le cosmétique de la main.

Une belle main est un cachet de race.

Si une main parfaite est chose fort rare, cependant il en est beaucoup qui possèdent certains avantages; et l'on peut, avec des soins, remédier à ce qui leur manque.

Les ongliers contiennent une foule de jolis instruments pour soigner les mains, et je ne répéterai pas ici ce que j'ai dit à ce sujet dans mon premier volume.

Les femmes d'Orient se teignent les ongles avec le henné. Nos coquettes se trempent le bout des doigts dans du vinaigre de rouge, qui n'est autre qu'une macération de roses rouges.

Comme cosmétiques de la main, il y a aussi la pâte d'amandes au miel, autrement appelée la Pâte à la Reine, qui est un sirop de miel où l'on incorpore des amandes pulvérisées ou encore de la poudre d'iris très fine, mélangée avec du miel. Ajoutez-y un peu de glycérine légèrement additionnée d'eau. Ayez toujours sur votre toilette un pot élégant, rempli de cette pâte onctueuse, dont vos mains se trouveront fort bien.

En hiver, si vos mains ont une tendance à se gercer sous l'influence du froid, quand vous achevez de vous les laver, versez quelques gouttes de glycérine dans le creux de l'une d'elles, et frictionnez-les pendant quelques instants avant de les essuyer, et surtout essuyez-les avec soin.

Si les mains sont rugueuses, la pierre ponce les polira. Le borax les nettoie fort bien. Le citron est également pour les ongles, comme pour la main, j'ajouterai même, comme pour le visage, un excellent cosmétique.

Enfin, si vous avez à remettre en bon état des mains abîmées, soit par quelque travail d'intérieur, soit par le feu en hiver, il n'est rien de meilleur que de porter habituellement des gants, de jour, et même la nuit. La nuit, vous pouvez les imprégner d'un corps gras.

En très peu de jours, votre main aura repris sa finesse aristocratique.

Je crois avoir tout dit sur les dents, sur les soins de la bouche. J'ai montré les acides comme les plus dangereux ennemis de l'émail. Ils le blanchissent, mais ils le détruisent. Aussi, presque toutes les poudres ou élixirs des parfumeurs ou dentistes peu consciencieux, contiennent-ils des principes acides. Les élixirs sont aiguisés d'un peu d'acide citrique, les poudres renferment des tartrates acides de potasse et de soude. Enfin, il est un autre danger sur lequel je ne saurais trop appeler votre attention : il arrive souvent que notre salive devient spontanément acide et peut altérer, détruire même l'émail de nos dents.

Je vous conseille donc de faire de temps à autre cette expérience : placer du papier bleu de tournesol entre les lèvres ou sur la langue : si le papier rougit, c'est que la salive est acide ; si sa teinte ne change pas, c'est qu'elle est alcaline. En cas d'acidité, il importe de recourir immédiatement à des alcalins. Le bi-carbonate de soude est tout indiqué. En dehors de cette disposition, les dentifrices devraient être ou neutres ou alcalins pour parer le danger. Le savon, un bon savon est l'un des meilleurs.

Je n'ai pas à faire ressortir tous les agréments que prête au visage une belle chevelure. Je le répète ici : tous les soins qui peuvent l'embellir, la faire valoir, la rajeunir et même en augmenter le volume, si cela est nécessaire, je les admets, car je considère que la chevelure est avant tout une coiffure, et que cette coiffure doit être élégante, seyante au teint, comme à l'expression du visage.

Assurément, je ne vous dirai jamais : teignez vos cheveux si les vôtres sont beaux, soyeux, d'une nuance qui s'allie à celle de votre teint ; mais si vos cheveux commencent à grisonner, je comprends votre désespoir. Les transitions sont presque toujours laides. Si vos cheveux blanchissent, comme il arrive assez souvent, par mèches, par places, cela est fort disgracieux, et je ne saurais vous blâmer de les teindre. Seulement la grande question, c'est de trouver une teinture d'une innocuité complète, et à la fois parfaitement réussie comme ton. Ce sont là deux grandes difficultés, surtout pour certaines natures de cheveux réfractaires aux teintures.

Autrefois, les Romaines employaient surtout le brou de noix.

Les Orientales se teignent avec le henné.

Il nous est venu depuis peu de temps des teintures blondes, anglaises et américaines, qui ont aujourd'hui la vogue, et qu'on prétend être sans danger. L'eau oxygénée, qui déteint en blond les cheveux noirs, n'a pas d'inconvénient pour la santé. Mais le peigne de plomb et toutes les teintures à base de plomb peuvent, selon le plus ou moins de perméabilité du tissu dermique, présenter les mêmes inconvénients que les fards à base de céruse.

Les teintures au nitrate d'argent sont beaucoup plus inoffensives : seulement, si l'on n'apporte pas dans l'opération un soin, une délicatesse extrême, elles teignent aussi la peau, ce qui est un grave inconvénient. Quant aux pommades, il faut en user avec modération : à moins que le cuir chevelu sec et farineux ne réclame une nourriture graisseuse, il suffit, une ou deux fois par mois, de graisser votre peigne et de le passer longuement dans votre chevelure qui sera ainsi suffisamment lustrée.

Et maintenant, chères lectrices, en terminant ce chapitre des soins hygiéniques de la

beauté, où je vous ai donné — à celles du moins
dont le budget est limité, — quelques recettes
qui vous permettront de composer à bas prix
des cosmétiques réparateurs et bienfaisants,
laissez-moi vous dire qu'en ce qui me concerne,
je ne fabrique point ma parfumerie. Cette
fabrication, quelques soins que vous y appor-
tiez, laissera toujours à désirer. Mais si vous
êtes très élégantes, si vos ressources vous le
permettent, si vous attachez, comme je vous y
engage, une haute importance aux soins de
votre beauté, informez-vous des maisons où
toutes ces préparations soient de qualité irréprochable.

Je vous vois venir : vous me demandez le
nom de mon parfumeur. Que de lettres, en
effet, m'ont été adressées par des lectrices de
Pour être aimée, implorant ce nom, que cependant je croyais avoir suffisamment indiqué !
Ce parfumeur, toutes les grandes élégantes le
connaissent.

Je dois à la vérité, comme à la reconnaissance, de dire que c'est lui déjà qui, lors de
ma précédente publication, m'a initiée avec
une parfaite bonne grâce à l'art de la cosmétique, dont j'ignorais le premier mot.

Pour ce livre-ci, j'ai eu recours encore à
ses conseils, et vous pouvez lui en demander
vous-mêmes.

C'est un homme du monde, un savant aimable, et par-dessus tout un artiste conscien-

cieux et consommé en son art, consciencieux jusqu'à vous détourner d'acheter ses
produits, s'il pense que vous pouvez guérir
un petit accident ou une disposition générale,
par un moyen tout simple, sans frais.

N'ai-je pas suffisamment nommé Guerlain,
dont la maison depuis plus de cinquante ans,
de père en fils, est renommée pour la bonté,
la finesse, l'honnêteté surtout de ses produits?

Si je vous le livre, ce nom, c'est pour vous
épargner la peine de me le demander encore ;
c'est aussi le plus sérieux service que je puisse
vous rendre.

Que vous preniez chez lui la crème de
fraises si efficace pour conserver la fraîcheur,
l'éclat, la jeunesse du teint, combattre les ger-
çures, les rides précoces et le hâle ;

Ou la crème froide de concombres qui convient surtout aux personnes chez lesquelles
le sang afflue à la peau et à celles qui ont une
disposition aux petites inflammations;

Ou la poudre de Cypris adhérente et rafraîchissante, complètement inaltérable, même au
contact des eaux minérales les plus actives;

Ou la Rubialine qui communique l'éclat et
la fraîcheur aux teints pâles, et fait disparaître les petites rougeurs, les petits boutons qui
causent tant de chagrin aux jeunes filles;

Ou le savon Sapoceti et la pâte de Velours,
pour adoucir et blanchir la peau;

Ou l'alcoolat de cochléaria et de cresson

au quinquina, le meilleur les dentifrices, vous pouvez être certaines d'obtenir toujours l'action efficace que vous avez cherchée dans ces produits.

Mais c'est surtout dans la recherche, la combinaison et la manipulation des parfums que cette maison a acquis une réputation méritée.

LES PARFUMS. — L'ART DE SE PARFUMER

L'usage des parfums est fort ancien. Pendant longtemps, les parfumeurs travaillèrent sur des formules empiriques, et les progrès de cet art ont été bien lents pendant des siècles. Aujourd'hui, la parfumerie est une science qui exige, non seulement une grande expérience pratique, mais aussi des connaissances spéciales très diverses.

Depuis la publication de *Pour être aimée*, la parfumerie, toujours en progrès, a su améliorer encore sa fabrication et créer une quantité de produits nouveaux. Elle est arrivée surtout à fabriquer des extraits excessivement concentrés, ne tachant pas et conservant pendant plusieurs heures leur parfum aussi frais, aussi suave qu'au moment où ils sont répandus sur les étoffes.

Citons, parmi les nouveautés les plus recherchées de la maison Guerlain : Ourida, Eau de

Cologne ambrée, Maréchale-Duchesse Opéra-Bouquet, Parfum de France, Suaveolens, Primavera, Shore's caprice pour les fourrures. Quelques gouttes sur un manchon enlèvent l'odeur de fauve.

Et parmi les parfums plus accentués et très persistants Impérial-Russe, Héliotrope blanc, Jicky, Pao-Rosa, Skine, Eroclou, odeur herbacée, fraîche et originale.

Toutefois, je crois devoir recommander une certaine prudence à celles de vous, mesdames, qui ont un goût immodéré pour les parfums, et qui pourraient en faire un usage excessif.

Souvent même, ce sont les parfums que nous aimons le mieux qui nous sont le plus nuisibles. Ainsi Grétry adorait le parfum de la rose qui lui donnait la migraine. L'Impératrice Joséphine aimait avec passion le musc qui l'enivrait.

Un certain nombre de fleurs très parfumées exercent une influence pénible sur le cerveau et sur les nerfs : tels le jasmin, le magnolia, la tubéreuse, la vanille.

Mais, au contraire, on reconnaît les excellents effets, salubres et toniques, de la lavande, de la menthe, de la verveine, du thym, de la canelle, du cédrat, du benjoin, surtout. Ce sont, la plupart, d'excellents antiseptiques.

Ainsi, rien n'assainit un appartement comme de brûler quelques morceaux de benjoin, sur une pelle à feu, où l'on aura placé un charbon enflammé. Une fumigation de benjoin suffit souvent à arrêter une grippe, une extinction de voix, et surtout l'influenza. L'essence de cédrat assainit l'atmosphère d'une chambre de malade.

Il en est des parfums comme des bijoux : en abuser est manquer d'élégance et de distinction.

Les Romaines parfumaient différemment chaque partie de leurs vêtements ; mais aujourd'hui, la femme élégante, distinguée, n'aura qu'un parfum ; elle en changera le moins possible.

En général, les extraits me paraissent préférables aux poudres. — Quelques sachets dans les armoires, l'iris particulièrement pour le linge, peuvent être utiles pour enlever l'odeur que prennent les choses renfermées. Ils seront employés également pour le papier à lettres, les gants, les éventails auxquels la peau d'Espagne, surtout, communique une odeur douce, agréable et persistante. On doit recourir aux extraits pour les vêtements, pour les mouchoirs, pour les dentelles.

Il y a évidemment un choix à faire. Une jeune fille ne peut pas porter le même parfum que sa mère. Le bal autorise une odeur un peu plus accentuée que le dîner. Il y a là une affaire de goût personnel, de circonstance, de bonne éducation Une règle absolue dont il ne faut jamais se départir, peut être ainsi formulée : On ne doit jamais gêner son voisin.

Malheureusement, aujourd'hui, beaucoup de personnes violent cette règle élémentaire de la bienséance. Ce n'est pas toujours leur faute. Sur la foi d'une étiquette, elles prennent un parfum mal préparé qui, dans le flacon, a une odeur fort agréable, mais qui, au contact de l'air se dénature, et arrive, au bout de quelque temps, à être absolument insupportable, surtout pour les voisins, car la personne qui porte le parfum le sent beaucoup moins que celle qui est à côté d'elle.

Enfin, il est un moyen de ne pas offusquer l'odorat de vos voisins qui pourraient ne point partager votre goût, c'est de porter votre parfum en dessous comme votre velours : vous ferez coudre de minuscules sachets dans l'intérieur de vos corsages ou dans le bas de vos jupons ; ou bien avant de passer vos robes, vous les parfumerez à l'envers à l'aide d'un vaporisateur. Il n'arrivera ainsi à l'odorat de ceux qui vous approchent, qu'un parfum voilé et discret.

XLI

COMMENT ON DEVIENT GRANDE DAME

L'élégance parfaite, artistique, bien comprise, entraîne nécessairement un affinement intellectuel et une certaine élévation morale, c'est-à-dire que l'amour du beau, du distingué, « du select », pour les mille choses qui nous touchent, et au milieu desquelles nous vivons, doit nous communiquer aussi, par un sentiment inconscient d'harmonie, l'amour des élégances morales.

Si Mme de Girardin a dit : « Il y a la beauté qu'on reçoit et celle que l'on prend » à plus forte raison peut-on le dire de la beauté morale.

Je crois sans doute à l'atavisme. Il y a les grandes dames de naissance, c'est incontestable. On l'est par tradition. Il est en effet des familles où, depuis des siècles, le bon ton comme l'honneur du nom, exigent qu'on se montre généreux, qu'on dédaigne les petits côtés par trop mesquins de la vie, et surtout qu'on ne s'abaisse jamais à commettre une vilenie, une petitesse.

Assurément, avec l'égalité qui nivelle toutes les classes, le type du parfait grand seigneur, comme de la grande dame, tend à disparaître. C'est pourquoi, chère lectrice, toute bourgeoise que vous soyez peut-être par votre naissance, vous pouvez fort bien aspirer à devenir une vraie grande dame, non seulement par la distinction de vos manières et de votre mise, mais encore par la noblesse de vos sentiments et de votre conduite dans toutes les circonstances de la vie.

Certes, bien loin de moi la pensée de vous recommander une générosité qui ne serait pas en rapport avec vos ressources : ce serait de la prodigalité ; or, c'est surtout contre les folles dépenses que ce livre est écrit.

Une femme, qui a un haut sentiment de sa dignité, s'appliquera à réfréner en elle toutes les passions, toutes les pensées basses. Ces vilains penchants, d'ailleurs, sont aussi nuisibles à la santé qu'à la beauté. Ainsi que je vous l'ai déjà démontré, les mouvements de l'âme, violents ou simplement malveillants, comme l'envie, la jalousie, la colère, la méchanceté, contractent, enfièvrent, consument l'organisme, en même temps qu'ils impriment sur les traits, quands ils se renouvellent avec une certaine fréquence, une expression correspondant aux sentiments qui l'ont produite.

De même, les sentiments généreux, en dilatant, en épanouissant le cœur, se reflètent sur le visage et lui communiquent cette expression d'affabilité, de bonté, de grâce, qui toujours séduit, attire, captive.

Donc, si je vous recommande d'être charitables et bonnes, c'est que rien ne conserve la beauté et la santé comme le contentement intérieur que procure une bonne action, comme la sérénité de l'âme, comme la satisfaction du devoir accompli.

Enfin, n'obéiriez-vous en secourant vos semblables qu'à un sentiment d'ostentation, je vous dirais encore : « Faites le bien. La vanité est permise en pareil cas : c'est le seul d'ailleurs où elle puisse devenir une vertu. »

Ne vous ai-je pas enseigné l'économie sous toutes les formes ? Eh bien ! que ces économies servent à vous procurer la plus noble, la plus profonde des jouissances : venir en aide à vos semblables, rétablir quelque peu l'équilibre social, conjurer les injustices de la destinée.

En somme, une bonne action coûte si peu, comparée aux dépenses que vous faites souvent sans hésiter pour ajouter à votre toilette un ornement inutile !

Le sacrifice d'un bijou, et voilà toute une famille soulagée, peut-être tirée de peine pour toujours, dont le souvenir et les bénédictions vous suivront dans votre existence mon daine, un peu vide quelquefois de bonheur véritable.

Encore une élégance morale que je me permettrai de vous conseiller, ma belle et bonne lectrice, c'est de ne point trop marchander les notes des ouvrières qui travaillent à vous embellir. Assurément, il y a des chefs de maison dont les prix sont exorbitants. Je vous engage, au contraire, à examiner de fort près les notes de ces grandes couturières comme de ces grands couturiers, si exigeants eux-mêmes, si durs parfois pour les ouvrières qu'ils emploient. Ce qui est préférable encore, afin de vous épargner ces sordides débats, c'est de faire un prix à l'avance, et de n'admettre sous aucun prétexte que les notes s'écartent des conventions consenties. Mais ces pauvres ouvrières qui travaillent elles-mêmes, qui passent les nuits quelquefois pour ne pas vous faire manquer un bal ou une partie de plaisir, celles-là ne les marchandez point. Songez que leurs yeux se sont fatigués, rougis, à cet excessif travail, qu'elles ont peut-être des enfants à nourrir, à élever. Et puis, savez-vous, Madame, vous qui cousez de temps à autre pour vous distraire, ce que c'est que tirer une aiguille douze heures par jour, sans s'arrêter, le dos courbé, le cou tendu, les jambes repliées, des jambes qui peut-être ne demanderaient qu'à courir, qu'à danser comme les vôtres?

Il en est de même de vos serviteurs. Je vous

le répète encore, lésiner avec eux, ce n'est pas seulement manquer d'élégance, c'est par-dessus tout un très mauvais calcul.

Je vous entends vous récrier et me dire : Mais pour être grande dame comme vous l'entendez, pour payer sans compter, il faut posséder une jolie fortune, et ne pas être obligée, si l'on veut joindre les deux bouts, de calculer toutes choses.

Voyons, faites l'addition de tout ce que vous pouvez économiser en liardant sur quelques notes et sur quelques gages. J'affirme que pour une femme de condition moyenne, cette addition ne donnera pas un total dépassant quelques centaines de francs. Voyez donc à quel faible prix vous pouvez acquérir la réputation de grande dame, c'est-à-dire d'une femme dont les élégances morales soient au niveau de ses élégances de toilette.

Encore un autre conseil important aussi pour une femme parfaitement select : Il est indispensable que, vivant dans le milieu artistique que vous avez su vous créer, la culture de votre esprit soit en rapport avec ce milieu. Je ne prétends pas, certes, faire de vous un bas-bleu, et je vous suppose d'ailleurs suffisamment instruite ; mais vous devez vous tenir au courant des productions littéraires et artistiques, et vous appliquer à en donner, non un jugement banal, mais une appréciation raisonnée et personnelle.

Ce qui, presque toujours, chez une femme du monde laisse à désirer, c'est son éducation artistique.

Vous êtes musicienne sans doute; mais êtes-vous sûre d'avoir assez de talent pour vous faire écouter ?

« Craignez toujours d'ennuyer autrui, en vous faisant plaisir à vous-mêmes. » C'est là un de mes axiomes dont je voudrais que vous fussiez bien pénétrée.

Aujourd'hui que le talent musical court les rues, que le goût artistique s'est sélecté comme le reste, il n'est pas permis d'être médiocre, surtout devant une société un peu nombreuse, où il peut se trouver de vrais connaisseurs. Si vous n'êtes pas de première force, vous faites preuve d'une suffisance ridicule, en vous mettant au piano. Il en est de même pour le chant: si vous n'avez qu'un mince filet de voix aigre ou mal timbrée, et si vous ne rachetez pas l'insuffisance de l'organe par une méthode parfaite et par un goût rare dans la façon de dire, évitez de vous faire entendre. Non seulement vous ennuyez tout le monde, mais vous faites sourire les vrais artistes. En ce cas, vous ne faites plaisir qu'à vous-même, et cela ne suffit pas. Souvenez-vous qu'une parfaite grande dame ne doit jamais s'exposer au ridicule. Réservez donc votre petit talent d'agrément pour vos très intimes, indulgents par affection.

Est-ce à dire que vous deviez abandonner la

culture de la musique, si vous n'êtes pas douée de facultés musicales exceptionnelles ? Non, sans doute, pas plus que l'étude du dessin, de la peinture et de la sculpture, alors même que vous n'y montreriez pas d'extraordinaires dispositions. Je recommanderai toujours au contraire ces passe-temps qui sont élégants et agréables, au moins pour soi-même, et qui ont à mes yeux ce grand avantage de faire votre éducation artistique, ne vous enseigneraient-ils qu'à savoir apprécier les chefs-d'œuvre. Je ne parle pas des services que l'étude même incomplète du dessin et de la peinture, par exemple, peut rendre dans une foule de charmants travaux de décoration.

Quant au chant, ne servirait-il qu'à assouplir votre voix, à la rendre plus mélodieuse, que les vocalises vous seraient d'une grande utilité.

Est-il, en effet, rien de moins distingué, de moins sympathique, même en parlant. qu'une voix discordante, qu'une diction vulgaire ? Quelles séductions au contraire dans une voix harmonieuse, bien timbrée, jointe à une diction parfaite, à un parler élégant !

Enfin, il y a encore la grâce noble du maintien, de la démarche, des gestes, cela aussi peut s'acquérir, si vous vous y appliquez.

Loin de moi la pensée cependant de vous recommander l'afféterie, la préci sité : le naturel, toujours, mais le naturel affiné par la culture. par le bon goût, par l'art.

Pour nous résumer, notre parfaite grande dame doit être élégante moralement et physiquement jusqu'au bout des ongles : elle doit captiver non seulement les yeux par sa beauté, par sa toilette, mais aussi l'oreille et l'esprit par une voix harmonieuse et une causerie qui, sans être apprêtée ou recherchée, soit, autant que possible, exempte des désolantes banalités dont le monde nous assomme. Mais avant tout, elle doit être grande dame par le cœur, par sa dignité affable, par sa haute distinction : tout en inspirant l'amour, elle doit commander l'admiration et le respect.

————

Depuis l'apparition du *Bréviaire*, je reçois chaque jour un assez grand nombre de lettres me demandant où l'on peut trouver la *Philogyne* dont j'ai indiqué dans ce livre les bienfaisantes propriétés, et qui, paraît-il, n'est pas dans toutes les pharmacies. Pour mes nouvelles lectrices, voici cette adresse :

PHARMACIE CHEVRIER,

21, *Faubourg Montmartre.*

TABLE DES MATIÈRES

HISTOIRE DE TOUS LES JOURS

IMP. NOIZETTE, 8, RUE CAMPAGNE-PREMIÈRE, PARIS